大连理工大学引进人才科研专题
"高等教育关系论"（编号：DUT15RC(3)095）的研究成果

李枭鹰 著

高等教育关系论

Gaodeng

Jiaoyu

Guanxilun

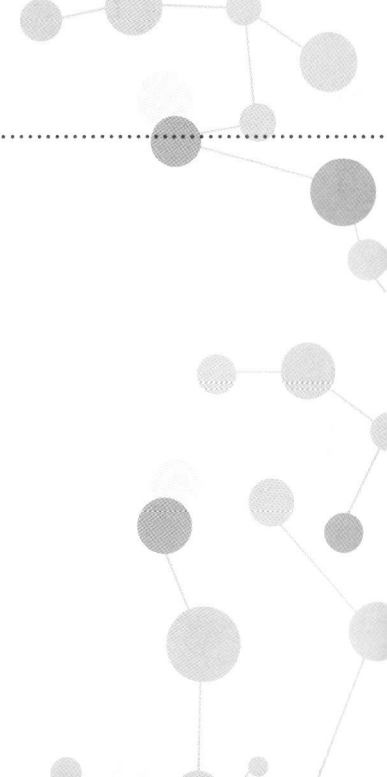

中国社会科学出版社

图书在版编目（CIP）数据

高等教育关系论/李枭鹰著.—北京：中国社会科学出版社，2017.10
ISBN 978-7-5203-1149-6

Ⅰ.①高… Ⅱ.①李… Ⅲ.①高等教育—研究 Ⅳ.①G64

中国版本图书馆 CIP 数据核字（2017）第 244790 号

出 版 人	赵剑英
责任编辑	田　文
特约编辑	陈　琳
责任校对	张爱华
责任印制	王　超

出　　版	中国社会科学出版社
社　　址	北京鼓楼西大街甲 158 号
邮　　编	100720
网　　址	http://www.csspw.cn
发 行 部	010-84083685
门 市 部	010-84029450
经　　销	新华书店及其他书店
印　　刷	北京君升印刷有限公司
装　　订	廊坊市广阳区广增装订厂
版　　次	2017 年 10 月第 1 版
印　　次	2017 年 10 月第 1 次印刷
开　　本	710×1000　1/16
印　　张	16.75
字　　数	246 千字
定　　价	69.00 元

凡购买中国社会科学出版社图书，如有质量问题请与本社营销中心联系调换
电话：010-84083683
版权所有　侵权必究

前言 关系作为一个元范畴而存在

范畴是一个"反映事物本质和普遍联系的基本概念"[①]。如果把某个领域的知识比喻成一张网，众多的网结把这张网关联成一个整体，那么范畴类似于这张知识大网的"网结"，而最基本的范畴犹如这张知识大网的"中心性节点"。在不同的学科话语或研究领域中，范畴不仅有着不同的所指和意义，而且还存在相异的研究生态。譬如，哲学范畴、历史范畴、数学范畴、物理范畴、化学范畴等反映的是不同领域的不同对象之间的关系，像历史唯物主义的生产力范畴反映的是人与自然之间的关系。在西方哲学史上，亚里士多德最早对范畴做了启蒙式研究并提出了实体、数量、性质、关系、地点、时间等范畴，康德提出了一个包含量的范畴、质的范畴、关系的范畴、样式的范畴的先验范畴体系，黑格尔把范畴看作是绝对观念的自我规定，马克思主义哲学认为范畴是反映客观事物本质联系的思维形式。

不同的学科有着不同的研究范畴，不同的研究范畴影响甚或决定着研究范式的选择，研究范畴与研究范式共塑共筑学科的理论体系。正因为如此，我们经常将是否拥有独特的研究对象和研究方法视为一个学科合法性存在的经典依据。作为分门别类的知识，学科走向高峰时通常会与哲学相遇，因而哲学之中的范畴一般是反映各门科学共同规律的最普遍、最基本的概念，经常作为一种元范畴而存在。范畴不是唯一的，而是多元的，各种范畴之间存在着联系，不同的范畴之间有着不同的联系，像有序与无序、有限与无限、整体与部分、对称与

[①] 《辞海》，上海辞书出版社2000年版，第982页。

破损等辩证对立的范畴，它们既相互区别，又互相联系，还相互转化。人类作为万物的灵长，不仅以范畴为研究对象，而且还以范畴为思维工具，去反映和揭示事物的本质和规律。这个过程是一个认识世界的过程，也是一个彰显和释放人类理性力量的过程。人类的理性认识会在实践中不断发展和升华，这种认识上的纵深递进又不断地丰富和拓展范畴的内容，形成和生发新的范畴，进而孕生新的理论、新的学说乃至新的科学或新的学科。这是一个超循环过程，是一个"认识——实践——再认识——再实践"的周而复始的螺旋式发展过程。

作为一种事物内部或事物之间的相互作用，关系是一个反映各门科学共同规律的最普遍、最基本的概念，也是一切科学共有的研究范畴，还是考察一切事物的认识论起点。关系具有元范畴的意蕴和品性。无论是自然科学，还是社会科学，抑或是人文科学，都规避不了对关系的思考，更不可以忽视对关系的探究。从根本上说，一切科学研究都是为了揭示本学科或本科学领域的各种关系规律，只是各自揭示的关系规律不同罢了。数学领域的函数关系，化学领域的各种反应式，物理学领域的各种定律，无一不是某种关系的呈现和表达。可以说，一切研究若是没有抓住某些最基本的关系，不仅意味着没有抓住最基本的范畴，还意味着没有抓住研究的根本。

关系不是一种虚无，也不是一种臆想物，更不是一种虚空中的存在。关系是客观的存在，是现实中的存在，是真实时空中的存在。关系是一种像其他任何事实一样的事实，是一种可以被研究、被理解、被认识、被描写和被叙述的事实，尽管有些关系很难被研究、被理解、被认识、被描写和被叙述，但它们仍然是一种事实，因为它们形成着、存在着、发展着和消失着。唯物主义认为，关系是事物的关系，事物是关系的事物，关系与事物共生同在，两者既是一种"整生体"，又是一种"共生体"。没有事物的存在，就没有关系的存在，一切事物又无一不在关系中。关系存在于事物，孕生于事物，同时也孕生着事物。关系与事物在系统中生成，在系统中存在，在系统中发展，在系统中消失。

关系普遍存在于客观世界，世界也因相互关联的事物而成为一个整体，即事物是关联的事物，世界是关联的世界。可以说，微观世界、中观世界、宏观世界和宇观世界的一切事物，既是一种关系的存在，又处于一定的关系网络之中。从根本上看，一切事物既在关系中"自成系统"，又在关系中"互成系统"。浩瀚宇宙和大千世界，因各种直接或间接关系的存在而成为一个整体，同时也因各种直接或间接关系的存在而共生共荣。由此可以说，宇宙世界是一个由无数相互联系、相互依赖、相互影响、相互制约、相互作用的事物所构成的"关系集合体"，是一个存在不同类型关系、层次关系的巨大且复杂的"关系系统"。从无机界到有机界，从原生（或天态）自然到人工（或人态）自然，从人类社会到人类思维，从微观基本粒子到宇观总星系，宇宙万物无一不自成系统。科学研究发现，宇宙万物都是作为一种相对独立的系统而存在：非生物界如基本粒子、原子、分子、物体、地球、太阳系、银河系、星系团、超星系团、总星系等，生物界如生物大分子、细胞、个体、群体、生态系统等，都是由其内部的各元素或组分按一定比例和规则相互联系、相互依赖而成，都是具有一定结构与功能的相对独立的系统。

宇宙世界的一切事物，又在相互关联的系统中诞生、存在和发展，即一事物总是与他事物相互关联而"互成系统"。大系统中有小系统，小系统中有更小的系统，若干小系统相互联系、相互作用组成大系统，若干大系统又相互联系、相互制约组成更大的系统，两端无限延展、无穷无尽，唯有人的想象才能把握。譬如，原子系统由粒子子系统构成，分子系统由原子子系统构成，物质系统由分子系统构成……一直到无限的宇宙系统。宇宙世界好似一个圈层系统，即每一个系统圈套着一个或多个系统，同时又被另一个或多个系统所圈套，这种圈套没有终点，超越时空屏蔽的人的理性可以想得到。

宇宙万物既是一种关系的存在，又处于一定的关系网络之中。这是不争的事实，也是铁的定律。同时，一切事物又都在形成着、存在着、发展着和消失着，而且是在关联的系统中形成着、存在着、发展着和消失着。"一切皆流，无物常驻"，而且无物是孤立地流动着。量子力学告诉我们："量子关联"是非定域性或不确定性的，它流动着存在于人、自然与社会之间，存在于宇宙的过去、现在与未来之间，存在于微观世界、中观世界、宏观世界与宇观世界之间。这根本地昭示着，宇宙世界是一个内在关联的、不可分割的有机整体，组成整体的部分是关联着的"部分"，整体是各部分相互关联着的"整体"，各部分也是作为整体中的"整体"而存在，即整体中包含着关联的"整体"。关系或联系是如此普遍，又是如此必然，我们无须去寻找它，只需要去揭示它。科学研究就是探明事物之间存在怎样的关系，这些关系又是如何相互关系的和发展变化的，这种相互关系和发展变化的基本趋势是什么，进而告知和警示人类如何遵循事物之间的关系规律行事，以取得事半功倍的效果。

犹如政治、经济、文化、科技等，高等教育也是人类社会的一个特殊领域，高等教育学则是探究和揭示这一领域各种规律的科学或学科。从学科学的视角看，每一门科学或学科都应有自身相对独立的"研究对象"，都应有自己独特的"研究范畴"，否则就不足以成为一门学科，至少不能算是一门成熟的学科。作为一门学科，高等教育学的独特研究对象或基本研究范畴是什么？经典的高等教育学教材通常把高等教育学视为"研究高等教育现象或问题，揭示高等教育规律的一门科学或学科"。言下之意，高等教育现象或问题是高等教育学的研究对象，而政治、经济等现象或问题不属于高等教育学的考察范围。毫无疑问，这种理解没有太大的争议。不过，既然高等教育是一个特殊的"关系系统"，那么以关系为元范畴或思维工具，立足于高等教育的内外部关系，探究高等教育的本质、属性、规律、原则、结构、功能、内容、过程、方法等基本理论问题，建构高等教育学理论体系，无疑是一种更为务本和扎根的高等教育研究。如此强调和主张以关系为元范畴或思维工具，探究高等教育的基本理论，全然没有否定和超越"高等教育研究现象论"和"高等教育研究问题论"的野心，也不是想实现"弯道超车"或"变道超车"，只是想通过另一种途径为高等教育学的学科建设和发展添枝加叶，丰富和繁荣高等教育学理论的百花园。

站在学科发展的长河看，某些成熟学科的成长经历告诉和警醒我们：确立元范畴，探寻元方法，形成元理论，是学科发展与成熟的逻辑进路，也是学科向前发展的基本框架。元范畴、元方法和元理论是学科发展的"一体三面"，三者具有内在统一性、并行而不悖，任意"一元"的缺失或不明，皆有可能造成学科创新创造的严重受阻或停滞不前，甚或劳而无功，让学科发展深陷一种"西西弗斯式困境"。

目　　录

第一章　事物在关系中 …………………………………………（1）
　一　事物在关系中自成系统 …………………………………（2）
　二　事物在关系中互成系统 …………………………………（4）
　三　事物与关系在系统中整体生发 …………………………（10）
　四　关系是考察事物的认识论起点 …………………………（16）

第二章　高等教育的关系属性 …………………………………（21）
　一　高等教育在关系中孕生 …………………………………（22）
　二　高等教育在关系中存续 …………………………………（26）
　三　高等教育在关系中演化 …………………………………（30）
　四　高等教育在关系中被认知 ………………………………（35）

第三章　高等教育规律的关系本质 ……………………………（40）
　一　规律的质的规定性 ………………………………………（41）
　二　高等教育规律的因果关系性 ……………………………（47）
　三　高等教育规律的决定性与选择性 ………………………（54）

第四章　高等教育内外部关系规律 ……………………………（58）
　一　高等教育内外部关系规律的提出 ………………………（58）
　二　高等教育内外部关系规律的争鸣 ………………………（61）
　三　高等教育内外部关系规律的再认知 ……………………（66）

第五章　高等教育本质的关系意蕴 ……………………… (70)
　　一　不同视域的本质观 ………………………………… (71)
　　二　高等教育本质的关系规定性 ……………………… (76)
　　三　关系相互规定的高等教育独特性 ………………… (82)

第六章　高等教育原则生成的关系法则 ………………… (93)
　　一　高等教育原则研究何以滞后 ……………………… (93)
　　二　高等教育原则的质的规定性 ……………………… (94)
　　三　高等教育原则的生成理式 ………………………… (98)
　　四　高等教育原则的生成法则 ……………………… (102)

第七章　高等教育与人的发展 …………………………… (106)
　　一　人的本质规约教育的本质 ……………………… (106)
　　二　发展人是教育的神圣使命 ……………………… (113)
　　三　天赋是教育的原材料 …………………………… (118)
　　四　发现天赋是因材施教的根基 …………………… (121)
　　五　释放天赋是理想教育的本相 …………………… (126)

第八章　高等教育与社会发展 …………………………… (132)
　　一　高等教育与社会相互作用 ……………………… (133)
　　二　高等教育与社会互相服务 ……………………… (135)
　　三　高等教育要促进社会耦合发展 ………………… (137)
　　四　高等教育必须走向国计民生 …………………… (144)
　　五　社会发展最终是为了人的发展 ………………… (148)

第九章　高等教育与高深知识 …………………………… (153)
　　一　高深知识是高等教育孕生的必要条件 ………… (154)
　　二　高深知识是高等教育特殊性的根源 …………… (163)
　　三　高深知识是高等教育的基本变量 ……………… (164)
　　四　高深知识是高等教育关系网的中心性节点 …… (166)

五　高深知识是高等教育的加工材料……………………（169）
　　六　高深知识与高等教育在系统中整生互塑……………（177）

第十章　高等教育之道在关系中……………………………（182）
　　一　为师之道在育人之道中………………………………（182）
　　二　为教之道在教学相长中………………………………（193）
　　三　为学之道在相反相成中………………………………（197）
　　四　学问之道在系统关联中………………………………（206）

第十一章　高等教育强国生发的关系审视…………………（210）
　　一　高等教育强国的内外部关系特性……………………（210）
　　二　高等教育强国的系统孕生和统合发展………………（220）
　　三　高等教育强国生发的超循环运转……………………（226）

第十二章　高等教育治理的关系逻辑………………………（229）
　　一　整体有序而局部无序的生态系统……………………（229）
　　二　大学局部无序的自生自发性…………………………（232）
　　三　大学整体有序的人为建构性…………………………（236）
　　四　大学整体有序与局部无序的耦合……………………（238）
　　五　作为高等教育治理法则的整体有序而局部无序……（241）

第十三章　关系思维与文献研究……………………………（242）
　　一　文献研究的意义与价值………………………………（242）
　　二　文献研究的目标与使命………………………………（245）
　　三　文献研究的误区与抉择………………………………（247）

后记　《高等教育关系论》的孕生…………………………（252）

第一章 事物在关系中

关系是事物内部或事物之间的相互作用。马克思主义认为，相互作用是事物真正的终极原因，只有从这种普遍的相互作用出发，我们才能达到和揭秘现实的因果关系。诚如此，一切科学研究规避不了关系，回避不了对事物内部或事物之间相互作用的考察，而且最终要落脚和聚焦到事物的内外部关系。事物的内外部关系密切关联，即内部关系决定着外部关系的存在，外部关系制约着内部关系的演变。一切事物因其内外部关系的存在而成其为事物，同时又因其内外部关系的存在而将整个世界连成一个巨大无比的整体。

世界是普遍联系的整体，是万物互联的整体，是由无数"杠杆细节"关联着的整体，是各组成部分相互作用着的整体。因为这种"杠杆细节"或"相互作用"的存在，"天地万物既为果亦为因，既取之于人又与之于人，既间接也直接，一条浑然不觉的纽带将天下最遥远无缘不同的事物结为一体"[①]，不了解整体或全局就无法获知部分或局部，不特别地了解各个部分或局部也不能认识整体或全局。同时，因为普遍联系或相互作用的存在，万事万物的生发都有其原因或结果，而且每一种原因又都有它的原因，每一种结果还会有它的结果。由因溯果，由果溯因，探原因之因，寻结果之果，是科学研究的诉求。

---

① ［法］埃德加·莫兰：《反思欧洲》，陈一壮译，生活·读书·新知三联书店2005年版，第17页。

一　事物在关系中自成系统

　　一切事物既以个体而存在，同时又与其他个体共成群体，即一事物总是相对独立地存在着，同时又总是关联着另一事物。事物之间普遍联系着，而且大量的前后相继的事物之间还存在某些因果关系或传承关系。这似乎可以用来解释一种流行的历史说法，即"古希腊产生了古罗马，古罗马产生了信奉基督教的欧洲，信奉基督教的欧洲产生了文艺复兴，文艺复兴则产生了启蒙运动，启蒙运动产生了政治民主制和工业革命。与民主制杂交的工业进一步孕育了美国，从而体现了生命、自由和追求幸福的权利"。当然，这种流行的说法或许只是西方获得政治、文化以及伦理道德胜利的口头禅，并非历史的真相，但它的确也暗示着不同的历史之间存在某种关联。不单是历史如此，现实也是如此。可见的、可感的是当今世界不是直的，而是一个相互关联的、通达的世界：一个洲所发生的事情会影响到另一个洲，一个大洋所发生的事情会波及另一个大洋。

　　作为一种存在，事物在不同的学科话语中有着各自个性化的内涵或定义。在哲学领域，事、物和事物是三个不同的概念或范畴，即事是事，物是物，事物是事物，三者密切关联，却又彼此相区别。张法认为："古代汉语以单音词为主，事与物是两个词，物用来指实在的东西，事则是物在时空的运动中形成的一个整体。事总是物之事，而物总是在天地大化的运动中。因此物必然有事，事肯定是物之事。二者是统一的。偏重于物的运动与关联，称为事；偏重于运动和联系中的实体，称为物。当二者并重之时，可称之为'事物'。"[①] 如果说运动是绝对的、静止是相对的，那么物永远是运动中的实体，是与事关联的实体。周键勇认为，"物是一切具有三维性且本质上可知觉和可经验的对象"。"所谓'事'，指的是主体（我、他人）经历或可能经

[①] 张法：《哲学基本概念"事物"在中文里应为何义》，《社会科学》2013年第3期，第107页。

第一章 事物在关系中

历的过程。"而"事物则是那些已被经验认知且命名之物。物是事物的客观基础,而事物是主体对物的认知结果"。① 这两种表述不尽相同,但皆内在地将"物"视为一种"实体",将"事"视为一种"行为",将"事物"视为"实体与行为"的内在统一。同时,无论是偏重于运动与关联中的"事",还是偏重于运动和关联中的"物",抑或是二者并重的"事物",事、物和事物无疑都是一种在"关联"或"联系"中的存在。

中国的权威工具书《辞海》认为:"事物是客观存在的一切物体和现象。"② 如果说"物体"对应"物","现象"对应"事",那么"物体和现象"则对应"事物"。综合以上解释,我们可以如是说:事物是"事与物"的统一,是"物体和现象"的合体,不存在绝对孤立的事或物,也不存在单纯的物体或现象;物是事之物,事是物之事,物中有事,事中有物,物在事中,事在物中;物体永远是现象中的物体,是运动和时空中的物体;现象永远是物体的现象,是物体在发生、发展、变化过程中所表现出来的联系和形式。一言以蔽之,哲学视域中的事、物和事物都在关系中,皆在相互作用中;事物作为物体和现象的统一体,是一种内外部关系相互作用的存在。

系统科学认为,任何事物都可以看成一个系统,而且首先是作为一种"自成系统"而存在,即一种有着自身独特结构的系统存在。作为系统而存在的事物是结构性的,不同的事物以不同的结构关系而存在。作为一种关系的存在,物质世界的事物不是构成元素的随意组合或简单相加,而是构成元素的有序排列和内在关联,是一切构成元素相互关联的"整体性涌现"。譬如,H_2O 由 2 个 H 原子和 1 个 O 原子构成,H 原子和 O 原子之间存在两个共价键,两个共价键之间存在确定的角度。这是水的内部关系,也是水的结构关系。水的这种关系规定了"水的世界"必定是"H_2O 的世界";那种不是"H_2O 的世界"一定不是"水的世界"。现代科学昭示,事物的秘密在于事物的

---

① 周键勇:《事物、事件和世界》,《求索》2005 年第 1 期,第 73—74 页。
② 《辞海》(第 3 卷),上海辞书出版社 2009 年版,第 2077 页。

结构，事物的结构影响甚或决定事物的功能，结构变化引发功能变化，甚至改变事物的本质。对于自然物质而言，结构与本质具有"同质同构性"，两者几乎可以画等号，即"事物的结构"可谓是"事物的本质"。物质世界的金刚石与石墨是"同素异形体"，两者是碳元素组成的具有不同结构形态的两种不同的单质，即金刚石是金刚石，石墨是石墨。其中，金刚石呈正四面体空间网状立体结构，碳原子之间形成共价键，当切割或熔化时需要克服碳原子之间的共价键；石墨是片层状结构，层内的碳原子排列成平面正六边形，每个碳原子以三个共价键与其他碳原子结合，同层中的自由电子或离域电子可以在整层活动，层间碳原子以分子间作用力或范德华力相结合，而范德华力是弱小的。正是如此，金刚石的熔点高，是最硬的矿物；石墨的熔点低，是一种最软的矿物。

一切事物都是"自成系统"的存在吗？现代科学还没有发现或证明存在"无结构"的事物。首先，物质具有结构性或无限可分性。基本粒子被视为构成物质的最小、最基本的单位，作为组成各种各样物质或物体的基础，基本粒子在夸克理论视域中也存在复杂的结构。其次，时间上有起点而空间上没边界的宇宙是一个结构性或有结构的系统。作为万物的总称，宇宙是一个有层次结构、物质形态多样、不断运动发展的天体系统，是空间、时间、物质和能量构成的统一体，它包括地月系、太阳系和银河系，恒星和星云是其最基本的天体。最后，人类社会也是一个结构性圈层系统，大生态圈套着小生态圈，各小生态圈相互关联成大生态圈。个人、家庭、组织、国家、社会分别自成系统，又通过相互关联而互成系统，人在其中作为一切社会关系的总和而存在。

二 事物在关系中互成系统

现实世界的一切事物，既是相对独立的个体，同时又是相互联系的个体。不同的事物相互区别又相互联系，不同事物之间相互联系的内涵、方式以及相互联系的紧密程度不同。这是唯物辩证法的普遍联系原理，也是唯物辩证法的矛盾特殊性原理。事物之间的联系是相互的和双向的，一切事物永远处在联系和被联系的"双重位置"，不存在纯粹的"联系者"或"被联系者"。任何事物既是一种联系他事物的存在（联系者），又是一种被他事物联系的存在（被联系者）。因此，认识事物既不能持绝对的"场外观"，也不能持纯粹的"场内观"，否则，我们就无法洞见事物的本相和属性，也不能统观事物的整体和全貌。

关系中的同一事物，从不同的角度看呈表出不同的属性或特征，而这些不同的属性或特征反映的则是同一事物的不同关系。宋代伟大诗人苏轼的《题西林壁》如是说："横看成岭侧成峰，远近高低各不同；不识庐山真面目，只缘身在此山中。"观察事物尤其是复杂性事物，如同观庐山，"既要横看，看到它的逶迤壮观，又要侧看，看到它的千仞雄姿；既要入山探宝，洞悉其奥秘，又要走出山外，遥望它的全貌"[1]。当我们以不同的眼光审视某一研究对象或事物时，常因主体的不同、理论的不同、眼光的不同，所看到的事物会有所不同，甚或是同一事物也经常被视为具有不同的结构、功能、特征和属性。另外，同一事物与不同的事物发生作用，彰显出的属性或功能也会不同。譬如，同一个杯子，用来装水则称之为水杯，用来装茶则称之为茶杯，用来装酒则称之为酒杯……为何如此？因为与杯子发生作用的对象变了，两者之间的关系不一样了，彰显出来的属性或功能就不同了。当然，不管用来装什么，杯子还是杯子，因为决定杯子本质的内部结构或内部关系并没有改变。

世界上没有完全孤立或绝缘的事物，这就好比"你在桥上看风景，看风景的人在楼上看你"。迈克尔·富兰认为："一切事物和一切人都是互相关联的，每一件事物影响另一件事物。不管差别多么大，不管距离多么遥远，我们都是相互关联这个整体的一部分……事实上，在我们中间，在其他人群和我们周围的世界找不到真正的分

---

[1] 潘懋元：《多学科观点的高等教育研究》，《高等教育研究》2002年第1期，第10—11页。

▶ 高等教育关系论

隔——除非在我们的思想里制造这种分隔。"① 我们甚至可以类似地说，世界原本是"一"或"全"，人类眼里的五彩缤纷和千姿百态，或许源自人们对"观念的分有"，或许源自人类人为的"分门别类"，当然在根本上源自不同事物之间的差异性。作为一个整体，宇宙世界也包括人类，既是由"部分"构成的，又是由"整体"组成的。我们容易看到"整体是由部分构成的"，其实是"整体构成了整体"。大凡"部分"本身也是自成系统的"整体"，之所以成了"部分"，源自人类对"整体"的人为分割或箱格。譬如，人类居住的地球，在民族国家诞生之前是"无国界"的，国界乃至一切的边界几乎都是人为的一种划定，这种划定又源自人类对各种领地或疆域的分有和占领。当然，有些"分门别类"也源自人类认识的需要，尤其是对认识深化和专门化的需要。有趣或具有讽刺意味的是，我们创造了各种边界，同时又为这些边界所限制和框定，这如同雷池的存在致使人们不可越雷池半步。从本质上看，宇宙是一个有机联系的整体，是一个硕大无比的生态圈，万事万物生于其中、长在其内，彼此相互区别又互相联系，各自有着自身的"边界"，同时又互为环境。这种边界的存在，具有区分和保护双重功能。这就好比人的皮肤，一方面将人体与外界区分开来；另一方面又保护人体免受外界太多或太直接的伤害。但是，这种区分或保护不等于隔绝，不同事物之间既是自主的，同时又是依赖的。

事物的关系包括内部关系和外部关系，其中内部关系主要表征为事物的结构，外部关系主要表现为不同事物之间直接或间接的相互作用。不同的事物作为不同的关系而存在，同时又总是存在于特定的关系之中。牛顿认为，自然界中所有的物体都具有引力，它们的引力大小与它们的质量乘积成正比，与它们距离的平方成反比，与两物体的化学本质或物理状态以及中介物质无关。这就是著名的万有引力定律，$F = Gm_1m_2/r^2$。万有引力定律所揭示的是事物之间千万种外部关

---

① ［加拿大］迈克尔·富兰：《变革的力量——透视教育改革》，中央教育科学研究所译，教育科学出版社2005年版，第118页。

系中"最自然"或"最原生态"的一种，这种关系的存在不以人的意志为转移，与人是否介入其中毫无关系。万有引力这种外部关系，不只是存在于自然界，也存在社会领域，存在于人与人、人与其他万物之间，但它不是社会科学或人文科学研究的重点。两个事物之间的关系，并非只是存在"万有引力"那么简单，还存在"万有斥力"，否则，宇宙就会坍塌到一起。宇宙间的关系是复杂的，表现形式是多元的，"有些是先后关系，有些是因果关系，有些是相互影响而非谁决定谁的关系，有些是时间性关系而另一些是空间性关系，有些是单一关系而另一些是多重关系，并且，关系也不一定恒定而不发生任何变化……"① 无论是哪种关系，都不能代替或说明事物之间关系的一切方面，当然也代替或说明不了一切的关系。

宇宙是最大和最复杂的"关系系统"，身处其中的每一事物既是一个"关系集合体"，同时又是更大的"关系集合体"的构成元素，各种事物以关系（或相互作用）为纽带，相互连接成一个整体，成为一个多层次的、复杂的、巨大的生态圈。人类社会是宇宙生态圈的"圈中之圈"，它以社会关系为纽带，将不同层级的社会生态圈连成一体。倘若没有社会关系作为纽带和桥梁，人类就如同一盘散沙，就如撒落满地的铜钱，就如没有关联的一堆土豆，就无法称其为"人类社会"。从人类社会的构成圈层看，个体组成了家庭，家庭聚为亲族，亲族合为宗族，宗族并为部落，部落构成民族，民族合成国家，国家组成世界或全人类。生命世界的构成方式与人类社会类似，一层一层形成一个多级的"生态圈"：基本粒子形成原子核，原子核和电子构成原子，原子形成分子，分子在碱基对中结合，碱基对决定氨基酸的构成，氨基酸在蛋白质中结合，蛋白质聚合成生命体。生命世界如此，非生命世界也是如此。一言以蔽之，大到宇宙世界、小到基本粒子的一切事物，无一不是一种关系的存在，无一不是在关系中存在，即事物在关系中，在关系中孕生、存在、发展和消失。

---

① 张楚廷：《高等教育学导论》，人民教育出版社2013年版，第23页。

▶ 高等教育关系论

人作为一切社会关系的总和，本身是一种关系的存在，又总是内嵌于一个关系网络之中。正如海德格尔提醒我们的那样："我们的存在（being）总是处于关系之中，我们总是'将在'（be-coming）。我们作为网络之中的节点，与网络之中的其他节点相互连接：人处于文化之中，文化处于人文之中，人文处于一个生态系统之中，我们的生态系统处于我们的宇宙之中，我们的宇宙（universe）处于更大的宇宙之中（cosmos），一直在不断演化。我们的存在感是通过在网络内部的这些节点以及不同网络之间的互动而形成的。这种发展过程，产生于互动，不可预测地导致新事物的创生。"[①] 存在于关系中的人类，是宇宙世界最为非凡的一种存在，也是一种独一无二的存在。人类身在天使之下，处在万物之上，被视为"万物之灵"。勤劳而智慧的人类，不是居住在绝望岛上的孤零零的"鲁滨孙"，而是具有理性能力的"类存在物"，是最有灵性的社会性存在物。人是社会的人，社会是人的社会。作为一切社会关系的总和，人源于自然，又超越自然，兼具自然性与社会性。人总是首先解决吃、喝、住、穿的问题，然后再去从事精神活动，即人的内在活动不是随心所欲和漫无边际的，而是围绕经济关系的中轴线有条件地展开。人是理性与感性的结合体，人因为有理性（哪怕这种理性是有限的）而在宇宙世界中拥有与众不同和得天独厚的生存能力，这集中表现为人类不是纯粹的世界风景中的一个"自然形体"，也不是完完全全的环境的被动适应者，相反，人类是风景的营造者或环境的改造者。人与环境相互作用，不只是环境影响人，人也会影响甚或改造、创造环境。人是万物的尺度或灵长，人在环境面前是主动的，"动物只是按照它所属的那个种的尺度和需要来建造，而人却懂得按照任何一个种的尺度来进行生产，并且懂得怎样处处都把内在的尺度运用到对象上去；因此，人也按照美的规律来建造"[②]。因为拥有高超的理性智慧，因为具有超强的适应能力，人类几乎是无处不在，展现出了上天入地或"改天换地"的

---

① [美]小威廉·多尔、唐娜·杜伊特：《复杂性思维：存在于关系之中》，《全球教育展望》2011年第5期，第5—6页。
② 《马克思恩格斯全集》（第42卷），人民出版社1979年版，第97页。

第一章 事物在关系中

本领，遨游太空和高峡出平湖便是这种理性能力的彰显。

千百年来，人类不仅逐一发现了地球上所有的大陆，而且想方设法在每块大陆上安居乐业，让每块大陆焕发出新的生机，极大地展现了人类的理性能力和本质力量。除了人类之外，其他一切生物皆不能如此，它们只是世界风景中的一个自然形体，只是被动地适应环境。生物对环境的被动适应，犹如"齿轮彼此嵌套"，一旦错位就会"掉链子"，必须一环扣一环，遵循宇宙万物的生发秩序或时序，否则，就会陷入万劫不复的境地。譬如，春天来临，冬眠的青蛙苏醒过来，立即恢复其新陈代谢；蜂雀拍打空气，将细如针尖的长喙刺入摇曳不定的花蕾；蝴蝶装扮成树叶，甚至是有毒生物的样子，欺骗天敌以保护自己；针叶林和阔叶林分布在不同海拔的山域。如若不然，世界将是另一番景象，但绝对是一种无序或悲壮的生命景象。这是生物与环境最典型的关系，即一种被动适应环境的关系，一种由环境主导的自然选择关系——物竞天择，适者生存。与其他生物相比，人类依凭理性，几乎是遍地繁衍，尤其是智慧的现代人，依凭先进的科技，释放出强大的本质力量，甚至可以在极其恶劣的环境中诞生、生存和发展。这是人类的特别之处，也是人类的伟大之处，更是人类的自豪之处。但这并不意味着，人类是自然的主宰者，可以凌驾于自然之上，可以肆无忌惮地征服自然。人类与自然不是主客关系，"人类中心主义"贻害无穷。人乃大自然之子，人来自大自然，人在大自然面前是"流"，不是"源"。人不能以人的尺度衡量自然界的一切，相反，人必须以自然为本位。人需要敬畏自然，至少与自然保持一种平等关系。人与自然应和谐相处，如若不尊重自然或不爱护自然，人类终将因此而付出代价甚或遭受惩罚。人类与自然的斗争，从来也永远没有胜利者，"我们不要过分陶醉于我们人类对自然界的胜利。对于每一次这样的胜利，自然界都对我们进行报复。每一次胜利，起初确实取得了我们预期的结果，但是往后和再往后却发生完全不同的、出乎预料的影响，常常把最初的结果又消除了"①。我们常以"改天换地"

---

① 《马克思恩格斯选集》（第4卷），人民出版社1995年版，第383页。

而自豪，由于这种"改天换地"是以牺牲自然生态为代价，人类最终遭到了自然界的报复，水土流失、洪水泛滥、湖泊干涸、江河污染等以极其残酷的方式惩罚着人类。

无须赘述，宇宙世界是一个"关系共同体""利益共同体""命运共同体"和"责任共同体"，但在根本上是一个"关系共同体"。一切事物皆在关系中，一切事物皆因内外部关系的存在而成为事物，其中事物的内部关系规定着事物的性质与本质，事物的外部关系影响着事物的运动、发展和变化。事物的内外部关系又是不断演化的，总是处在矛盾运动之中，这种演化和矛盾运动构成事物发展的不竭动力和终极原因。

三 事物与关系在系统中整体生发

宇宙世界是预成的还是生成的？这曾是哲学和科学史上长期争论不休的问题。在科学不发达的年代，人类倾向于借助信仰、天启和超自然的力量找寻答案。放眼全球，"世界上几乎所有的民族，都曾经有过版本各异的创生和创世的神话"[①]。例如，中国有盘古开天辟地的神话，说的是天地开辟之前，宇宙不过是混沌一片，没有光，也没有声音，是盘古用大斧将混沌劈开。然后，轻的气上浮成了天，重的气下沉成了地。以后，天每天高出一丈，地每天加厚一丈，盘古自己每天也长高一丈。后来，盘古死了，他的身体的各部分就变成了太阳、月亮、星星、高山、河流、草木等天地万物。西方世界的《旧约全书》认为，上帝的意志是至高无上的，他不仅随意控制行星在轨道上的运行，而且随意操纵每个人的意愿。上帝是第一推动者，一切因果都顺从着他，而且宇宙中的一切事件都是事先安排好的。在相当长的时期内，《圣经》及其宣扬的神创论在西方学术界、知识界以及整个西方文化中占据着统治地位，灿烂的古希腊文化在漫长而黑暗的中世纪被埋没风尘，变得黯然失色。神创论认为，天体、地球乃至万物

---

① 张增一：《创世论与进化论的世纪之争》，中山大学出版社2006年版，第5页。

都是上帝创造出来的，而且世上万物一经造成就不再发生任何变化，即使有变化也只能在该物种的范围内发生变化，是绝对不可能形成新的物种的。此外，上帝所创造的各种生物之间都是孤立的，相互之间没有任何的亲缘关系。

随着科学的发展，以神创论为表征的预成论，遭到了不同形式的进化论的诘难，尤其是英国博物学家达尔文提出的进化论（自然选择论），对预成论进行了颠覆性的批判。达尔文通过广泛考察，用大量的事实材料证明：地球上的一切生物都是经过漫长的历史进程逐渐进化而来的，生命之流起初不过是毫不起眼的少数几种形式甚至是一种形式，结果却流淌到了可以栖息的世界上的每一个角落和每一条缝隙，由谱系连接起来的一代又一代生命形式不断地产生，但"每一代都同上一代和下一代又存在着微小的差异"①，生物世界就这样逐渐变得种类繁多、丰富多彩。达尔文以"生存斗争""适者生存"和"自然选择"为理论工具，不仅解释了生物"从简单到复杂，从生命的'低级'形式到生命的'高级'形式，从无区别的结构到互不相同的结构"②的发展方向，同时也否定了"万物皆由神创，变化都是上帝旨意"的神创论思想，以及"只要给定起点，便可精确预测结果和未来"的机械决定论思想，提出了进化、环境、选择、适应、不可逆、偶然性等具有革命性的新思想，颠覆了传统的一切皆为注定的或预成的世界观，宣告了"世界是一种有目的的被创造出来的秩序"的传统信仰的终结，无情地撕去了昔日笼罩在人类身上的"神圣光环"，告诉人们"人只不过是猴子的有修改的后代"，就像其他生物一样，只是纯粹偶然的产物，是一连串大分子的组合，从而最终将人驱逐出了灵魂的庇护所。令人遗憾的是，由于当时的科学发展水平有限，达尔文未能认识到，人类的主体选择要比通过机遇和偶发事件的自然选择，要重要得多、可贵得多。人类文明进程的潮流不可阻挡，人们逐步认识到"进化不仅包含生物界变化的型式和变化的动力学，

---

① 费比恩：《进化》，华夏出版社2006年版，第89页。
② ［比］伊·普里戈金、［法］伊·斯唐热：《从混沌到有序》，上海译文出版社2005年版，第3页（序：人与自然的新对话）。

而且也同样包含宇宙变化的型式和变化的动力学;在人类文化和社会历程中的进化也决不亚于地球上生物历程中的变化"①。也就是说,进化不仅仅包括生物物种的进化,而且包括在我们认识到的宇宙范围内出现、存在、变化或消失了的所有事物的进化。宇宙中的其他事物,即使不像生物物种那样产生出来,但只要它们是在时间进程中形成的,那它们就必然也经历了一个进化的过程。

中国先贤老子认为,"无,名天地之始;有,名万物之母。""天下万物生于有,有生于无。"无论是有生于有,还是有生于无,皆说明天地万物都是生成的,而非神创的或先天存在的。马克思主义认为,"地球和整个太阳系表现为某种在时间的进程中生成的东西","自然界不是存在着,而是生成着和消逝着"②。当然,不只是地球和整个太阳系是生成的,银河系及整个星系和暗物质、黑洞等构成的宇宙都是生成的。现代科学认为,宇宙孕生于大爆炸,起源于混沌,起源于无序,起源于对称。大爆炸前,一切处于混沌和无序状态,空间不分上下、前后和左右,时间不分过去、现在与未来,物质不分正粒子、反粒子和场,一切是完全对称的。是大爆炸生成了宇宙,宇宙孕生了太阳系,太阳系孕生了地球,地球孕生了人类,人类创建了"人的世界和人的关系"。

事物与关系不是"孤生"的,而是"整生"的,它们在系统中存在、演化和发展,即事物在关系中生成,同时又在关系中孕育新的关系、生成新的事物。关系是事物的关系,事物是关系的事物,没有孤立的事物和关系,也不存在相互绝缘或割裂的事物与关系。老子认为,"道生一,一生二,二生三,三生万物"(《道德经》第四十二章)。当代生态美学家袁鼎生教授坚信,宇宙世界是整体生发的,集中表征为"以一生万,以万生一,万万一生,万万生一,一一旋生"。可以看出,袁鼎生教授不仅有超越先贤的勇气,也有超越先贤的智慧。我们赞同也信奉,天地万物是整体生发的,是在系统关联中

---

① [美] E. 拉兹洛:《进化——广义综合理论》,社会科学文献出版社1988年版,第1页。
② 《马克思恩格斯选集》(第4卷),人民出版社1995年版,第266—267页。

生成的。天地万物的整生性,意味着事物之间是普遍联系的,它们总是以某种方式关联着:关联地生成着,关联地存在着,关联地发展着,关联地消失着。因此,一事物的生成必定伴随某种关系的生成;一事物一旦生成,就必然也同时生成了某种内外部关系,否则它就不能成其为一事物。与此同时,一事物一旦生成,便即时地生成了某种新的外部关系,或者说这一事物改变了连同它自身在内的外部关系。从这个意义上说,一事物的生成过程,是一事物内外部关系的生成过程,也是一事物内外部关系的变化过程。事物与关系具有内在的统一性,关系生成事物的本质,规约事物的本质,提升事物的本质,发展事物的本质。在物质世界里,事物的秘密在于事物的结构,即事物的结构决定事物的本质;事物的结构改变,事物的本质也改变。譬如,"水的世界"一定是"H_2O 的世界";同样是由氧原子构成,"O_2 的世界"却完全不同于"O_3 的世界"。

不同的事物自成或互成不同的系统,不同的系统存在相异的内外部关系,而事物的复杂性主要源自其内外部关系的复杂性。从内部关系看,水的复杂性无法与蛋白质比拟,蛋白质分子的复杂性又难以与有机生命体比拟,有机生命体的复杂性无法与包含该种生命体的生态系统比拟。从外部关系看,身处热带雨林与温带森林的同类生物,其关系的复杂性则是天壤之别。热带雨林是一种茂盛的森林类型,它是一个巨大的生态系统,存在复杂的食物链和多个能量级,蕴藏着大量的尚未被充分认识的生命规律和自然规律,特别是热带雨林,物种的极端丰富性和植物生活类型的多样性,难以完全用达尔文的进化论来解释。与热带雨林相比,温带森林的生物种类相对贫乏,生活类型相对单调,各种生态关系和生态表现也相对简单和直接。与复杂的自然生态系统相比,人类社会的各种关系,诸如政治关系、经济关系、文化关系、教育关系等更为复杂,一方面在于社会关系有大量的有思想的变化着的人的介入;另一方面还在于社会关系总是存于不断演变发展之中。简言之,社会系统的复杂性根源于人的复杂性和社会系统本身的时空变动性。同时,也因为时空变动性的存在,人类社会的各种关系,诸如政治、经济、文化、教育等关系,具有鲜明的区域性、民族性、历史性或阶段性等特征。犹如一切事物的生成伴随着关系的生成，人类社会的发展伴随着社会关系的生成和演变，一部社会发展史可谓是一部社会关系的生成和演变史，尤其是一部生产力与生产关系相互作用的演变史。

关系是一种客观存在，犹如世间的事物并非全是人的创造一样，宇宙世界的许多关系的诞生、存在、发展，与人没有直接关联。人类是地球的孕生物，人类和地球诞生之前，宇宙早已存在，其中的各种关系的孕生，自然与人类无关。人由类人猿进化而来，远远晚生于一般的生命有机体。1859年，英国博物学家达尔文出版了《物种起源》，1871年又出版了《人类的由来》。在达尔文看来，人根本不是上帝的创造物，而是从古猿演化而来的最高级生命。在后达尔文时期，人类学家的核心任务就是描绘出人类起源的蓝图。按照考古发掘的材料，人类的历史可以追溯到约400万年前的南方古猿，180万年前古猿演化为直立人，一直延续到20万年前。随后又发展出早期智人，延续到约5万年前。最后出现的是晚期智人，他们与现代人在形态上已经非常接近了。2000年最新的人类化石考古发现，人类起源于非洲肯尼亚土根山区的原初人（土根种），距今600万年。美国学者辛西娅·斯托克斯·布朗（Cynthia Brown）撰写的《大历史：从宇宙大爆炸到今天》认为，膨胀的宇宙距今为137亿年—46亿年，孕育生命的地球距今为46亿年—500万年，人类作为一个新物种的诞生距今为500万年—3.5万年。可见，最长的人类历史"记录"，无论是500万年还是600万年，它与宇宙的生命史相比，可谓是微不足道，短暂得几乎可以忽略不计。因此说，宇宙间的很多事物或关系的创生与人类无关，而人类的各种关系却与宇宙有着不同程度或性质的关系，因为人类孕生于宇宙之中。

人类诞生以后，以特有的方式创造了"人的世界和人的关系"，同时也创造了各种与宇宙万物的直接或间接关系。人没有介入的世界或领域，各种关系不是人创立的，那里的事物与人之间也不存在"社会性的关联"，纯属一种原生态的自然关系。是人创造了"人的世界"，是人创造了"人的社会"，也是人建立了自身与社会共生同在、血肉相连的社会关系。当今社会与人可谓是浑然一体、不分彼此，社会是人的社会，人是社会的人，人与社会的发展互为基础、耦合并进，人的发展成就了社会的发展，社会的发展最终又是为了人的发展。从生发的时序看，社会是"联合起来的个人"，人是社会之源，人乃社会之本。教育要弄清人与社会之间的源流关系，不能本末倒置。否则，就会颠倒人与社会的关系，颠倒教育与人的关系，颠倒教育与社会的关系。

人创造了人类社会，创造了一切社会关系和人的关系，同时也使人自己成为了社会的人。马克思洞见并揭示了人的本质，认为"人的本质不是单个人所固有的抽象物，在其现实性上，它是一切社会关系的总和"[1]。从根本上看，社会关系是人与人之间的关系，而形成后的社会关系，又反过来规约、发展和提升人，以及人的本质。社会关系是广域的和综合性的，也是多类型和多层次的，除了个人与个人之间的关系、个人与群体之间的关系、个人与国家之间的关系、群体与群体之间的关系、群体与国家之间的关系，还有政治关系、经济关系、文化关系、教育关系……当社会关系或社会关系的总和发生变化，"现实性上的人的本质"也将随之变化，因为"人的本质是一切社会关系的总和"。既然是人创造了"人的世界和人的关系"，那么人类社会的政治、经济、文化、科技等自然也是人创造的。人创造的一切最终是为了人自身，因而那种眼里或心中"没有人"或"无视人"的政治、经济、文化、科技，一定是畸形的或抛锚的政治、经济、文化、科技。自有人类，便有教育。人创造了教育，同时人也使自己成为受教育者，即"教育者本人一定是受教育的"[2]。在教育的场域中，教育者兼具"剧作者"和"剧中人"双重角色。如果一种教育，教师只是"剧作者"，而学生只是"剧中人"，那么这种教育一定是走错了航道或抛了锚。反之亦然。

---

[1] 《马克思恩格斯选集》（第1卷），人民出版社1995年版，第60页。
[2] 同上书，第55页。

四 关系是考察事物的认识论起点

认识是什么，认识从哪里开始，认识源自哪里？这在不同的视野里有不同的答案。譬如，历史学认为事物从哪里起源，认识就应该从哪里开始；哲学上的唯理论认为认识来自不断的回忆，经验论认为认识源自经验，唯理论和经验论的调和者则认为一切知识从经验开始但并非只是源于经验……

每一个学科因为或有自己独特的研究对象，或形成有自身相对独特的认识论和方法论，抑或信奉某些自己偏爱的认识论和方法论，故而不同的学科考察事物的起点或切入点会有所不同。系统科学认为，对象的实体、属性和关系是密不可分的，三者共生同在。"实体"与"关系"作为两个概念，通常在对立或对位中使用，而在思维上分别对应实体思维和关系思维。实体是对象的存在样态，属性是对象的性质和对象之间关系的统称，关系是对象内部或对象之间的相互作用。从本体论或逻辑上看，"实体"规定"属性"，"属性"规定"关系"。若从认识论上看，"实体""属性"和"关系"三者之间的关系则要反过来，即"实体"要通过"属性"来认识，而"属性"则要通过"关系"来认识。[①] 由此不难推知，关系是考察事物或对象的认识论起点，即不认识事物的关系就无法认识事物的属性，不认识事物的属性就无法认识事物的实体。譬如，认识一块铁，先可以考察它的现状、颜色、密度等物理属性，再考察它的结构以及它可以与其他物质发生什么样的化学反应（如置换反应、分解反应、化合反应等）——铁块的内外部关系。毫无疑问，铁块的形状、颜色、硬度、密度、结构以及在各种化学反应中的表现，本身是作为一种关系而存在的，同时又是在关系中彰显出的物理或化学属性，只有把握了这些"关系属性"，才能真正揭示铁的"实体属性"或"具体存在性"。由此可说，真理是全面的和关联性的，是"由现象、现实的一切方面的

[①] 高剑平：《系统科学思想史研究》，南京大学博士学位论文，2006年，第10页。

总和以及它们的（相互）关系构成的"①，独立的和单个的真理"只是在它们的总和中以及在它们的关系中才会实现"②；要发现全面的真理，就必须找到现象和现实的一切方面的总和以及它们的相互关系。同时，我们还可以说，要揭示事物的运行发展规律，就必须找到事物的本质或本质之间的关系，因为"规律就是关系……本质的关系或本质之间的关系"③。

正如前文反复强调的，任何事物既自成系统，同时又在相互关联中互成系统；事物是一种关系的存在，又在关系中孕育、诞生、存在和发展。因此，事物只有也只能在关系中，才能真正地被定义、被描述、被刻画和被认知；从关系中考察事物，从关联中去发现和探寻事物的本质和特性，是一种不可或缺的思维方式，也是一种极其重要的思维方式。关系思想或关系思维是系统科学的精髓和灵魂，是复杂性思想或思维的本质和核心，对于认识事物尤其是复杂系统，具有特殊的方法论意义。譬如，倘若我们想知道地球之外的其他星球是否有生命体，最直接的方法当然是到相关的星球去实地考察一下，瞧一瞧有还是没有生命体存在。不过，我们还有其他方法，不用去实地考察，只要了解这些星球上是否有水即可，因为水是生命之源，没有水就不可能有生命。从关系去考察事物是一种根本和重要的方法，尤其从内部关系去考察事物是立足于事物的本身。究竟应该从哪些关系去考察事物？这取决于事物的复杂性程度，越是复杂的事物，需要考察的关系越多、越全面和越系统。

在不同的科学研究领域，对事物内外部关系的考察可以有所侧重，也需要有所侧重，同时也往往有所侧重。在自然科学研究中，比较侧重于事物的本身，即从内部关系考察事物；在人文社会科学领域，侧重于考察事物的外部关系，同时也关注事物的内部关系；在软科学研究领域，对事物内外部关系的考察相对平衡。事实上，无论我们从事哪个领域或何种类型的研究，都不应或不宜把世界"看作彼此

---

① 《列宁全集》（第55卷），人民出版社1990年版，第166页。
② 同上书，第165页。
③ ［苏］列宁：《哲学笔记》，人民出版社1974年版，第161页。

隔离、彼此孤立、彼此不依赖的各个对象或现象的偶然堆积，而是把它看作有联系的统一的整体，其中各个对象或现象相互有机地联系着，互相依赖着，互相制约着"①。尤其是对复杂系统的考察和研究，必须关注系统内部各要素之间的互动，子系统之间的互动，层次之间的互动，部分与整体之间的互动，以及系统与环境之间的互动，揭示系统的内外部关系以及内外部关系的互动规律。

关系思维具有特殊的认识论和方法论意义。这种思维不仅适用于考察具体的事物或存在物，而且也适用于诠释人类认识领域的抽象的"对举性范畴"，诸如物质与意识、存在与思维、有序与无序、现象与本质、阴与阳、美与丑、善与恶等。对于这些范畴，如若不将其置于关系中加以考察，将无法洞悉其奥秘，因为它们是相互定义的，是共生的和对生的。古今中外的先哲们早已深谙此理，中国的老子在《道德经》中阐发了"有无相生，难易相成，长短相较，高下相倾，音声相和，前后相随"的道理，德国古典哲学家黑格尔论证了有与无、正与负、外与内、排斥与吸引、内容与形式、原因与结果、相对与绝对、整体与部分、作用与反作用等的对立统一关系，同时指出这些范畴的"每一方只有在它与另一方的联系中才能获得它自己的本质规定，此一方只有反映另一方，才能反映自己。另一方也是如此；所以，每一方都是它自己的对方的对方"②。

宇宙世界既存在"相辅相成"，也存在"相反相成"，后者"如人身然，官体之有左右也，呼吸之有出入也，骨肉之有刚柔也，若相反而实相成"③。对立是相对的而非绝对的，对立的双方总是存在统一性的一面，我们必须设法找到它们的统一性，学会"从多元中筛选出一元，从互斥中印证互补，从相对中掌握绝对，从环境中观照系统，从部分中发现整体，从结构中改变功能，从振荡中感到稳定，从竞争中找寻协同，从混沌中觅出有序，从破缺中审视对称，从随机中看到稳定，从偶然中表现必然，从可能中过滤现实，从形式中反思内

---

① 《斯大林选集》（下卷），人民出版社1979年版，第425—426页。
② ［德］黑格尔：《小逻辑》，贺麟译，商务印书馆2009年版，第225页。
③ 高平叔：《蔡元培全集》（第3卷），中华书局1984年版，第211—212页。

容,从现象中透视本质,从结果中追溯原因,从有限中窥视无限,从瞬间中领略永恒,从伪似中辨识真谛,从虚无中洞察意义,从丑陋中体验美丽"①。反之亦然。

"不谋全局者,不足以谋一域;不谋万世者,不足以某一时。"这是一种整局观。本质地看,整局观属于整体性思维,而整体性思维的精髓依然是关系思想,即正确看待和处理整体与局部之间的关系。个体存在于整体之中,个体与整体相互联系,只有在整体的关系情境中,才能发现单一个体的真正意义。一如黑格尔所言:"只有作为有机体的一部分,手才获得它的地位。"②反之亦然。我们要树立正确的整局观,改变"只见树木、不见森林"的思维方式,养成一种"看见整体"的思维习惯,力求既见树木又见森林,自觉走出局部思考的藩篱,真正明了局部目标之和不等于整体目标,局部成功不等于整体成功,局部失败也不等于整体失败。对于高等教育而言,如果某个具体领域出了问题,不要归咎于某个局部或个人,应该从组织的愿景、理念、文化、制度、政策、行动等的全面互动上去寻找原因。同时,学会同时从高等教育系统的内部和外部寻找问题的原因和答案,即既要看到外部原因,也要强调内部原因,还要在内因与外因的互动关系中找寻解决之道。比如,大学生就业难就是一个综合性的社会问题,而非一个单纯的高等教育问题。大学毕业生就业困难有着复杂而深刻的社会原因,它们既有社会或政府的问题,也有学校的问题,还有学生自身的问题。①社会或政府准备不足。比如,没有制定出有利于大学生就业特别是创业的相关政策;没有出台应对大学生就业问题的社会保障措施;人事制度改革相对滞后,整个社会缺乏顺利就业的软环境,影响毕业生就业的体制性、机制性的障碍仍存在。②学校准备不足。主要表现在:一是思想观念亟待转变。从精英教育到大众化教育不仅是一种教育形式的转换,更重要的是一种思想观念的变革。大众化教育阶段需要有与之相适应的思想观念诸如价值观、人才观、

---

① 王振武:《开放的选择:选择学引论》,生活·读书·新知三联书店1990年版,第8页。
② [德]黑格尔:《美学》(第1卷),朱光潜译,商务印书馆1981年版,第156页。

质量观等，但大多数高等学校仍停留在精英教育阶段，依然在用精英教育的思想观念指导着大众化教育的实践；二是教育资源准备不足。高等学校没有或者说不能根据扩招增设教育资源和改善办学条件，普遍感到师资力量、教学设施与设备等教育资源短缺，个别学校甚至是严重匮乏，不足以提供起码的质量保障条件；三是管理方法陈旧落后。当大量的学生涌进高校以后，学校管理者未能及时地针对大众化教育的要求，对人才培养目标、课程的选择与组织，以及教育质量控制与评价的方式方法等方面作出及时地反应和调整，特别是针对"新高职"学生，采用"老大专"培养方案的不在少数；四是高校的学科专业结构不尽合理。不少高校教学内容、学科专业设置等与社会的发展需求脱节，部分热门专业一哄而上，结果造成毕业生"过剩"，而部分相对冷门的专业，则被过度减少招生甚至被砍掉，人才供应不足；五是学校就业管理不到位。有的高校重视招生不太重视就业，招生与就业严重脱节。③学生个体准备不足。这种不足集中表现为，毕业生就业聚焦于大城市、迷恋大型企业、追求热门职业、自封于专业对口、盲目地互相攀比等。因此，将大学生就业率低的责任，全部推卸给大学，是不客观和不公平的，也不利于问题的解决。

总之，我们要在部分与整体的非线性循环中认知高等教育，而不是在两者之间做"非此即彼"的抉择，陷入单纯整体或部分偏废的认知之中。因为"不认识整体就不可能认识各个部分，同样的不特别地认识各个部分也不可能认识整体"①。我们应该放弃一种静态的、直线式的解释方式，而采取一种动态的、循环的解释方式，既"从部分到整体"又"从整体到部分"去理解复杂的高等教育现象与问题。

---

① ［法］埃德加·莫兰：《复杂思想：自觉的科学》，陈一壮译，北京大学出版社2001年版，第208页。

第二章 高等教育的关系属性

属性是事物（或对象）的性质和事物（或对象）之间关系的统称。事物与属性在系统关联中存在，两者密不可分、共生同存。事物是有属性的事物，属性是事物的属性；没有抽象的事物，也没有脱离事物的属性。事物与属性在系统关联中发展，作为实体而存在的事物一旦发生变化，与之相关的属性和关系也会随之发生相应的变化。

一事物与另一事物的相同或相异，根源于一事物的属性与另一事物的属性的相同或相异，而属性的相同或相异主要通过内外部关系的相同或相异表现出来。事物属性差异性的存在，让世界变得色彩斑斓和丰富多样。属性相同的事物形成一类，不同属性的事物分别形成不同的类，认识事物须从分门别类着手。这就好比进行拳击比赛，必须先分男女，然后才能再按轻量级、中量级和重量级分组进行，否则比赛就难以评判。事物的属性由事物的内外部关系决定，其中本质属性主要由事物的内部关系决定。本质属性是对某事物或某类事物"有决定意义的特有属性"[1]。并非所有的"事物的性质"都是"事物的本质属性"，只有那些对事物有决定意义的特有属性才是事物的本质属性。

高等教育是人类创造的以高深知识为加工材料、培养高级专门人才的特殊事物。作为一种当今世界客观存在的后天事物，高等教育宛如其他一切事物，既是一种"自成系统"的存在，又是一种与其他

---

[1] 《辞海》，上海辞书出版社2000年版，第211页。

事物"互成系统"的存在。亦即说,高等教育是一个复杂的"关系集合体",是一个具有典型的关系属性的"关系系统"。这集中表现为:高等教育是一种关系的存在,同时又身处复杂的关系网络之中;高等教育在关系中孕育,同时又不断孕育新的关系;高等教育在关系中诞生、存续和发展,又在关系中反作用于一切作用于它的事物。因此,认识高等教育必须立足于高等教育的内外部关系以及内外部关系之间的关系。

一 高等教育在关系中孕生

教育起源于遥远的过去,走到今天经历了漫长岁月的洗礼,但这并不意味着教育就是从来就有的。教育是人的一种创造,是后天的事实。教育究竟起源于何时?教育史学认为,自有人类,便有教育。不过,卢梭认为"教育的历史甚至比人类社会的历史更长"。这怎么理解?恩格斯认为,人的形成经历了三个发展阶段:攀树的猿群——正在形成中的人——完全形成的人。"完全形成的人"的出现,以制造和使用工具为标志,这就是人类社会的开端。在第一把粗糙和笨拙的石刀被制造出来以前,"正在形成中的人"已经利用天然的石棒和石块从事劳动。正是这种不完全意义上的劳动,推动了"正在形成中的人"从猿到人的转变。"正在形成中的人"在劳动中扩大了视野,积累了经验,学会了共同协作,而这些要传授给下一代,就产生了教育的需要。语言的产生,为"正在形成中的人"对下一代的教育,提供了起码的条件。这些因素的相互作用,孕育和催生了教育。语言和教育都不是产生于人类社会已经形成之后,而是产生于人类社会形成之前,产生于"正在形成中的人"。

高等教育晚生教育,而且比教育要晚生得多,这是因为高等教育孕生的条件要比教育孕生的条件苛刻得多,至少是没有高深知识的储备,就不会有高等教育的诞生。高等教育的历史可以追溯到古代东方国家,因为古代东方是人类文明的发源地,自然也是包括高等教育在内的人类教育的发源地。据史学家们考察,"埃及的海立欧普立斯大

第二章 高等教育的关系属性

寺、印度的塔克撒西拉大学和纳兰陀寺、中国的太学,都是名副其实的高等教育机构,谁也不能否认这些机构的高等教育性质。"[1] 从西方国家看,"古代希腊和罗马是欧洲最早举办高等教育的地方,尤其是古希腊,出现了较完善的高等教育设施,毕达哥拉斯、希波克拉底、智者学派、苏格拉底、伊索克拉底等的教育活动都具有高等教育性质。柏拉图的学园是西方乃至世界最早的、既体现社会功用性又体现人文性的高等教育机构,常常被公认为世界第一所大学;亚里士多德的吕克昂注重研究和实验,可看作是古代最早实施教学和研究相结合的高等学府;亚历山大学校注重研究的风气更是促成了许多学科的形成。"[2] 英国高等教育史学家珀金认为:"正是雅典的哲学学校——柏拉图的阿卡德米学园、亚里士多德的学园及它们的模仿者,后来对中世纪的大学产生了巨大的影响,因为由于缺乏政治和宗教的控制而得到鼓励的自由的沉思,对后来的学者团体有着巨大的吸引力。"[3] 高等教育的历史是悠久的,但相对教育的历史则是短暂的,因为即使从公元前385年左右创建的柏拉图学园算起,高等教育的历史也不过是2400年左右罢了。

作为培养高级专门人才的场所,大学是人类在特定的时空背景下创建的高等教育机构。大学不是无本之木,也不是无源之水,它有自身独有的孕生条件,不是任何时期都可以产生大学,也不是任何地方都可以成为大学的发源地。古代的中国人、印度人、阿拉伯人、希腊人、罗马人早就有高等教育和高等教育机构,但却没有真正意义的大学。在法律、修辞、哲学等方面,希腊人和罗马人的教学成就迄今难以超越,但他们尚未形成长期性的教育制度,比如学位制度。像苏格拉底、柏拉图、亚里士多德、昆体良等伟大导师,是不发毕业证书和学位证书的。中国的孔子周游列国,四处讲学,弟子三千,蔚为壮

---

[1] 贺国庆、王保星、朱文富等:《外国高等教育史》,人民教育出版社2003年版,第2页(导言)。
[2] 同上书,第33页。
[3] [美]伯顿·克拉克:《高等教育新论——多学科的研究》,王承绪等译,浙江教育出版社2001年版,第27—28页。

观，但未能给中国留下一个可持续存在的高级教育机构，也没有建立一套可以传承的高等教育制度，否则，世界上的第一所大学早在两千多年前的中国就出现了。孔子也不发毕业证，三千弟子只有"学力"，没有"学历"，当然更无"学位"了。

大学是人类社会在公元后"第二个千年"中意义最为重大的创造之一，是当时社会"最美丽的花朵"，与大教堂、议会一起被视为"中世纪最有价值的遗产"。现代大学由中世纪欧洲大学演变而来，这是无须再考古的不争的事实。中国早就有高等教育及高等教育机构，但真正意义的大学则肇始于19世纪末（建于1895年的北洋大学是中国第一所大学）。中国大学迄今只有100多年历史，晚于西欧大学800多年，晚于北美大学近260年。不过，伍振鹜、熊明安、高奇、曲士培等认为，中国大学教育史是4000年，中国才是大学的发祥地。教育史家毛礼锐认为："中国的大学，或从殷周算起，或从战国算起，退一万步，如果从汉武帝设立太学算起，那么我国在公元前124年便无可置疑地有了较为正式的大学。"清华大学原校长梅贻琦先生认为："今日中国之大学教育，溯其源流，实自西洋移植而来，顾制度为一事，而精神又为一事。就制度言，中国教育史中固不见有形式相似之组织，就精神言，则文明人类之经验大致相同，而事有可通者。"① 中国大学是"西学东渐"的产物，20世纪中国的高等教育是"欧洲大学的凯旋"，"千年的中国太学与百年的中国大学并非同根所生"②，二者之间存在某些渊源，却不可将它们牵强地直接关联在一起。只有在百年而非千年中国大学的叙事框架中，有些长久困扰学界的大学问题，才能得到比较合理的解释。历史只是一面镜子，它可以让人反思过去和展望未来，但绝不能用来否定现在和断定将来。我们不能改变中国大学晚生的事实，但要坚信中国可以重塑历史的辉

---

① 梅贻琦：《大学一解》，《清华学报》，第13卷第1期，1941年4月。
② "吾国自虞夏时已有大学之制，见陈教授汉章所作《中国历代大学学制述》。然往昔太学国学，其性质范围，均与北京大学不可同年而语。然则往昔之太学国学，直当以高曾祖祢视之。而北京大学本体，则不得不认为二十岁之青年也。"（《蔡元培全集》第三卷，中华书局1984年版，第158页）

煌，书写人类高等教育的传奇，那时世界还会回响起宗教唱诗班的声音："为了追求知识，虽远在中国，也应该去。"① 当今之中国大学如同少年，相信她总有一天会拥有成熟的力量和集成的睿智，成为世界各国青年才俊仰慕和向往的地方。

　　大学能在中世纪的欧洲诞生，无疑是当时社会多种因素或多种力量交互作用的产物。教育史学家给出的解释是："欧洲社会相对的政治稳定，教会影响的扩大，商业贸易的发展，城市的兴起，行会的产生，社会对教育的需求，以及基督教世界与伊斯兰世界的文化交流，都为欧洲中世纪大学的产生及其人才培养奠定了坚实的基础。"② 当然，根本的原因还是"大学回应了当时社会的发展需要"，尤其是组织教学的需要。除了这些作用力或影响因素之外，中世纪欧洲大学的诞生还与古希腊、古罗马的高等教育机构直接关联，也与拜占庭的高等教育有莫大的关系，绝非一个独立的发端，也不是从一片文化沙漠中浮现出来的一朵奇葩。这一如有的教育史家所言："拜占庭帝国对中古欧洲和西亚各国产生过强大影响，特别是其文化成为连续古典希腊罗马时代到意大利文艺复兴时代的近代欧洲文化的桥梁"③，而"君士坦丁堡大学可视为中世纪大学之始"④。当然，阿拉伯的高等教育也是世界高等教育史上比较重要的篇章之一，它对中世纪大学也产生过深远影响。对此，叙利亚学者托太哈客观地指出："阿拉伯的各大学，多至数百，盛极一时，曾为欧洲各大学的模范。因为阿拉伯的各大学人创办各大学后若干年，欧洲才办大学；而欧洲中古时代各大学内的种种习惯，又大都与阿拉伯各大学的习惯相仿佛，谁能说这是偶然相符呢？"⑤ 由是观之，中世纪欧洲大学是多种力量叠加的结果，是无数社会关系相互作用、相互影响的产物。

---

　　① 张广达：《海舶来天方，丝路通大食——中国与阿拉伯世界的历史联系的回顾》，引自《西域史地丛稿初编》，上海古籍出版社1995年版，第438页。
　　② 单中惠：《外国大学教育问题史》，山东教育出版社2006年版，第5页。
　　③ 陈志强：《拜占庭学研究》，人民出版社2001年版，第1页（前言）。
　　④ 同上书，第216页。
　　⑤ ［叙］托太哈：《回教教育史》，马坚译，商务印书馆1941年版，第148页。

中世纪欧洲的大学模式，通过各种途径尤其是殖民主义的扩张，在亚洲、美洲、非洲等地推广开来，之后各国又根据自身的社会背景通过模仿、改良、创新等建立起各类大学，由此而逐步形成当今世界百花齐放的世界大学景观。可以说，世界各国大学是"同宗同源"的，它们都是中世纪欧洲大学的直系或旁系后代，彼此之间存在或近或远的"血缘关系"。与中世纪欧洲大学相比，今天的大学其"外在变得越来越复杂，内部也变得越来越精密"[①]，大学的功能亦变得越来越多元，但它们依然保持着中世纪大学最基本的组织架构、职能和特性。今天的大学只是中世纪欧洲大学之基因在不同社会环境中的不同"性状表现"，只是中世纪欧洲大学"有修改的传代"。

高等教育是人类社会的伟大创举，也是人类社会的伟大传奇。高等教育犹如一棵树苗，人类社会如同肥沃的土地，用漫长的岁月孕生和滋养了高等教育；诞生后的高等教育，又用自己特有的方式反哺和馈赠人类社会，而人则在高等教育与人类社会的相互适应、相互制约、耦合并进中超越，在高等教育与人类社会的作用与反作用中升华。这是高等教育、人、社会的超循环生态关系，三者在系统中存在和发展。

二 高等教育在关系中存续

诞生后的高等教育不是沙漠里的"绿洲"，更不是社会中的"孤岛"。作为一种具有生命体特征的复杂系统，高等教育必须从外部环境汲取物质、能量和信息，否则就会枯竭而死。高等教育的诞生需要一定的条件，高等教育的存续同样需要一定的条件。因此，高等教育总是存在于一定的社会环境之中的，真空或虚无不具备高等教育存续的条件。离开人和社会的发展，高等教育就是无源之水。离开了高深知识的扩充和更新，高等教育就是一潭死水。高等教育与人的发展、社会发展相互依存，高等教育与高深知识互生共长。

---

① 傅佩荣：《哲学与人生》，东方出版社2005年版，第71页。

高等教育在网络态的关系中存在着，同时也发展着。高等教育一旦诞生，它就不会停驻在某一点上，就不会像一尊不动的雕像，相反，它恰似一条奔腾不息的河流，从远古走来，汇聚于现在，又奔向未来。高等教育在变，社会也在变，两者在变化中互动，在互动中变化。高等教育的内部关系在演化，高等教育的外部关系也在改变，动态发展的高等教育关系，构成变动不居的高等教育场域。高等教育是分类和分层的，不同类型、不同层次的高等教育，处于不同的时空位置上，形成多种不同的高等教育关系、多种个性化的高等教育场域，不同的高等教育场域形成不同的高等教育世界，培育不同类型和层次的高级专门人才。高等教育关系或高等教育场域，随着时空条件的变化而变化，集中表现为高等教育结构和功能的变化以及高等教育系统的发展。

不同时空背景下的高等教育，有其独特的诞生、存在和生长土壤，并与特定的政治、经济、文化、科技、生态、地理、人口等发生作用，致使高等教育具有鲜明的历史性和地域性，即不同历史阶段的高等教育关系存在不同程度的差异，不同地域的高等教育关系也往往迥然不同。这类似于在不同的土地上种植同一农作物，或在不同的年份和季节、在同一片土地上种植农作物，它们的生态和长势会有所不同，甚至存在巨大差异。譬如，同样是在中国，新中国成立前的高等教育与新中国成立后的高等教育差异巨大；同样是人才培养，中国大学主要是"教师中心"，学生选择性学习的自由度较小，课堂学习量较大，课前预习和课后学习量较小；美国大学则主要是"学生中心"，学生选择性学习的自由度较大，教师课堂讲授少，课前预习或课后学习量较大。

高等教育与环境是整体生发的，即高等教育在发展自我的同时，也与身处其中的生境相互形塑。一方面，高等教育总是生长在一定的环境之中，从中汲取物质、能量和信息，故而环境不同，高等教育的生长态势千差万别。不同国家的高等教育，有着不同的政治、经济、文化、科技、地理、人口等生态环境，表现出多样化的高等教育形态，这也是我们今天看到的世界高等教育图景。另一方面，高等教育

▶ 高等教育关系论

不只是自我生长，它也改变周边的环境，连同环境一起生长，彼此共生互进。古代的高等教育与现代的高等教育，西方的高等教育与东方的高等教育，生长于不同的时空，呈现不同的生长态势，同时又作用于不同时空的社会生态环境，两者共成高等教育的历史画卷和世界图景。

大学作为高等教育的主要机构，随时空条件的变化而进化，是遗传与环境的产物。历经岁月的磨砺和洗礼，大学已由单纯培养人才的"教师行会"或"学生行会"，进化为人类知识的集散地，学者拓展和创新知识的家园，社会发展繁荣的动力站，人类文明进步的拱顶石，"知识工厂和现代社会的思想库"[①]。"大学从没像今天这样变得如此重要，大学教育的价值从没有像今天这样如此之高。大学提供了教育的机会，创造了知识。大学所提供的服务是当今社会取得领先优势的关键，它们包括个人生活的富足与安乐、经济的竞争、国家的安全、环境保护和文化繁荣。"[②] "每一个规模较大的现代社会，无论它的政治、经济或宗教制度是什么类型的，都需要建立一个机构来传递深奥的知识，分析、批判现存的知识，并探索新的学问领域。换言之，凡是需要人们进行理性分析、鉴别、阐述或关注的地方，那里就会有大学。"[③] 大学为全人类的利益和真理服务，"没有什么机构能担当起大学的职能，没有什么机构能够占据这个大学已长久地注入了如此多的才智和道德影响的位置"[④]，尤其是"人类的智慧至今尚未设计出任何可与大学相比的机构"[⑤]。所有的这一切都不是神创的，而是不断进化的产物，或者说是大学在漫长的历史演进中不断做出适应

---

① [美]约翰·S.布鲁贝克：《高等教育哲学》，王承绪等译，浙江教育出版社2001年版，第140页。
② [美]詹姆斯·杜德斯达：《21世纪的大学》，刘彤译，北京大学出版社2005年版，第4页。
③ [美]约翰·S.布鲁贝克：《高等教育哲学》，王承绪等译，浙江教育出版社2001年版，第13页。
④ 同上书，第146页。
⑤ [美]亚伯拉罕·弗莱克斯纳：《现代大学论——美英德大学研究》，徐辉、程晓菲译，浙江教育出版社2001年版，第10页。

性选择的结果。

　　大学在系统中进化，在与环境的互动中进化，这种进化主要表征为一种渐进的"有修改的传代"，而非一种"大规模的突变"。这种持续不断地符规律、合目的的"修改"，是大学愈发繁茂和健旺的根本原因，也是大学持续稳定发展的基石。"突变式"的革新是大学进化中的"非常态"，是大学主体的有意识行为，却也可能是非理性行为，极易导致大学的不幸和危机。大学为什么不宜采信"突变式"的"大手术"，阿什比曾有精辟的论断："德国的教育传统对于美国、英国、苏联和世界各国的大学，都有深刻的影响。但这些国家各按其不同的社会背景，使德国的传统适应本国的需要。因此，大学就不得不设法保持两者的平衡：既不使传统在适应上成为无定见的顺风倒，也不顽固而偏执不化。为了取得这种平衡，大学就必须主动进行改革并控制改革，从而适应社会需要，避免招致外力强制下的变革。"①"主动进行改革并控制改革"，就是强调要通过持续不断的小改革来完成"有修改的传代"式的进化。另外，大学的进化又有别于生物有机体的进化：前者如同人类社会的发展，是一个"园艺过程"，即一个人类主体能动选择和不断积极作为的"人为积淀过程"；后者犹如自然界的进化，是一个"宇宙过程"，即一个任由随机变异而引起的"自然积累过程"。亦即说，大学的进化是"通过人为的选择而产生作用，这种选择是根据一种对人有用和使人满意的理想来进行的，而这种理想，自然状态是不知道的"②。形象地说，大学犹如一片充满活力的园林，随着时间的推移和季节的变换，不知不觉中会长出许多植物，同时又会有许多植物在不知不觉中凋谢，智慧的园林主人懂得赶在自己喜爱的植物凋谢之前，对其加以选择、培育、修剪、移植和保存。

　　社会在进步，大学在发展。当今世界，作为"教会的侍女"的大学已经远去，深陷"象牙塔"中的大学寥若晨星。即使如此，大学一直在勤耕不辍，置身于改革发展中；大学一直在进化，其结构日益

---

　　① ［英］阿什比：《科技发达时代的大学教育》，滕大春、滕大生译，人民教育出版社1983年版，第7页。
　　② ［英］赫胥黎：《进化论与伦理学》，科学出版社1973年版，第23页。

▶ 高等教育关系论

复杂,功能日益拓展,形式日趋多样,属性逐步释放;大学一直在谋求进化,不是因为大学总是处在麻烦中,也不是因为大学总在遭遇危机和不幸,而是大学的社会责任使然。中国大学孕于衰落,生于危难,长于沧桑,在不同的历史时期履行着不同的历史使命,同时也在这种使命的履行中完成自我肯定和自我进化。未来不是静止的,中国大学的发展不会停驻于某一点上,它还会以其"不死鸟"的精神和傲立群雄的气魄,继续打破传统、追求卓越,不断谱写着自己的新篇章。可以说,世界大学发展史就是一部大学进化史。

三 高等教育在关系中演化

古希腊哲学家赫拉克利特认为,世界上再也没有比变化更实在的了,变化是普遍不可抗拒的力量,在这个力量面前,任何事物不管多么自信和多么稳固,都不能停滞不前。事实表明,一切都在变化之中,一切皆在演化之中。没有变化或演化,太阳底下就不会有新事物,就不会有世界的色彩纷呈。

系统的演化主要包括两方面:"一是新增层次的产生,即结构演化;二是跨越层次的互相关系或新层次结构关系的形成,即功能演化。"[1] 系统结构的演化与系统功能的演化存在密切的内在联系,结构的演化常常伴随着功能的演化,而功能的演化又往往以结构的演化为基础,两者分别从内部关系和外部特征的变化,反映系统的发展机制和运动规律。

高等教育结构的演化并非无因之果,它根源于社会和个体对高等教育不断提出的新要求,根源于社会和个体不断更新的高等教育功能期待,根源于高等教育功能无休止地适应性选择。历史与现实都反复显示:"如果社会不能从原有的机构中获得它所需要的东西,它将导致其他机构的产生。"[2] 这种现象在高等教育领域是普遍存在的,像英国

---

[1] 颜泽贤:《复杂系统演化论》,人民出版社1993年版,第66页。
[2] [美]伯顿·克拉克:《高等教育新论——多学科的研究》,王承绪译,浙江教育出版社2001年版,第35页。

的新大学、多科技学院,德国的工业大学,丹麦的民众高等学校,美国的社区学院以及有些国家的研究所和研究院,在某种程度上可以说都是因为社会不能从原有的高等教育机构中获得它所需要的东西而催生的产物,是一种对传统大学功能的"不满"或"反叛"的直接表现。当然,高等教育结构演化与高等教育功能选择不是单向度的,而是双向互动的,即高等教育功能选择是高等教育结构演化的动力,高等教育结构的演化则为高等教育的功能选择准备和创造条件。世界高等教育史上的博洛尼亚大学、巴黎大学、柏林大学、霍普金斯大学、威斯康星大学等的相继诞生,不仅是高等教育结构不断演化的标志和里程碑,同时也是新的高等教育功能不断呈现和释放的符号和象征。

高等教育结构的演化既是高等教育适应社会发展需要的客观要求,也是高等教育自身发展的内在需要。在历史的长河里,社会需要对高等教育的发展有着明显而重要的引导和刺激作用,高等教育结构演化集中表征为"一种由社会发展需要引发的功能选择导向下的结构适应性变化"。大学由学者行会转变为由国家主办、资助或依法管理的教育机构,由宗教性教育机构转变为世俗性教育机构,由单纯传授知识和研究纯理论的"象牙塔"转变为融教学、科研和社会服务于一体的教育机构,以及高等教育由简单到复杂、由低级到高级、由一元到多样统一,无疑都是社会需要刺激下的高等教育结构的适应性选择。质言之,高等教育结构的演化是由社会生产力和生产方式的发展变化决定的,社会经济结构、政治结构、人口结构、劳动力供求关系、科学技术发展程度以及教育民主化的进程等,都直接或间接地影响着高等教育结构的演化轨迹和发展方向。社会对于教育的作用和影响是强大而显见的,"诸如人口、政治、经济和社会取向之类的环境力量,强有力地冲击着当代高等教育的发展。这些力量决不限于在某个国家起作用,它们可以将一个共同发展结构强加给其他一些极不同的国家。"[1]

高等教育的演化不仅表现在结构的变化上,而且表现在功能的变

---

[1] [加]约翰·范德格拉夫:《学术权力——七国高等教育管理体制比较》,王承绪译,浙江教育出版社2001年版,第9页。

化上，是结构演化与功能演化的辩证统一。如果说结构演化是从系统的内部来考察高等教育，那么功能演化则是从系统的外部来审视高等教育。作为一个刻画系统的外部关系的概念，功能"涉及谁对谁发生作用，前者是功能主体，后者是功能对象；主体提供功能服务，对象接受功能服务，二者具有服务和被服务的关系，称为功能关系"[1]。功能是系统通有或共有的属性，大凡系统都具有一定的功能。系统的功能在关系互动中获得体现，高等教育的功能体现或存在于它与外部其他系统的相互作用之中。因此，高等教育的功能除了与自身的内部结构有关外，还依赖于与之相互作用的对象和环境。从这个意义上说，高等教育功能的演化就是高等教育与外界其他系统"相互关系"的演化。高等教育功能的演化相当复杂，在特定的时空条件下，究竟哪一种高等教育功能会被遮蔽或释放出来，取决于高等教育系统与社会环境系统之间的相互作用或双向选择。在农业社会，高等教育远离经济中心，释放的主要是高等教育的政治功能、文化功能，经济功能则相对处于潜伏或隐性状态，而育人功能更是遭受限制甚至被扭曲；到工业尤其是知识经济社会，高等教育成为人类社会发展的"动力站"，知识的保存、传授、应用和创新，文明的传承和进步，人才的发掘与培育，科学的发现与技术的更新，不同文化间的交流与合作，无不以高等教育为基础和平台，高等教育的多种功能逐步被释放和呈现出来，尤其是经济功能得以充分发挥，育人功能的个性特征开始得到展现，高等教育的功能体系日益得到完善。

事物之间的相互作用是事物发展的终极原因。高等教育功能的演化，根源于高等教育内部各子系统之间以及高等教育与其环境之间的矛盾运动，即所谓的内在的依据和外在的原因。系统科学也类似地认为，系统之"演化动力或者来自系统本身，即组分之间、层次之间的差异和矛盾，以及规模或者结构的变化，导致系统形成主动变革的要求；或者来自环境，即环境变化给系统造成的不适应，给系统形成被动变革的压力；或者二者兼而有之，内在产生主动变革的要求，外部

---

[1] 苗东升：《系统科学大学讲稿》，中国人民大学出版社2007年版，第60页。

产生强制变革的压力,共同推动系统演化。在社会文化领域,无论系统内部,还是外部环境,总是既存在激进趋势,又存在保守趋势,二者都既有积极作用,也有消极作用,两种趋势的合力推动着系统的演化。"① 现代高等教育功能体系的形成,既是高等教育自我发展需要的产物,也是社会发展需要直接刺激的结果,是高等教育自我选择和社会选择双向和双重作用的结晶。因此,仅仅从"利他"的角度看待功能问题是片面的,系统的功能首先是系统自身存在和发展的根据,一物以对他物提供功能服务来获得生存发展的条件,亦即得到他物给自己提供的功能服务。换言之,世间万物既互为"功能主体",又互为"功能对象"。一个事物或系统只要能够满足环境中某些事物的需要,它就有存在的合法性理由。同时,从外部环境看,任何系统都兼具功能和过失双重属性,不存在只有功能没有任何过失的系统,也不存在只有过失没有功能的系统。这对我们理解高等教育功能的演化,具有极其重要的启迪。

社会需要是高等教育功能形成和释放的外部动力,是高等教育发展的不竭源泉。整个高等教育之所以会产生并能存续到今天,根本原因在于它满足了社会发展的需要。因此,高等教育"与其说是社会的一个发源的部分,不如说是社会的一个响应的部分"②。没有社会需要的刺激和引领,高等教育的功能就无法得到释放和拓展,当下多元而内在关联的高等教育功能体系就不会形成。从这个意义上说,高等教育的发展离不开国家和社会载体,必须主动满足或适应国家和社会发展需要,即为国家和社会提供必要的人才动力和智力支持,设法与政治、经济、文化、科技等社会各子系统形成功能耦合关系。因为这是高等教育存在的最为重要的理由,也是高等教育发展繁荣的根本。事实上,任何社会子系统的改革与发展都莫不如此,它们都必须与其他社会子系统,形成功能耦合关系,否则难以获得完整而彻底的成功。高等教育与社会发展要彼此双向适应、相互服务,即今天之大学

---

① 苗东升:《系统科学大学讲稿》,中国人民大学出版社2007年版,第84页。
② [美]克拉克·克尔:《高等教育不能回避历史——21世纪的问题》,王承绪译,浙江教育出版社2001年版,第267页。

或高等教育,绝不能仅仅躲在"象牙塔"内搞纯粹的学理研究,还必须加强与现代文明社会之间的对话和互动,把学术研究与人类社会的全面发展密切联系起来,主动回应时代变迁和时代进步的挑战和需要。一言以蔽之,高等教育需要社会,社会也需要高等教育,两者要相互靠近;而不是一方被动地、屈尊地服务于另一方。

高等教育功能的演化相当复杂,它是内部动力和外部动力共同作用的结果,因此仅有外部动力的推动而没有内部动力的牵引,或者说仅有内部动力的牵引而没有外部动力的推动,都不可能有真正意义上的高等教育功能演化。另外,无论是外部动力还是内部动力,均可以分解为若干分动力,而且各分动力之间存在密切的联系,彼此之间相互作用、相互制约,共同构成高等教育功能演化的动力系统。在这样的动力系统中,某一分动力发生变化,往往会或多或少地引起其他分动力乃至整个动力系统产生某种变化。不过,作用于高等教育的各股力量并不是平面的、线性的,而是立体式的、非线性的,彼此之间不具有可加和性。此外,对于复杂性程度不同的高等教育系统,内外部动力在高等教育功能的演化中所起的作用往往不一样。一般而言,高等教育的结构越复杂,内部动力所起的作用越强;高等教育结构越简单,外部动力所起的作用越强。由此可推,在高等教育形成初期,外部动力的作用强于内部动力的作用,那时的高等教育功能演化表征为"一种外在动力主导下的演化"。随着高等教育结构的日益完善以及高等教育复杂程度的增加,高等教育功能的演化则转化为"一种内在动力主导下的演化"。对此,伯顿·克拉克教授指出:系统"一旦内部结构积聚了较大的动量,它们就以雷霆万钧之力向未来突进。许多时候,从外部强加而来的变化似乎要改变这些内部结构的组合方式,可是它们总是以相当大的弹力恢复原状。除非人们所期望的变化成为工作结构、信念体系和权力分配的不可动摇的一部分,否则这些变化会逐渐式微,最后以失败而告终"[①]。

[①] [美]伯顿·克拉克:《高等教育系统——学术组织的跨国研究》,王承绪等译,杭州大学出版社1994年版,第263页。

如同人类的历史不可重演,高等教育的演化也是一个不可逆和不可重复的过程。高等教育的演化,集中表现为不断从一种多样性的统一形式过渡到另一种多样性的统一形式。

四　高等教育在关系中被认知

高等教育是一个复杂的"关系系统"。高等教育的关系是立体网络态的,不是平面状的,更不是线状的和点状的。这种复杂关系一方面表征为高等教育系统由哪些元素构成以及这些元素之间的比例关系;另一方面表征为高等教育各层次、各子系统之间的接触、联络、关联、群体依附和聚会,以及高等教育系统与其他系统之间的相互作用、相互制约。

高等教育不是一个孤立的"单子",也不是一个纯粹的"实体世界",构成它的各种元素以及它本身都处在复杂的关系网络之中。这意味着:将高等教育的构成元素以及它本身孤立起来考察和认识是不恰当的,唯有把其置于关系或背景中,才能定义、描述和认识它。诚然,我们也要看到,没有对各种高等教育现象或问题分门分类的精确研究,要建立起解释高等教育相互联系及其发展规律的高等教育学是不可能的。一如恩格斯所言:"把自然界分解为各个部分,把各种自然过程和自然对象分成一定的门类,对有机体的内部按其多种多样的解剖形态进行研究,这是最近400年来在认识自然界方面获得巨大进展的基本条件。"[①]

高等教育不仅是一种关系的存在,同时也在关系之中,只有把握高等教育的内外部关系,才能真正认识高等教育世界。譬如,要考察一国的高等教育,既要考察它的类型、层次、科类、形式、布局等,还要将其置于该国的政治、经济、文化、科技、地理、人口等背景之中,唯其如此,才能获得客观的结论和把握其特殊性。历史与现实业已表明,在任何一种制度形态的国家,高等教育都不能独立于"疾病

---

① 《马克思恩格斯选集》(第3卷),人民出版社1995年版,第359—360页。

丛生的社会"而超然存在,只有从根本上改变这个国家的社会生态环境(尤其是社会经济和政治制度),才能彻底改善该国的高等教育。事实上,古往今来很少有思想家或教育家探讨教育问题而囿于教育就事论事,通常会把教育置于社会大系统中作全方位的综合考察。同时,教育也常成为思想家们观察、分析和评判社会中许多现象的立足点和独特视角,即通过教育洞察社会的现实状况,把握历史的来龙去脉和预见社会变迁的未来去向。于是,我们就不难理解高等教育史为什么与伦理学史、哲学史、人生哲学史等是融为一体的,同时与政治思想史、经济思想史、文化思想史等也密切相关,而教育经济学、教育政治学、教育文化学、教育人口学、教育地理学等学科的诞生和成熟,更是揭示和诠释了教育与经济、政治、文化、人口、地理等之间的密切关系。

理解变革与创新必须理解背景,即要把高等教育变革与创新放到它的背景中,现实地了解高等教育变革,谋求高等教育理论的创新。当今社会正处在一个从旧的社会秩序到新的社会秩序的转型时期,新的相对性和不确定性不断颠覆旧的绝对性和确定性。社会转型带给高等教育的冲击或困惑,既是现实的又是潜在的,既是强烈的又是复杂的,单靠制定程序性的、可操作的高等教育规划,恐怕很难引领高等教育走出困境,需要改变的是高等教育思维方式,走出简单思维的藩篱,运用复杂性思维建立弹性的策略性或战略性高等教育规划。转变思维方式是为了创新高等教育理论,改进高等教育实践。创新高等教育理论与改进高等教育实践是内在统一的,是互为条件和基础的。马克思主义认为,理论要联系实际,理论与实践要双向互动。如果高等教育研究者仅从学术规则出发,而不关注或了解高等教育实践中究竟发生了些什么,那么就只能是纸上谈兵或闭门造车;如果高等教育行动者仅凭经验行事,而不对重大或关键性的高等教育实践进行理性思考,那么永远难以走出"摸着石头过河"的困境,甚或是重蹈覆辙也在所难免。如何避免陷入这种尴尬的境地?关键在于立足于高等教育理论与高等教育实践的关联性,克服理论与实践相互脱节的弊病,在关联中求得高等教育变革与高等教育理论创新的良性互动。

第二章 高等教育的关系属性

高等教育变革是高等教育理论创新的根本动力,也是高等教育研究向纵深拓展的土壤。高等教育是变动不居的,它自诞生以来就像一条奔腾不息的河流,一直处于变化之中。这种变化是绝对的,高等教育也因为"不断变化"而彰显出其阶段性特征和历史的特殊性。站在历史的长河看,在不同的历史时期,作为高等教育主要载体的大学,其人才培养目标、课程设置、教学内容、教学方式、管理体制等存在明显差异,高等教育阶段性特征显而易见,这种阶段性特征中又印刻着典型的"历史特殊性"。不同历史阶段的高等教育变革,具有不同的速度、程度和水平,即有时显得比较平稳而缓慢,人们不易觉察;有时比较剧烈而迅猛,常常给人以较大的震撼和冲击。对于涓涓细流式的量变或平台飞跃式的质变,无论人们能否觉察到,高等教育的发展变化是客观存在的,是不以人的意志为转移的。可以说,只要高等教育没有消失,高等教育就永远行进在路上,高等教育的变化或变革就不会停驻在某一点上。对于高等教育研究者或行动者来说,认识到高等教育的变革性是至关重要的,但仅仅如此则又是远远不够的,还必须揭示高等教育的变化规律,考察高等教育的变化走向,审视某些变化是否具有里程碑意义,预测某些变化是否会引起高等教育领域的连锁反应。

高等教育诞生后,一直在变,也一直在求变。站在历史的长河看,高等教育的变化或变革是多向度的、多层次的和多主体的,这种变化或变革表征为高等教育从一种多样性的统一过渡到另一种多样性的统一。当今时代是一个高等教育快速发展的时代,是一个大学全面变革的时代:大学的称谓在变,大学的功能在变,大学的类型在变,大学的层次在变,大学的形式在变,大学的规模在变,大学的学科在变,大学的专业在变,大学的课程在变,大学的教学方式方法在变,大学的评价在变,大学的教师和学生群体在变,大学的内外部环境在变,人们探究大学的方式和维度在变。无论从历史看,还是从国际上看,每一次的社会变迁或社会转型,都会以某种方式引发或加快高等教育变革,而高等教育变革则为社会转型或变革的结果和征候。这些都是高等教育理论创新的源泉。

► 高等教育关系论

对于高等教育研究而言，实体思维和关系思维是不可或缺的，两者并行而不悖。不过，若仅对高等教育进行实体性考察，就难免会使之肤浅。从过往的经验看，实体思维适合于表达和呈现高等教育的某些状态，但却不适合描绘和揭示高等教育的复杂关系和演化过程。因为高等教育是动态的、复杂的系统。它的某一特定子系统不仅与相邻子系统交织在一起，而且与其他很多非相邻的子系统交织在一起，甚或还会与其他系统关联交织在一起。如果再加上时间这一穿梭不息的矢量，这种"交织"就更为复杂、更加千头万绪。高等教育这一特定的教育子系统，它的生发与中等教育（2011年国际教育分类标准中的3A级教育和3B级教育）、高中后非高等教育（2011年国际教育分类标准中的4A级教育和4B级教育）相连，也与教育系统内其他子系统息息相关，还与非教育系统的政治、经济、文化、科技等因素交织在一起。可以说，许多高等教育问题不是单纯的教育问题，它通常涉及政治、经济、文化、科技、人口等诸多因素。进一步还可以说，许多高等教育问题主要方面不能归因为教育的问题，它的主因有可能是政治问题，也有可能是经济问题，还有可能是社会文化等其他问题。正是如此，单纯靠高等教育本身通常难以解决高等教育领域的问题，尤其是那些复杂的高等教育问题，需要我们灵活运用关系思维，从高等教育系统内外部的复杂关系和交互作用去寻找解决高等教育问题的策略和方案。

用关系思维审视高等教育系统的理论与实践问题，既要关注高等教育自身的结构和层次，也要关注高等教育与教育母系统其他要素、系统的联系，还要关注高等教育系统与环境之间的互动。首先，高等教育系统是组分和层次多元的"关系集合体"，高等教育理论研究与实践探索必须立足于高等教育内部各子系统间的关联性，根基于高等教育的内部关系。其次，高等教育理论研究与实践探索，要深刻把握教育与外部环境间的相互依存性和相互适应性。作为一种开放的复杂性系统，高等教育嵌套在一定的环境之中，与不断变动着的环境系统互塑共生，尤其与社会系统同生共存、不可分离。社会系统之于高等教育，一如高等教育之于社会系统，都是兴衰攸关。高等教育与环境

第二章 高等教育的关系属性

间的互动是必然的。从系统的生存与发展看,没有一种生命有机体是可以孤立存在的,它必须不断地从环境中获取物质、能量和信息,否则,就会因能量耗散枯竭而解体,正所谓"问渠那得清如许?为有源头活水来"。当然,高等教育与环境的互动是有条件的,也是有限度的。作为系统而存在的高等教育必须有自己的疆域和边界,如果失去了疆域和边界,高等教育就会完全消融于环境之中而没有自我,那时的高等教育就不再是教育,而是其他系统的某一"组分"。这意味着,高等教育对于环境既是依赖的,又是自主的。高等教育对环境既不能完全封闭,也不能完全开放;完全封闭则僵死,完全开放便失去自我。边界是一种必要的存在,"边界首先起着一种隔离系统与环境的作用。边界之内是系统,边界之外是环境;没有边界,系统无法存在,无法演化发展。"[①] 边界是事物"自成系统"和"互成系统"的条件,没有边界就无所谓"自成系统",也无所谓"互成系统",整个宇宙处在混沌、均匀、无序、对称状态,空间不分上下、前后和左右,时间不分过去、现在与未来,物质不分正粒子、反粒子和场。是大爆炸生成了宇宙,宇宙孕生了万事万物及其边界。

[①] 吴彤:《多维融贯——系统分析与哲学思维方法》,云南人民出版社2005年版,第108页。

第三章　高等教育规律的关系本质

规律是客观存在的，不为尧存，不为桀亡，不以人的意志为转移，上帝也不能改变。探寻和发现规律是人的天性，也是人的理性力量的证明，更是人的本质力量的释放。寻求和探索统一规律或普遍规律，是人类进入文明社会以来的永恒追求，因为它可以帮助我们走出"脚踩西瓜皮"或"摸着石头过河"的困境，可以帮助我们"以最经济的方式处理许多不同的问题"①，可以帮助我们取得"事半功倍"的效果。

长期以来，"科学家一直在致力于发现宇宙的秩序和组织，这也就是同主要敌人——无组织——进行博弈。"② 无组织是一种不确定性，无规则是一种不好把握的无序，对人类意味着一种潜在的危险，同时给人一种不安全感。无视不确定性或无序的干扰，抑或忽视规律的作用，都是对风险的一种挑战，都是一种非理性的冒险，理性而睿智的人类懂得尽量规避风险、博取成功，减少无谓的损失和不必要的挫败。可以说，科学探索与求真谋实同在，每门科学都在竭力发现现象世界背后的本质世界，想方设法揭示客观对象运行发展的系统性规律，设法刻画客观对象的内部联系和内在运动的真实图景。高等教育学是一门关于高等教育的学问，是一门研究高等教育的问题、现象和关系并揭示高等教育规律的科学，探索高等教育的系统性规律是高等教育学的责任与使命，也是一切高等教育研究的夙愿与追求。

---

① ［西德］H. 哈肯：《协同学讲座》，陕西科学技术出版社1987年版，第1页。
② ［美］维纳（N. Wiener）：《维纳著作选》，上海译文出版社1978年版，第20页。

一 规律的质的规定性

规定性是"决定一事物之所以为这事物及其区别于他事物的特性"。规定性包含质的规定性和量的规定性,"前者从性质或本质上表明事物之间的区别,后者从事物的存在规模和发展程度上表明事物的区别。一切事物都是质的规定性和量的规定性的具体的统一"①。从这一定义看,质的规定性是一事物区别于另一事物的"最本质的东西"。

揭示事物的质的规定性,有别于给事物下一个定义,后者只是前者的途径之一或某一个方面。在认识论上,任何事物皆可看成是一个"宏大概念",即由多个不同的基本观念或原理组成的"概念网络",其中每一个基本概念或原理揭示事物的"一重本质"或"局部本质",这些不同的观念或原理在阐释事物的"整体本质"中相互补充,即实现"局部本质"的整体涌现。如果忽视了这些不同观念或原理当中的某一些或某一个,都有可能破坏事物的概念网络或关系网络的整体性和统一性,都有可能切断事物内外部关系的相互作用、相互影响和相互制约。毫无疑问,规律是一个"宏大概念",透彻地解读"规律的质的规定性",需要回答"规律是什么""规律有哪些类型""规律可分为哪些层次""规律具有哪些属性"等一系列最基本的问题。

(一) 规律是什么

规律是什么?这是研究规律必须回答的"第一哲学问题",否则,关于规律的一切"理论探讨"就无法逐一进行,更遑论深入研究了。有人说,对于一位哲学家来说,最残忍的就是问他"哲学是什么"。事实上,对于规律研究者而言,又何尝不是如此!"规律是什么"是一个非常令人头疼的问题,当然也是一个非常令人着迷的问题。

---

① 《辞海》,上海辞书出版社2000年版,第1356页。

▶ 高等教育关系论

黑格尔认为，规律就是关系。列宁继承、发扬、推进和升华了黑格尔的论点，明确提出"规律就是关系……本质的关系或本质之间的关系"①。由此定义推知：规律的本质是关系或关系的函数，关系是规律的质的规定性。也就是说，规律的世界一定是关系的世界，不是关系的世界一定不是规律的世界。规律是关系，关系却未必是规律，也不是所有的关系都属于规律的范畴，只有那些"本质的关系或本质之间的关系"才是规律。探寻或揭示事物的规律，就是要探寻或揭示事物的"本质的关系或本质之间的关系"。事物的关系存在本质的关系和非本质的关系，那些本质的内部关系或外部关系皆属于规律的范畴。不同的事物有不同的本质，本质之间的关系也是不同事物之间的本质的关系。事物作为一种系统存在，包含不同的"整体"（即每一"部分"本身又是作为"整体"而存在的），每一个"整体"存在自身的本质，不同的"整体"之间存在本质的关系和非本质的关系，而那些本质的关系也属于规律的范畴。

中国的《辞海》认为，规律是"事物发展过程中的本质联系和必然趋势。具有普遍性、重复性等特点。它是客观的，是事物本身所固有的，人们不能创造、改变和消灭规律，但能认识它，利用它来改造自然，改造人类社会"。②《中国大百科全书·哲学卷》的注释是："规律亦称法则，……是客观事物发展过程中的本质联系，具有普遍性的形式。规律和本质是同等程度的概念，都是指事物本身所固有的、深藏现象背后，并决定或支配现象的方面。然而本质是指事物的内部联系，由事物内部矛盾所构成，而规律则是就事物的发展过程而言，指同一类现象的本质关系或本质之间的稳定联系，它是千变万化的现象世界的相对静止的内容。规律是反复起作用的，只要具备条件，合乎规律的现象就必然重复出现。"③《辞海》和《中国大百科全书·哲学卷》关于规律的界定是否科学，是否适用于表达一切领域的规律，自然规律和社会规律是否有不一样的表述，我们暂且不去讨论

---

① ［苏］列宁：《哲学笔记》，人民出版社1974年版，第161页。
② 《辞海》，上海辞书出版社2000年版，第1744页。
③ 《中国大百科全书·哲学卷》，中国大百科全书出版社1987年版，第269页。

第三章 高等教育规律的关系本质

这些问题。但是,这些注释和界说一致地强调"规律是一种关系"。我们赞同甚至坚信:一部"规律论"就是一部"关系论",一门"规律学"就是一门"关系学";关系是规律学的元范畴,也是规律学的独特研究对象;研究规律就是研究关系,也必须研究关系,必须揭示事物的本质关系或本质之间的关系。

世界不是事物的简单堆积,而是普遍联系的事物的集合体,是关系的集合体,是复杂的关系系统。经验考察和理性推导告诉我们,世界是一张巨大的关系网,当我们深思熟虑地考察自然界、人类历史和我们自己的精神生活时,呈现在我们眼前的是一幅由种种联系以及相互作用无穷无尽地交织起来的画面,而不是一道道孤立的风景。这有点类似"你站在桥上看风景,看风景的人在楼上看你",永远不要以为自己只是"看风景者",其实还是别人眼里的"一道风景"。生态圈、食物链、能量级等的存在,内在地揭示了世界的关系图景和关系状貌,告诉我们自然乃至宇宙世界是一个"关系世界"。在这个各种关系交织的世界里,"万物并育而不相害,道并行而不相悖",人类应该秉持"各美其美,美人之美,美美与共,天下大同"生态观。在自然面前,作为万物的灵长,人并非高高在上。相反,人从自然走来,自然才是人之本,人不能凌驾于自然之上,以人为中心的自然观是扭曲的自然观。

关系不是一种凭空臆想的抽象存在,任何关系都有自己的载体,而这个载体就是事物。没有事物就没有关系,没有关系无以成其为事物,也无法互成系统乃至有机统一的世界。关系是分类分层的,世界上有各种各样的关系,诸如事物与事物之间的关系,实体与实体之间的关系,物质与物质之间的关系,分子与分子之间的关系,分子内部原子与原子之间的关系,原子内部原子核和核外电子之间的关系,以及生物物种之间的关系,物种内部个体之间的关系,社会中人与人之间的关系,各社会系统之间的关系……现代科学既重视实体及其属性的研究,也重视各种关系的研究。尤其是社会科学,本质上是研究关系和揭示关系规律的,像"经济学研究的不是物,而是人和人之间的关系,归根到底是阶级和阶级之间的关系"(恩格斯)。规律作为一个哲学范畴,反映的是本质的关系或本质之间的关系,而"客观规律不外是各种事物和现象之间的这样一种因果关系和这样一种相互关系:一些事物和现象的存在,必然引起另一些事物和现象;事物发展的这一个阶段,必然引导到另一阶段"①。正因为如此,我们也将关系理解为事物之间的"相互作用"或"相互影响"。关系可以是过程性的作用,也可以是结果性的状态,还可以是过程与结果的有机统一。

世界上一切事物皆是一种关系的存在(即自成系统),又处于一定的关系网络之中(即互成系统),因而一切事物皆存在内外部关系,同时按内外部关系规律运行发展。从整个宇宙,到宇宙的各个领域、各种物质运动形式,以致各种具体事物或现象,皆有其内外部关系规律,并受其内外部关系规律的支配和制约。规律具有客观性,无论是自然规律,还是社会规律,抑或是思维规律,不管人们是否发现它,是否认识它,是否承认它,它都会像一只看不见的手,在人类的意识之外独立地存在着和作用着,一如"天不为人之恶寒而辍冬,地不为人之恶辽远而辍广"。这是"铁的必然性",是不以人的意志为转移的"规律或秩序"。当然,承认规律的客观性,不等于否认人的意志或主体的能动性。人类主体不能改变规律本身,但通过主动的能动选择,可以改变规律实现的条件、过程、形式和结果。探寻规律、发现规律和认识规律,目的在于按规律行事,而按规律行事是从必然王国走向自由王国的必由之路。

(二) 确定性规律与统计性规律

事物是分类和分层的,关系也是分类和分层的,规律自然也是分类和分层的。事物和关系的分类和分层具有无限性,因而规律的分类和分层也具有无限性,穷尽所有的规律不可能也没有必要。从这个意义上说,规律是一个无法穷尽的"无限集合",具有典型的不可数性和不可列性。为了避免过于抽象或烦琐,我们聚焦于揭示自然规律和

---

① 华岗:《规律论》,人民出版社1982年版,第145页。

社会规律的属性,侧重于从认识论和方法论层面把握不同类型的规律。按照不同的分类标准,可以形成不同类型和层次的规律体系,诸如内部规律与外部规律、基本规律与特殊规律、一般规律与特殊规律、动态规律与静态规律、确定性规律与统计性规律等。究竟哪种规律的划分比较科学合理,存在不同的声音和观点,这里不加评论和选择。为了便于理解规律的属性,同时有利于分析高等教育规律,我们只讨论确定性规律(亦称动力学规律)和统计性规律(亦称统计学规律)。

所谓确定性规律是一种建立在牛顿力学基础上的规律类型,意指可以根据物体的初始状态来准确地判定物体的整个运动,预知这个物体每个定时点上的位置和运动速度或者说运动状态。如万有引力定律就属于这类规律。这种规律观认为,万事万物都处于一个封闭的系统之中,并呈现出一种因果式、单向的直线性联系,一个事物的产生与变化既是前一个事物产生与变化的结果,同时也是为下一个事物的产生与变化提供一个原因。秩序和规律充斥于整个系统之中,系统的演进因其"刚性的必然性"或"严格的因果关系"可以为人们所认识和预测,科学能够而且必定能够通过对世界运动规律的把握而征服和控制世界。

统计性规律则是指这样一种规律:"它在组成统计集团大量现象的领域,即在事物和现象的总体中发生作用。这些大量的事物和现象在时间和空间上共同存在,或者只是在时间上重复,依次相互更替,并由一定的标志联合起来,从而形成某种完整的、相互联系的整体。统计性规律不同于动力学规律,它不直接地表现在某一总体的每个个别现象中,而只表现在这个总体的运动中。"[①] 统计性规律是大量现象的规律,是平均数的规律,它不能完全决定个别事物和现象的命运,它容许个别事物和现象离开总体发展方向的偶然趋势存在。在量子力学中,就体现出一种统计性规律。正如物理学家玻尔所说:"在真正的量子过程中,我们就遇到了一些和机械自然观完全不合的并且

---

① 洪宝书:《教育本质与规律》,成都科技大学出版社1992年版,第191页。

▶ 高等教育关系论

不能适用形象化的决定论描述的规律性。""关于这些个体量子过程的出现，我们只能作出统计的说明。"①

确定性规律与统计性规律属于两种不同视域的规律，各自所持的规律观存在显著差异。相比而言，统计性规律在应用上具有更强的普适性和解释力，因为它反映了现代自然科学的最新成果，必然取代并更新确定性规律而成为研究客观世界之规律的经纬。邢贲思教授认为，统计性规律在三个方面更新了人们对规律的认识：一是统计性规律完全更新了人们对规律与必然性关系的理解和描述。在确定性规律中不考虑也不容纳偶然性和随机性，而在统计性规律中，必然性表现为由大量偶然性事件所体现出的必然性，是偶然性与必然性相统一的规律观。二是统计性规律更新了人们对规律的可重复性的理解和描述。在确定性规律中，可重复性意味着只要具备某种条件，就可以在自然界中重复出现某些完全相同的事物。在统计性规律中，相同的客体即使处在一定的条件下，甚至同一状态中，测量它们的力学量，也不总是得到相同的结果（如能量、动量、角动量）。可重复性在这里表现为统计重复，重复整体的概率频率。它不是某一事件的完全重复再现，而只是规律所反映的关系的特征本身的重复。三是统计性规律更新了人们对于规律可预言性的理解。在确定性规律中，变量在较早时刻与稍后时刻之间的关系是完全确定了的，因此，只要知道了初始条件，就可以精确地预见未来的状态。在统计性规律中，预测的性质发生了根本性的改变，它只能由给定的过去的有关条件预言未来事件的几率，即预言事件可能性实现的概率。②

从确定性规律与统计性规律的关系看，前者实质上是后者的一种理想化和简化形式。事实和逻辑告诉我们，随机性事件发生的概率处在 0 与 1 之间，根本不可能发生的事件概率为 0；严格按照必然性发生的事件的概率为 1，确定性规律表现的就是概率为 1 时的统计性规律的极限状态。在统计性规律中，偶然性和必然性都是被定义在可能

---

① 邢贲思：《哲学前沿问题述要》，人民出版社 1993 年版，第 121 页。
② 同上书，第 122—124 页。

性空间中的，确定性规律所要求的严格必然性只是可能性空间中的"一条轨道"，而统计性规律则是由"一组轨道所组成的系统"。可见，统计性规律并不排斥确定性规律，相反包含着确定性规律的合理内核，同时改变了确定性规律的机械性质。诚然，统计性规律虽然更新了人们对规律与必然性关系、规律的可重复性以及规律可预言性的理解和描述，看到了事物运动发展的确定性和不确定性，但这并不表明统计性规律是完美无缺的。客观地说，统计性规律未能很好地揭示系统内部诸要素之间的非线性相互作用，这对解读复杂系统的运动发展无疑是不够完备的，但这并不否定统计性规律的积极意义。

二 高等教育规律的因果关系性

规律就是关系，关系性可谓是一切规律的本质特性。教育规律是一种特殊的关系规律，即一种特殊的因果关系规律。有学者认为，"客观规律不外是各种事物和现象之间的这样一种因果关系和这样一种相互关系：一些事物和现象的存在，必然引起另一些事物和现象；事物发展的这一个阶段，必然引导到另一阶段。"[1] 教育的因果关系具有非线性、多值性、统计性和选择性等多重特性，这是由教育的复杂性决定的，同时它们也反映了教育的复杂性。

人类对教育规律的探索和认识，习惯于聚焦于寻找教育的确定性和有序性，或把对教育规律的探求等同于对教育确定性和有序性的寻找，义无反顾地挖掘教育中"刚性的必然性"或"单值的因果关系"，而忽略或剔除教育中某些看似不起作用或起重要作用却难以把握的因素，将复杂的教育因果关系线性化和简单化，坚信"找到一个事实，就证明了一个真理"。一般而言，社会领域的因果关系是多因多果的，机械决定论在社会领域缺乏解释力，甚至根本不适合解释事物之间的因果关系。纵然如此，机械决定论的影响是深远的。赵红州教授认为，"当自然科学已经圈定了机械决定论的疆界时，社会科学

---

[1] 华岗：《规律论》，人民出版社1982年版，第145页。

▶ 高等教育关系论

领域却到处游荡着机械决定论的幽灵。人们囿于生活的狭隘经验，惯于沿袭'单一因果关系'的思路，用一个原因，去说明一个结果；用一个事实，去证明一个真理……一句话：真实性就是科学性。"①

　　教育包括高等教育属于复杂系统，任意地剔除和简化影响教育运行发展的相关因素，必然会造成对教育因果关系的简单理解，看不到教育因果关系的非线性、多值性、统计性和选择性。"奥卡姆剃刀"用于社会领域，要慎之又慎，否则，将永远无法看到真正的教育规律世界。大家熟知的古印度寓言《瞎子摸象》，可谓寓意深远、耐人寻味，它告诫我们：从事物的局部来考察事物的全局，或将复杂关系简单化处理，极容易犯以偏概全的毛病，即摸到大象的身子就说像一堵墙，摸到大象的牙齿就说像根棍子，摸到大象的尾巴就说像条绳子。在教育研究乃至社会科学探索中，若想避免类似的事情发生，就必须框定确定性规律的适用范围，毫不客气地驱赶走机械决定论的幽灵，让它回到它应当待的地方去。同时，要树立系统观念和非线性思维，张开双臂将非线性、多值性、统计性和选择性迎进教育规律的大门。马克思主义主张，"从战略上""从总体上""从全部总和""从联系中"掌握事实，系统科学也集中体现了这种思想观念和思想方法，它们对人们解决复杂系统问题以及认识社会规律具有方法论的意义。我们绝对不能忽视教育的整体与部分之间的有机关联性，因为复杂的教育现象大于因果链的孤立属性的简单总和，"解释这些现象不仅要通过它们的组成部分，而且要估计到它们之间的联系的总和。有联系的事物的总和，可以看成具有特殊的整体水平的功能和属性的系统"②。当然，仅仅强调从整体上把握教育的现象和过程，而忽视对教育组成部分的认识和考察，也是笼统的和含糊的。况且，教育本身又是作为更大系统的子系统而存在的，即当我们强调教育系统的整体性时，不能忽略教育系统本身也是作为部分而存在的，也不能忽视构成教育系统的部分中亦有整体性，即整体中包含着"整体"，部分也是作为

---

① 赵红州：《大科学观》，人民出版社1988年版，第23页。
② 魏宏森：《系统科学方法论导论》，人民出版社1983年版，第24页。

"整体"而存在的。例如，大学可以看成是教育系统的子系统，也可以看成是由多个学科构成的系统；而每一个学科又可以看成是大学的缩影，学科既是一种"部分"的存在，也是一种"整体"的存在。简言之，大学以学科建制为基本特征，学科是大学的缩影，大学中的学科具有"准大学性"。

教育规律的探索是一个永恒的过程，只有起点而没有终点。从以往的教育规律的研究成果看，我国教育理论界关于教育规律的探索，在某种程度上说还处于初级阶段，多数关于教育规律的解释，只是从规律的哲学释义出发所作的大同小异的"注释"。譬如，《辞海》认为"规律就是事物发展过程中的本质联系和必然趋势"[1]，而《教育大辞典》认为"教育规律是教育发展过程中的本质联系和必然趋势"[2]。稍加比较就不难发现，后者只是将前者中的"规律"和"事物"分别置换成"教育规律"和"教育"而已。由于《辞海》关于"规律"的注释，带有浓厚的自然规律色彩，而《教育大辞典》又直接演绎《辞海》的注释，因此教育规律的释义深深地印刻着自然规律的痕迹，或者说带有典型的自然规律色彩。也就是说，人们心中的教育规律，多半是一种确定性规律，而非统计性规律。从规律研究的历史生态看，1978年以来我国教育理论界所呈现的有关教育规律的各种代表性界定，具有浓厚的"自然规律"色彩。

1. "教育规律就是教育这个社会现象在它发展运动中的那个固有的矛盾，那种与其他事物的联系。""教育规律是教育现象中同一的东西，巩固的东西，或本质间的联系，发展中的必然。"[3]

2. "教育规律是规律的一种表现形式，它是教育现象内部诸方面的本质的必然的联系。它同样具有客观性、必然性、稳定性、普遍性和抽象性。教育规律包容了社会规律、自然规律和思维规律，它是这

---

[1] 《辞海》，上海辞书出版社2000年版，第1744页。
[2] 顾明远主编：《教育大辞典》（增订合编本），上海教育出版社1998年版，第750页。
[3] 孙喜亭：《关于教育规律客观性质的几个问题》，《北京师范大学学报》（社会科学版）1981年第3期，第70—71页。

三方面的规律的有机结合。"①

3. "教育规律是教育这种社会活动在发展过程中与其他社会活动及自身各种活动、各种要素间的本质联系。"②

4. "所谓教育规律,是指教育同人的发展之间以及同社会发展之间的内在的、本质的、必然的联系。"③

5. "教育规律所要回答的是:'教育怎样运动发展',它所揭示的是教育的运动和发展所必然受到的制约因素,或其所必然遵循的逻辑轨道。我们对教育基本规律的探索,必须始终遵循三点:其一,我们所概括出来的教育基本规律必须具备客观性、必然性和普遍性三种属性,三者缺一不可;其二,根据'规律就是关系'的界定,我们所概括出的教育基本规律,必须能够说明是什么事物之间的关系和是怎样的关系;其三,这种规律必须是对一切教育有效,而且只对教育有效。"④

国内教育理论界有关教育规律的定义,还可以列举很多,上述列举的这些关于教育规律的释义,已足以反映我国教育理论界对"单值教育因果关系"或"严格的教育必然性"的钟爱与追求。事实上,即使在今天,"确定性教育规律观"的持有者和捍卫者仍然很多,这些人坚信一切教育都处在一种严格的因果关系链条之中。譬如,有一本教育学讲义对教学规律的表述都用了"必然"二字:教师水平必然决定教学质量;违反学生认识过程的规律的教学必然失败;学生的身心发展有其客观规律,同一个班的学生即使年龄性别完全相同,他们之间也必然存在差异,而且在整个学习过程中,教和学双方必然产生相互影响的作用;知识技能的教学必然影响学生认识能力的发展;知识教育必然影响学生思想品德的成长(任何教学都必然具有教育性);任何一门学科所包含的知识必然有其内在的逻辑性、系统性;

---

① 马兆掌:《现代教育论》,浙江教育出版社1990年版,第195—196页。
② 郝文武:《也谈教育规律的分类》,《高等师范教育研究》1993年第6期,第49页。
③ 彭永泉:《正确处理市场经济规律与教育规律的关系:谈师范教育体制改革》,《山东师范大学学报》(社会科学版)1994年第5期,第68页。
④ 洪宝书:《教育本质与规律》,成都科技大学出版社1992年版,第195—197页。

没有掌握前边的知识，后继的知识必然学不会。① 确定性教育规律的持有者和捍卫者认为，只要澄清了各教育因素之间的因果联系，就等于找到了教育运行发展的必然趋势或逻辑轨道，就可以从教育的初始状态准确地预测和判定教育的整个运动过程和任意时空点上的教育运动状态。理论与实践表明，把教育规律看成是一种"硬性的决定"或"严格的必然"或"铁的秩序"，是对教育规律的一种误解。

教育是一种复杂的系统，当中充斥着确定性和不确定性，单纯的确定性或单纯的不确定性，都难以刻画和概括教育系统运行发展的特性。过分地苛求教育的确定性，沉迷于探求教育运动发展中的单一因果关系，不仅容易误读教育规律，也容易将教育的确定性与不确定割裂开来。教育的确定性与不确定性，不是彼此孤立的，而是共生共存的，教育中始终充斥着确定性与不确定性。教育中不存在脱离了确定性的绝对的不确定性，也没有摆脱了不确定性的绝对的确定性。确定性与不确定性是整个教育系统两种不可或缺的属性，二者在教育运行发展中有着同等的地位和作用，彼此相辅相成、相互包含、相互补充，各自有着应有的意义和适用范围。教育的确定性说明的是教育过程的历史限制和现实基础，解释了教育中因果关系的存在；教育的不确定性说明的是教育过程的偶然性和多变性，解释了教育中因果关系存在的多种可能。因此，我们要以积极的态度正视教育过程的确定性和不确定性，既不能抛开抽象的过程来考察具体事件，也不能抛开具体事件来考察抽象的东西，以避免陷入纯粹的必然和纯偶然的决定论中。②

承认教育中确定性与不确定性的并存，绝非一种刻意的"教育折中"或"教育中庸"，因为教育的本来面目就是"确定性与不确定性的统一"。教育的确定性和不确定性，二者可以相互转化，人为控制或干预下的教育发展过程，正是教育不断从不确定性向确定性转化的过程。在这个转化过程中，主体的能动选择作为重要的机制起着非常重要的作用，其中不确定性是选择的动因，确定性是选择的归因。因

---

① 全增：《教育学讲义》，内蒙师院教育系1982年油印本，第102—104页。
② 曹树真：《浅论教育的确定性与不确定性》，《教育理论与实践》2004年第6期，第7页。

此，认识教育规律，不能仅仅将教育整体中可以确定的东西离析出来加以审视和研究，更不能为了寻找教育中刚性的必然性而无视或忽视不确定性的存在，人为地将教育简单地"模式化"和"程序化"。探寻教育的各种有效模式是可取的，但是过分的教育模式化或程序化追求则是非理性的，而今我们恰恰陷入了教育模式化追求的沼泽地。总之，如果我们看不到教育确定性与不确定性的共生性和相互转化性，人为地将教育的确定性与不确定性割裂开来，或将教育视为纯确定性的或完全不确定性的，难免会陷入机械决定论或非决定论的泥潭，最终忽视主体对教育的选择性作用，也无法真正把握教育规律的本质、揭示教育规律的特性。

我们强调教育的偶然性和不确定性，不等于否定教育过程中因果律的真理性和客观性，而是旨在表明"追求真理与客观性不能同追求绝对混为一谈"[1]。由于非线性相互作用的存在，教育的原因和结果已非完全决定论的，而是概率论的，因此我们不可能为所有的教育活动摸索到一个亘古不变和一劳永逸的操作方案或程序，只能对具有多值因果关系的教育问题或教育现象进行总体考察，只能对教育未来发展的可能性或总体趋势作出弹性的预测，为教育决策提供原则或思维上的指导和咨询。也就是说，我们所能揭示的教育规律，只能是一种"弹性的教育必然性"，而非"刚性的教育必然性"，人们只能预见未来教育可能性实现的"几率"，只能重复教育的整体概率和频率，教育的必然性表现为由大量偶然教育事件所体现的必然性。原因在于，教育的确定性不是由各部分的"单个决定性"造成的，而是由各部分的"群体决定性"或各部分之间的"统计性相互关系"造成的。

复杂的教育系统不具备"稳定运作的条件"[2]，不可能按照确定

---

[1] 王治河：《扑朔迷离的游戏——后现代哲学思潮研究》，社会科学文献出版社1998年版，第201页。

[2] 系统稳定运作依赖三个基本条件：（1）对于给定的外部刺激有且只有一个反应；（2）任何输出与输入之间都有一定的比例关系；（3）系统不多不少恰好是各部分的总和。（参见［英］拉尔夫·D. 斯泰西《组织中的复杂性与创造性》，宋学锋、曹庆仁译，四川人民出版社2000年版，第21页。）

性规律运行发展,它所遵循的是一种统计性规律,是一种非线性规律,教育领域的因果关系具有非线性、多值性、统计性和选择性等特点,我们只能以概率的形式对教育的运行发展加以宏观性预测和趋势性预测。这就好比我们可以根据中国西高东低的地势,整体上预测"长江或黄河之水向东流",但却不能确信"长江或黄河之水处处向东流",局部的"西流"是存在的,"湘江北去,橘子洲头"暗合了这种可能性。教育中充满了不确定性或偶然性,但这并不等于说现实的教育世界是一个纯粹的混沌世界或无序世界,人类在其面前完全无能为力或无所作为。

教育预测主要基于教育的因果关系,依据作用条件判定教育的运动结果。教育发展过程可以看成是在特定的一个或多个原因作用下,获得某个或某些结果的运作过程。教育复杂的因果决定性,一方面,意味着包括高等教育在内的教育活动的因素、过程与其结果之间的相关关系是概率论的,而不是决定论的,即教育的确定性是由其内外部各种统计性的相互关系造成的,我们很难对其进行准确的和具体的描述和预测。另一方面,也意味着教育演化发展的具体形式和路径存在多种可能,即犹如从一个平面或空间上的点出发可以引出无数条射线,尽管最终演化的方向只是当中的一种。因此,对于复杂的教育系统,不管对它的组成元素、制约着它的各种力量以及它的外部环境有多么地了解,我们都很难预测它的微观状态或具体的演化路径。与此类似,"以往的历史学家们没能预见过去发生的那些重大技术革命和社会政治革命会有什么后果,同样,生活在当代的一个历史学家也不可能有把握地预言社会的分叉过程会出现什么结果。"[1]

高等教育的运行发展遵循非线性规律,我们只能在宏观上统计性地预测其总体运动趋势。况且,当我们讨论教育的可预测性时,预测主体是站在教育系统之外的,这种预测也只能是整体宏观性的而非局部微观性的预测。对复杂系统的运行发展,通常只能作出宏观的统计

---

[1] [美] E. 拉兹洛:《进化——广义综合理论》,闵家胤译,社会科学文献出版社1988年版,第129页。

性预测，这是一般未来学家、预测专家和趋势分析家的典型看法。当然，趋势预测也是有限的，因为"趋势随着时间推演展开之际，也有可能会瓦解，产生新趋势和新进程"①。从这个意义上说，即便是整体性的宏观预测也并非易事，但预测或鉴今知来毕竟是解决问题的合理方法和思维逻辑，也是人们预防风险的理性选择。

三 高等教育规律的决定性与选择性

教育规律属于社会规律的范畴，要全面理解教育规律，就必须先了解和把握社会规律的特性，即社会规律属于什么性质的规律。人类社会是从有机界发展而来的，保留了有机界的不少特性，但人类在很多方面又超越了有机界。源于有机界，又高于有机界，这是人类的伟大之处。

与一般的有机界相比，"在社会历史领域内进行活动的，全是具有意识的，经过思虑或凭激情行动的、追求某种目的的人；任何事情的发生都不是没有自觉的意图、没有预期的目的的。"② 因此，社会规律兼具主观性与客观性，即社会规律不仅具有应然性或决定性，还具有合目的性或选择性。合目的性或选择性，是社会规律有别于自然规律的根源或根本所在。如果否定社会规律的合目的性或选择性，那就是一种机械的、愚蠢的唯物论，而"聪明的唯心论比愚蠢的唯物论更接近于聪明的唯物论。聪明的唯心论即辩证的，愚蠢的唯物论即绝对的，不发展的"③。

认识社会发展中的各种规律的性质和特点，"除了要坚持辩证决定论的新的规律观之外，还必须对人在历史过程中是否具有自觉能动性、选择性以及怎样认识这种能动性、选择性作出回答"④，因为社会历史是否具有规律性，如同人在社会历史发展中有无选择性，这两

---

① [美]欧文·拉兹洛:《巨变》，杜默译，中信出版社2002年版，第9页。
② 《马克思恩格斯全集》(第21卷)，人民出版社1965年版，第341页。
③ 《列宁全集》(第38卷)，人民出版社1963年版，第305页。
④ 王伟廉:《高等教育学》，福建教育出版社2001年版，第38页。

者是同一社会历史过程不可或缺的两个方面。这正是哲学的"选择论问题"。选择论有不同的表现形式,有唯心的选择论和唯物的选择论之分:唯心的选择论否定社会规律,鼓吹任意选择;唯物的选择论则将社会规律同人的选择统一起来,认为社会规律允许并制约着人的选择,而人的选择又是社会规律起作用的条件。马克思主义赞成将社会规律和人的选择、辩证历史决定论和唯物的选择论统一起来,尽管马克思主义创始人对选择问题未展开充分论述,但我们可以看到,历史决定论和主体选择论在马克思和恩格斯那里是统一的,他们既把社会历史看成是一种有客观规律可循的"自然历史过程",又把社会历史看成是一个体现人的自觉意识和能动创造的实践过程。列宁就曾深刻地指出,决定论思想确定人类行为的必然性,推翻所谓"意志自由"的荒唐神话,但丝毫不消灭人的理性、人的良心以及对人的行为的评价,相反只有根据辩证历史决定论和唯物主体选择论相统一的观点,才能对社会历史发展过程做出正确的评价,而不至于把所有的一切,任意地推到自由意志的身上。另外,历史必然性的思想也丝毫不损害个人在历史上的作用,因为全部历史是由无数的个人行动构成的,即社会是联合起来的个人,没有个人的行动就没有人类的全部历史。

马克思主义关于规律问题的辩证历史决定论与唯物选择论相统一的观点,是我们探讨教育规律的理论基础。我们应该正确运用这些基本观点和基本理论,从必然性和偶然性、确定性与不确定性、有序与无序的辩证关系中,从教育因果关系的决定性和选择性的统一中,去揭示和把握教育规律的性质和特点。否则,我们就无法真正理解教育规律的本质与特性。逻辑地看,既然教育过程具有必然性和偶然性、确定性与不确定性、有序与无序交混的性质,那我们就应该坚持辩证历史决定论与唯物主体选择论的辩证统一,即坚持决定论,反对非决定论,承认教育规律的客观性;坚持辩证的历史决定论的观点,反对机械决定论的观点,反对将教育规律视为一种刚性的教育必然性,而应将教育规律理解为通常只能作出统计说明的、具有弹性的教育必然性;坚持唯物的主体选择论,反对唯心的主体选择论,承认人的自觉能动性和选择性在教育发展中的作用,但又决不夸大人尤其是个人的选择作用，坚决反对无视教育规律的任意选择或自由选择；既承认教育规律从根本上制约着人的选择，也承认人的选择能改变教育规律起作用的条件、过程和结果。"自然规律是自在的，不是为人而存在的，它不具有应然性。但是，作为社会规律的一个特殊部类的教育规律，是通过人的教育实践活动实现的。不仅如此，教育规律本身就是人的教育实践活动的规律，故教育规律并不在人的教育实践活动之外。教育规律既是限制人的教育实践活动自由的规律，也是人的教育活动自由的规律。因此，教育规律对于教育实践活动的主体来说，不仅只有必然性，而且具有应然性、自为性，即主体性。"[1]

在自然科学揭示的统计性规律和非线性规律中，我们只看到偶然性与必然性的并存，而不能发现决定性与选择性的关系。当我们用统计性规律或非线性规律解释社会领域的因果关系时，必须考虑社会系统的特殊性，因为任何一种学说或法则即使是健全的，但假如"它的建立者乃至它的拥护者，把它的适用性，延伸到它的时空限界以外，如所谓'放之四海而皆准，百世以俟圣人而不惑'，那就根本忽视了社会科学的历史特征，忽视了社会现象的历史演变极则"[2]。这也一如拉兹洛所言："社会是在它特有的社会层次上遵循这些规则，而不是在社会成员的生物层次上遵循这些规则。"[3] 人类社会的运行发展遵循的是社会规律，而不是自然规律。

社会系统具有必然性与偶然性、确定性与不确定性、有序性与无序性交混的特性，同时由于人类有目的的活动的介入，社会领域的因果关系带有明显的"选择性"，社会规律也因此而表现为一种"选择性因果律"。所以，当我们运用统计决定论的因果观与系统决定论的因果观来解释包括高等教育在内的社会领域的因果关系时，不仅要看到社会因果关系的"决定性"，也要看到社会因果关系的"统计性"，还必须看到社会因果关系的"选择性"和"多向度性"。在社会科学

---

[1] 程少堂：《试论教育规律的特殊本质》，《江西教育科研》1995年第5期，第17页。
[2] 王亚南：《社会科学新论》，经济科学出版社1946年版，第9页。
[3] [美] 欧文·拉兹洛：《人类的内在限度——对当今价值、文化和政治异端的反思》，黄觉、闵家胤译，社会科学文献出版社2004年版，第152页。

领域，有些学者已洞察到社会规律的统计性，但对社会规律的选择性还认识不够。历史地看，英国著名的实证主义社会学家斯图亚特·穆勒首先发现了人类行为规律的统计性，这也是他对社会学做出的最重要贡献。穆勒的推理逻辑十分简单："由于人类行为是人性的一般规律与其自身个性的合力作用的结果，解释那些行为的关键是要找到一种可将一般规律与特殊的偶然的因素相分离的方法，统计学提供了这样一种方法，当我们充分考虑了多数现象后，就能将偶然的背离一一予以排除。统计规律并不能使我们预言特定情境中的特定个人行为，但它可揭示某些倾向，这些倾向必定在巨大规模上呈现出来，只有当确定了群体的属性和集体行为后，才可能较有把握地断言个人的行为。因此社会科学'原则上是与群体的而非坚硬的个体的行为有关，与共同体的而非单个人的命运有关'。"[①] 一句话，人类对事物运动发展趋势的认识和把握往往是宏观的和整体性的，而不是微观的和局部性的，"规律的概念是人对于世界过程的统一和联系、相互依赖和总体性的认识的一个阶段"[②]，即人类对规律的认识如同对真理的认识，是一个不断逼近的过程，是一个由"认识规律"逐步向"客观规律"逼近的过程。这个过程具有无限性，永远在路上。时至今日，我们发现或提出的各种社会规律，是否就是某种意义上的"认识规律"，距离真正的"客观规律"是否还有一段路程？这恐怕只有反复的实践和吞没一切的时间才能给出答案，我们拭目以待。

---

① 于海：《西方社会思想史》，复旦大学出版社2003年版，第201页。
② 《列宁全集》（第55卷），人民出版社1990年版，第126页。

第四章　高等教育内外部关系规律

高等教育的运行发展是有规律的，遵循的是一种特有的社会规律。高等教育是一个"关系系统"或"关系集合体"，高等教育规律在本质上是一种特殊的关系规律，而高等教育内外部关系规律是最基本的高等教育规律。按规律办事，则事半功倍。我们必须按高等教育内外部关系规律办高等教育，必须遵循高等教育内外部关系规律去引导、规范和协调高等教育行为。

一　高等教育内外部关系规律的提出

20世纪80年代以来，国内不少学者对教育规律进行过研究和探索，产出了不少令人尊重和给人以启迪的研究成果，但较为系统、影响深远、广为认同的研究成果并不多。而在为数不多的研究成果中，高等教育学家潘懋元先生关于教育基本规律的研究和论述，可以说是最有代表性的成果。

潘懋元先生认为，教育规律是多元的和体系性的，在诸多的教育规律中，有两条规律是最基本的：一条是关于教育与社会发展关系的规律，称为教育的外部关系规律，简称教育外部规律；一条是教育和人的发展关系的规律，称为教育的内部关系基本规律，简称教育的内部关系规律。教育的外部关系规律可以表述为"教育要与社会的发展相适应"，也可以进一步表述为"教育要受经济、政治、文化等的制约，并对社会的经济、政治、文化等的发展起作用"。教育的内部关系规律是指在人的培养这一复杂的过程中，各种因素之间的必然联系

第四章　高等教育内外部关系规律

与关系。而在这些关系中，最基本的关系有三个：一个是教育与教育对象的身心发展以及个性特征的关系；一个是人的全面发展教育各个组成部分的关系；再一个是教育者、教育对象、教育影响诸要素的关系。所谓教育的内部关系规律就是这些关系与作用的总和。教育外部规律和教育内部规律的关系表现为：教育外部规律制约着教育内部规律的作用，但教育的外部规律也只能通过内部规律来实现。① 这两条规律同时作用于教育的运行与发展，共同构成教育发展必须遵循的内外部逻辑。

教育内外部关系规律是潘懋元先生1980年在湖南大学讲课时第一次正式提出的，当时的表述与以上的表述有所不同，但其基本思想、精神和内核是一致的。对于这两条基本规律，潘懋元先生多次提到：教育外部关系规律比较成熟，对这条规律的科学性他心中有数；有关教育内部关系规律的研究，还不够全面和成熟，至今他心中还没有数。令人意想不到的是，恰恰是教育的外部关系规律遭到了一些质疑和批评。质疑和批评者认为，规律是事物内部的本质联系，事物的外部只能是非本质的、不稳定的联系，不能够有外部的本质联系，教育外部不可能有规律。与此相关的批评与论争，这里不再赘述。我们所关心的是：教育内外部关系规律究竟是不是科学的？实践是检验真理的唯一标准。事实昭示，教育内外部关系规律提出以来，经受了无数教育实践的检验，释放出了巨大的教育理论价值。科学发展史告诉我们：任何科学或理论皆是一种假设，以某种假说为方向，然后寻找和罗列证据以证实或证伪之，是科学研究的"不二法门"，伽利略、牛顿等的科学实践符合这条原则。20世纪80年代中期以后，中国高等教育蓬勃发展，出现了许多新现象和新问题，潘懋元先生本人以及许多教育界人士灵活运用教育内外部关系规律，解释和解决了这些新现象和新问题，如高等教育与商品经济（市场经济）的关系、文化传统与高等教育的关系、高等教育如何迎接新技术革命挑战、高等教育大众化、中国高等教育地方化、中国民办高等教育发展、高等教育

---

① 潘懋元：《新编高等教育学》，北京师范大学出版社1996年版，第12—14页。

> 高等教育关系论

教育通向农村等,有力地论证和检验了教育内外部关系规律的科学性和解释力。至于教育的内部关系规律,潘懋元先生自己多次强调自己没底,但这并不影响教育的内部关系规律的科学性和解释力。

教育内外部关系规律不是臆想的"闭门造车",但凡了解潘懋元先生治学历程和系统研读过他论著的人都不难洞见:潘懋元先生首先从辩证唯物主义出发看到了教育规律的客观性,然后以系统科学的理论与方法为指导,引进动态的、发展的时空概念,以教育系统的内外部关系为研究重点,立足于社会与人、教育与人、教育与社会之间的辩证关系,通过对世界高等教育历史与现实的全面考察,历经经验总结、理论抽象和逻辑推导,创造性地总结和提出解释力强和普适性高的教育内外部关系规律。从逻辑上看,人与社会处于教育的两端,教育是人与社会关系的中介,从教育、人、社会三者的互动关系出发,考察教育现象世界背后的价值、功能和规律是没有任何问题的,而且是一个很好的切入点和非常明智的选择。换言之,从"教育要与社会的发展相适应"和"教育要与人的发展相适应"的视角,概括和提炼教育规律是恰切的和可行的,而且具有特殊的方法论意义。教育是人的创造,一切教育存活于社会之中,适应人和社会的发展需要,是教育的正业、责任和使命。

规律是一个家族,每个规律家族都有很多的家庭成员,无论它是社会规律家族,还是自然规律家族。教育规律是一个"无限集合",具有不可数性和不可穷尽性,这是由教育关系的无限性决定的。作为教育的基本规律,教育内外部关系规律究竟还包括哪些"子规律"?这是另一个值得探究的问题,它的神秘面纱迟早需要揭开,但这并不影响教育内外部关系规律本身的科学性。教育规律是一个多层次的规律系统,我们必须把握各个层次的教育规律。比如,教育外部关系规律可以是教育与经济发展的矛盾,教育与政治发展的矛盾,可以是教育与文化发展的矛盾等;教育内部关系规律"可以是社会要求与学生身心发展的矛盾,可以是德智体美的矛盾,可以是师生关系的矛盾等"[①]。这些"矛盾"

---

① 潘懋元:《潘懋元教育口述史》,北京师范大学出版社2007年版,第183页。

关系，属于教育内外部关系规律当中的"具体规律"，它们是"基本规律"的子规律，同样是教育研究应该揭示的，也是具体的教育实践必须遵循的。

教育内外部关系规律的提出，具有特殊而重要的认识论和方法论意义，它至少"使人们摆脱了传统的'一般'与'特殊'看待教育问题的思维方式，使人们更加清晰地认识到教育特别是高等教育与社会政治、经济生活之间的必然联系，找到了探讨高等教育问题的逻辑起点"[①]。教育内外部关系规律揭示了教育规律的类型性和层次性，暗含着教育规律研究的生态逻辑和不同层次的教育规律的发现理路，即由具体规律抽象和提炼基本规律，由基本规律抽象和提炼整体规律。

二　高等教育内外部关系规律的争鸣

争鸣是学术繁荣的生态机制，理应成为学术界的常态。学术观点的多元化是学术争鸣的前提，学术的家园需要多种声音，正所谓"一花独放不是春，万紫千红春满园"。学术需要百家争鸣，需要百花齐放，否则，就难免"一枝独秀"和"一花独放"。诚如此，学术生命力就不会健旺，学术就不会繁茂。

教育内外部关系规律刚提出时，国内教育学界存在一些与之不同的声音，这些声音相互碰撞共塑了教育规律研究的繁荣。黄济先生认为，根据规律所起的作用的范围不同，可分为普遍规律与特殊规律。普遍规律是指在一类事物中所共有的和决定这类事物的一切主要方面和主要过程的共同规律。特殊规律是指这类事物中某一方面或某一过程的独特规律。普遍规律与特殊规律的区分是相对的，在一定的场合为普遍规律，但在另一种场合又变为特殊规律，反之亦然。在教育中也同样存在着普遍规律与特殊规律的区分。教育的一般规律是指一切

[①] 邬大光、秦国柱：《在高等教育的实践中寻找理论的支点——关于高等教育研究与学科建设的几点思考》，《中国高教研究》1992年第3期，第70页。

社会教育所共有的普遍规律；而特殊规律通常在两个意义上理解：一是为某个社会所独有的基本教育规律；二是指属于教育的不同方面所特有的特殊规律，如在德育、智育、体育等不同方面。在教育工作中，我们不但要了解教育的普遍规律，还必须了解教育的特殊规律，全面处理好一般规律与特殊规律的关系。① "有人把教育与社会的关系视为外部关系，把教育与个体身心发展规律的关系视为内部关系。以此来划分内外关系，妥否？还可以继续研讨，我并不完全同意这种划分。"②

孙喜亭教授认为，规律是事物的内部联系。教育与社会诸现象间存在着本质间的关系，这些联系也是教育这一事物的内部固有的、稳定的、深刻的联系，不好说它是外部联系、外部规律。③ 我们"应以规律作用的范围为其根据。将教育规律分为一般规律和特殊规律。为一切教育活动所共有的规律是一般性规律，为特定的教育事实所特有的规律是特殊规律。一般规律总是表现为特殊规律，总是存在于特殊规律之中；而特殊规律包含着一般规律，却比一般更为丰富。这种分类，较之通常说的教育的外部规律、教育的内部规律更科学些"④。

针对上述这些不同的声音，潘懋元先生撰文《教育外部关系规律辨析》（发表于《厦门大学大学学报》（哲学社会科学版）1990年第2期）和程少堂撰文《再论"教育的内部规律，教育的外部规律"说》（发表于《高等教育研究》1995年第4期）进行了阐释、论证和反驳。潘懋元先生和程少堂分别撰文进行了阐释、论证和反驳。事实上，教育规律划分的标准是多元的，究竟遵照和选择什么样的标准，与研究者的教育价值观以及习惯了的认识论和方法论有关。任何一种划分都是"未完成"的，永远走在通向"完成"的路上，因而都是可以丰富和发展的。这也正是理论研究的魅力之处。从方法论上看，

---

① 黄济：《教育规律试探》，《四川教育》1981年第8期，第42—44页。
② 黄济：《对教育本质问题的再认识》，《北京师范大学学报》（社会科学版）1998年第3期。
③ 孙喜亭：《高等教育学及教育规律问题》，天津教育出版社1989年版，第29—30页。
④ 同上书，第56页。

"教育内外部关系规律"和"教育的一般与特殊规律论"都是以"规律作用的范围"为依据的，但前者的边界相对比较清晰，而后者相对比较模糊。正如黄济先生自己所言，"普遍规律"与"特殊规律"是相对的，因为"普遍"之上还有"普遍"，"特殊"之下还有"特殊"，因而将教育规律划分为教育的普遍规律（或一般规律）和特殊规律，容易让人被模棱两可的规律边界所困扰。但是，这种划分的意义与价值是不可忽视的，也是值得尊重的，它活化和丰富了比较寂静的教育规律研究园地。

近几年尤其是2013年以来，教育内外部关系规律再次引起国内一些学者的关注、质疑和批评，但焦点不是"教育内外部关系规律的划分问题"。譬如，展立新、陈学飞认为，教育内外部关系规律是一种"适应论"，"存在两处关键性的失误"，即"失误之一是该理论没有抓住高等教育活动的本质特征"；"失误之二是该理论仍然是从经济基础和上层建筑关系中推导出来的理论"[①]。他们还认为，高等教育"适应论"一方面颠倒了认知理性与各种实践理性的关系，试图用工具理性、政治理性和传统的"实践理性"等取代认知理性在教学和科研中的核心地位，使国内高等教育难于走上正常发展的轨道；另一方面它在选择某种实践理性为主导的时候，又不惜压制其他各种实践理性的发展，以至于在高等教育的各种目标之间、不同的目标与手段之间，造成了极大的矛盾和冲突。因此，"如果继续把高等教育'适应论'当作一种不容质疑的'理论'或'规律'来看待，那么，一种本来可供选择的观念变成了思想上的束缚，就会产生盲目地排斥高等教育发展的其他可能性。"[②] 这种论点刊发后，引起了国内高等教育学界不少的关注和讨论，引出了一批争鸣的论文。学术争鸣和学术批判，尤其是批判性研究，对于理论的发展是有益的和必要的。潘懋元先生一贯主张和倡导学术争鸣，撰写过"要鼓励并支持教育理论工作者争鸣"为题的文章。但我们必须明白，争鸣和批判的根本目

---

① 展立新、陈学飞：《理性的视角：走出高等教育"适应论"的历史误区》，《北京大学教育评论》2013年第1期，第109页。

② 同上书，第96页。

的，不是为了"用一种观点推翻或取代另一种观点"，也不是为了"让一方臣服于另一方"，而是为了丰富和发展理论。作为一种学术争鸣，《理性的视角：走出高等教育"适应论"的历史误区》的刊发，无疑丰富了高等教育规律研究或高等教育研究的百花园。同时，该文也引发了人们一些新的思考或疑问，其中最根本的是：教育内外部关系规律是"从经济基础和上层建筑关系中推导出来的"有什么不妥吗？"教育内外部关系规律"等同于"高等教育适应论"吗？教育内外部关系规律"只强调高等教育对经济活动的单方一面适应，而忽视了高等教育自身的特点和要求"吗？

首先，经济基础决定上层建筑（即经济基础决定上层建筑的产生；经济基础的性质决定上层建筑的性质；经济基础的发展变化决定上层建筑的发展变化），上层建筑又能对经济基础起能动的反作用（即上层建筑适应经济基础需要时，会推动经济基础的发展和生产力的进步；上层建筑不适应经济基础需要时，会阻碍经济基础的发展和生产力的进步），是马克思主义的基本原理。不过，我们必须看到马克思主义视域中的"经济基础决定上层建筑"，不是一种"刚性的必然性"，而是一种"弹性的必然性"，所揭示的"经济基础决定上层建筑"只是一种宏观趋势，它并不否定社会的局部领域存在特例或个案，我们必须从刚性的"经济决定论"中觉醒。真正的马克思主义者是辩证唯物主义者，而不是唯物质主义者。我们信仰马克思主义，确信教育属于上层建筑，因而坚信"从经济基础和上层建筑关系中推导出"教育内外部关系规律并没有什么不妥，相反，这在方法论上是可取的。当然，作为学术研究，每个人都可以有自己的理论信仰，也可以选择自己认同或习惯了的方法论，重要的是我们的学术成果必须简明扼要、论证有据、解释有力，教育内外部关系规律无疑具有这样的品性。不过，我们也要牢记："盲目虔信一个理论不是理智的美德，而是理智的罪过。"（拉卡托斯）事实上，即使一个陈述似乎非常"有理"，每一个人都相信它，它也可能是伪科学的；而一个陈述即使是不可信的，没有人相信它，它在科学上也可能是有价值的。一个理论即使没有人理解它，更不用说相信它，它也可能具有至高的科学价值。说到底，理论的科学价值源自它的解释力，不在于有没有人或有多少人理解它和相信它。

其次，潘懋元先生的高等教育思想是系统性的，教育内外部关系规律的精神内核贯穿于他的整个高等教育理论体系中，将"教育内外部关系规律"等同于"高等教育适应论"，将"教育要受经济、政治、文化等的制约，并对社会的经济、政治、文化等的发展起作用"简约为"只强调高等教育对经济活动的单方一面适应"，是对潘懋元先生高等教育思想的"断章取义"，是对教育内外部关系规律的"误读"，更重要的是对"高等教育适应论"自身的一种"阉割"。事实上，潘懋元先生在《教育外部关系规律辨析》（载于《厦门大学学报》，1990年第2期）一文中就明确指出，对于"教育要与社会发展相适应"这条外部关系规律的运用，要解决两个有分歧的问题：一是要全面适应不要片面适应，即适应社会的政治、经济、文化、科技等所有方面，而不是其中的"某一方面"；二是要主动适应不要被动适应，即适应社会发展的积极方面而非消极方面。对社会发展积极方面而非消极方面的适应，本身蕴含着高等教育可以适度超前于社会的发展，尤其是生产关系阻碍生产力的发展时，高等教育要超前发展，引领社会向积极方向迈进。从发生学的视角看，高等教育是人的创造，它因人的需要而诞生，同时也因满足人的发展需要和社会发展需要而合法存在。如果高等教育的诞生、存在和发展，不是为了适应人的发展和社会发展的需要，那么我们人类又何必去创建高等教育，或创建高等教育又有何用？从这个意义上说，活在当下的高等教育，主动适应人和社会的发展需要是理性的，更是无可厚非的。

先走进文本，然后要走出文本，这是学术研究的进路。走进文本是为了理解文本，走出文本是为了超越文本。走出高等教育内外部关系规律的争鸣，我们需要牢记或必须明了的是：（1）从古至今的所有的能够解释现象的理论都是假说性的，解释同一现象的理论并非只能有一种，相反，可能有多种，在难以解释的新的例外的现象出现之前，这些理论都可以看作是科学理论，像"日心学说"诞生之前，"地心学说"可谓是一种相当权威的理论。（2）牛顿的万有引力理论、爱因斯坦的相对论、量子力学、马克思主义、弗洛伊德主义等，都是一种研究纲领，它们各有一个受到顽强保护的独特的硬核，各有自己较为灵活的保护带，并且各有自己精心考虑的解题手段。同时，这些研究纲领在自己发展的任何阶段上，都有未解决的问题和未消化的反常。这也是理论的开放性所在，也为理论的丰富和拓展提供了可能。(3) 真正的理论尤其是科学理论，并不是一个单调的知识集合，而是一个包括经验层次、理论层次和元理论层次陈述的复杂的知识系统，同时也与科学以外的信念处于复杂的关系之中，我们不能用单一的简单化的绝对标准对科学与伪科学进行划界。事实上，科学也不都是由证明了的和绝对真的知识所组成，因为其中包含有猜测、假设和种种并不绝对真的理论和信念。这些信念之所以成为科学的一部分，是因为它们以各种各样的方式与科学知识系统发生联系，并成为其中的一部分。判定每个信念是否科学，必须把它放到科学知识系统的整体和联系中去考察。对各种教育规律学说的评判，想必也需要将它们放到教育科学知识系统的整体和联系中去考察。

三 高等教育内外部关系规律的再认知

庄子曰："大知闲闲，小知间间；大言炎炎，小言詹詹。"先进的理论是开放的和海纳百川的，而且是可以不断丰富和发展的。作为一种教育理论，高等教育内外部关系规律为教育研究者提供了一种综合的、总体的和宏大的视野，为教育行动者提供了教育的基本原理和指导思想。纵然如此，它从来都是热切地欢迎各种论争、辩驳、质疑和批判，同时也自觉地进行自我反省和自我批判。1980 年以来，教育内外部关系规律以其独特的方式，引领中国高等教育的改革与发展迈上一个又一个新的台阶，可谓是中国高等教育学不断走向理性和成熟的"阿基米德支点"，而高等教育学则以迅猛的发展壮大慷慨地给予了馈赠与回报。

教育规律是一个复杂的深奥的教育理论命题，一方面它与教育本质、教育原则、教育功能、教育结构等交织在一起，即如果不能很好地理解教育本质、教育原则、教育功能、教育结构等，就不能很好地理解教育规律。另一方面，与教育规律自身密切相关的一系列逻辑问题也不好回答，像是否存在教育规律、教育规律是什么、教育规律具有哪些特性等，都是一些带有本位性的问题。围绕这些问题，对教育内外部关系规律进行"元研究"和"深度挖掘"，还可以洞悉到其中的某些弦外之音、韵外之味和意外之旨。

第一，教育内外部关系规律暗合了教育既是一种"自成系统"的存在，又是一种在相互关联中"互成系统"的存在。同时，教育内外部关系规律昭示着关系是考察教育系统的认识论起点，即一切教育在关系中孕育、诞生、存在和发展，同时也只有在关系中才能被定义、刻画、描绘和认知。这就告诉我们：关系思维具有特殊的方法论意义，适用于研究一切"关系系统"。

第二，教育内外部关系规律揭示了教育因果关系的客观性和决定性，同时也揭示了教育因果关系的统计性和选择性，辩证地将决定性（规律的制约作用）和选择性（人的主观能动作用）统一到了教育规律之中。这种统一不仅抓住了教育规律的本质特性，也革新了人们对教育规律的认识，还丰富了教育规律研究乃至教育哲学的园地。教育内外部关系规律的表述中所使用的"制约""适应"等词汇，直接揭示了教育因果关系的决定性与选择性。同时，这些词语的恰切使用还揭示了教育规律的统计性，无论是"适应"还是"制约"，它们所揭示的因果关系都是一种弹性的必然，而非刚性的必然或一一对应的必然关系。毫无疑问，这是一种辩证唯物主义的教育规律观，而非一种"唯物质主义"的教育规律观。

第三，教育内外部关系规律揭示了教育因果关系的非线性和多向度性，走出了线性、单向度的确定性规律观的思维框架，抓住了教育规律的本质特征。"教育要受经济、政治、文化等的制约，并对社会的经济、政治、文化等的发展起作用"的表述，昭示着教育的运行发展受到多种因素的影响，多值的教育因果关系呈现出多向度性，即教育的发展同时受经济、政治、文化等的制约，但这种制约在同一时空背景下不是等值的，有可能是政治、经济、文化等当中的某种因素起

▶ 高等教育关系论

主导作用，而其他的某些因素的作用则相对式微。中国民办高等教育领域，存在一种典型的"陕西现象"和"江西现象"，即陕西和江西都不是我国经济发达的省区，但其民办高等教育在全国却是首屈一指。对此，我们可以从教育复杂的因果关系找到某种答案。另外，在教育与经济、政治和文化等的相互关系上，表述中使用"制约"而不使用"决定"，深刻地揭示了教育因果关系的非线性特征。也就是说，教育与经济、政治和文化等的发展不一定是同步的，教育可能会超前或滞后于经济、政治和文化等的发展，但从历史的长河看，它们在总体趋势上是正相关的，即教育与经济、政治和文化等是耦合并进的，偶尔可能有偏差，但这种宏观的总体趋势是不会变的。这既可以解释中国的大学为什么晚生，也可以解释当今美国为什么成了世界高等教育的中心。

第四，教育内外部关系规律揭示了教育系统除了要不断优化自身的结构之外，还必须与社会各子系统（如政治、经济、文化等）形成功能耦合关系。教育受制于又作用于经济、政治、文化等的发展，内在地表明教育系统唯有与社会各子系统形成功能耦合关系，才能充分发挥教育的社会和个体功能。事实上，社会各子系统的改革与发展莫不如此，即某社会子系统若不能与其他社会子系统形成功能耦合关系，就难以获得充分的发展，也难以取得完整而彻底的成功。与社会各子系统一样，高等教育唯有获得社会各系统的全面支持，并与社会各系统的发展建立起双向互动和适应的机制，才能逐渐释放出强大的能量。而这正是教育外部关系规律的思想内核，即教育要全面而非片面、主动而非被动地适应社会的发展。

第五，教育内外部关系规律是一个整体，"教育外部规律制约着教育内部规律的作用，但教育的外部规律也只能通过内部规律来实现"，不能将其"箱格化"，否则，断章取义或误解就在所难免。人的发展与社会的发展是内在统一的，理想社会与理想人格是相互规定的，教育在联结和建立理想社会与理想人格的过程中起着关键作用；教育内外部关系规律是一个有机整体，强调教育的个人本位或社会本位都是与教育内外部关系规律背道而驰的。教育要与人的发展相适应，要与人的全面发展而非片面发展相适应。这就警示人们：教育要为人的"未来生活"做准备，更要为人的"未来人生"做准备；教育要维持人的生存，更要不断让人获得新的生命，即不断让人变得更加高尚、更加智慧、更加强健，使人的德、智、体等的发展水平不断跃迁。如果我们将教育的内外部关系割裂开来，就容易陷入单纯的理念论或实在论教育、唯理论或经验论教育、工具主义或理性主义教育、认识论或政治论教育、个人本位论或社会本位论教育、生存论或生命论教育的泥潭，就容易滋生对教育内外部关系规律的断章取义或误解。

第五章 高等教育本质的关系意蕴

寻找现象世界背后的本质世界，是学术研究最神圣的使命，也是学术研究永恒的宗旨。从学术生发的逻辑看，"是什么"是学术探究的"第一问"，也是解密事物最为基本的问题。一个事物出现了，人们最先和最想知道的就是"这个事物是什么"。数千年的文明史告诉我们，追问"是什么"，探究事物的本质，是人类的天性。这是人类的"好奇心"使然。面对大千世界，人类有许多的"感兴趣"和"想知道"，还有许多的"特别感兴趣"和"特别想知道"。譬如，地球乃至整个宇宙是生成的还是神创的，人类从哪里来，我是谁……这些可谓是人类特别感兴趣又特别想知道的问题，同时又是不易回答的问题，其中"我是谁"则是"千古之谜"。每一个领域都存在自身的"千古之谜"，都存在"我是谁"之类的问题。"高等教育是什么"，可谓是高等教育世界的"千古之谜"，也是高等教育理论研究和高等教育实践探索必须回答的"第一个问题"，因为如果不回答它，那么与高等教育内在关联的一切问题恐怕都无从也无法谈起，即便强行谈论也只能是"自说自话"，抑或是"公说公有理，婆说婆有理"。

历史与现实昭示，越是基本的问题就越难回答，"是什么"就是这么一个最为基本的问题。从公元前385年左右创建的柏拉图学院算起，高等教育的历史不足2500年，但若要讲清楚"高等教育是什么"却不是一件易事。这或许是因为高等教育既是一种历史的存在，也是一种现实的存在；既是一种物的存在，也是一种事的存在；既是一种社会实践活动的存在，也是一种社会子系统的存在；既是一种关系的存在，也是处于关系网络中的存在。另外，可能还因为高等教育一直处在不断的演化发展之中，它的边界镶嵌在历史之中。正因为如此，就连"给高等教育下定义都成了一项挑战性的工作"[1]。尽管回答"高等教育是什么"或揭示"高等教育的本质"很不容易，但因为它太过重要，我们不能妄图绕过或避而不谈它。关于高等教育本质，我们需要回答三个根本性问题：一是高等教育是否有本质；二是如何理解高等教育的本质；三是高等教育的独特性何在。

一 不同视域的本质观

本质是什么？《中国大百科全书·哲学卷》认为，"本质是指事物的内部联系，由事物内部矛盾所构成。"[2]《辞海》认为，本质"与现象相对，构成辩证法的一对范畴。本质是事物的根本性质，是事物内部相对稳定的联系，由事物所具有的特殊矛盾构成。现象是事物的外部联系和表面特征，是本质的外在表现。本质和现象是对立的统一。两者相互区别：本质比现象深刻、稳定；现象比本质丰富、生动、易变。两者又相互统一：本质决定现象，总要表现为一定的现象；现象总是这样或那样地体现本质，它的存在和变化总是从属于本质。现象可区分为真相和假象。假象是本质的一种歪曲的表现。任何事物都是本质与现象的统一，本质自身是多层次的。透过现象把握本质是科学的基本任务"[3]。根据《辞海》的释义，本质可谓是"一事物之为此事物而非他事物的根本性质"。

人类能否认识本质？文学家周国平在《哲学走向信仰的路上》一文中如是说，从古希腊开始，西方哲学一直作为形而上学而存在，就是要凭借理性能力来探究有形世界背后的那个无形世界、变动不居的现象背后的那个不变的本质。但是，探究了两千多年也没有结论，所有的结论都被推翻了。尤其是到了康德，他很有说服力地论

---

[1] 马尔科·安东尼奥、罗德里格斯·迪亚斯：《高等教育：下一世纪的幻想与行动》，《教育展望》1999年第3期，第17页。
[2] 《中国大百科全书·哲学卷》，中国大百科全书出版社1987年版，第269页。
[3] 《辞海》，上海辞书出版社2015年版，第211页。

证了不但人的感官只能触及现象，人的理性能力也只能触及现象，不能触及本质。在他之后，西方哲学越来越取得了一个基本共识，就是世界对于我们只能作为现象存在，只要我们去认识，它就是现象，只能作为现象呈现给我们，因此设想现象世界背后存在一个本质世界是毫无意义的。那么，究竟存不存在本质？这似乎并非一个有确切定论的问题，像本质主义、反本质主义和唯物辩证法就有着不同的观点和看法。

（一）本质主义的观点

本质主义是由古希腊哲学家亚里士多德创立的一种哲学理论。亚里士多德认为，"所有命题和所有问题所表示的或是某个属，或是一特性，或是一偶性；因为种差具有类的属性，应与属处于相同序列。但是，既然在事物的特性中，有的表现本质，有的并不表现本质，那么，就可以把特性区分为上述的两个部分，把表现本质的那个部分称为定义，把剩下的部分按通常所用的术语叫作特性。根据上述，因此很明显，按现在的区分，一共出现有四个要素，即特性、定义、属和偶性。"[1] 亚里士多德将事物的特性分为本质特性（即本质）和一般特性，而"本质特性被设定为与其他所有事物相关且又使一事物区别于其他所有事物的东西"[2]。他把人定义为"理性的动物"，即人属于动物，但与一般动物不同，人是有理性的动物，即"有理性"是人的本质特性，它将人与一般动物区别开来。

现代的本质主义与亚里士多德的本质主义有较大区别，最根本的是采用了模态逻辑（或内涵逻辑，即可以用语义的"内涵性"描述事物的特征）的可能世界语义学来分析事物的本质。譬如，克里普克的本质主义旨在指明一个事物的哪些特性是本质特性，哪些是偶有特性。克里普克提出了两大基本论点：一是认为一个个体的起源（或它由以构成的材料）对于该个体是本质的；二是认为一类个体的本质是

---

[1] 苗力田：《亚里士多德全集》（第1卷），中国人民大学出版社1990年版，第356页。
[2] 同上书，第440页。

那个种类里的一切个体所具有的内在结构,它使得那个种类的成员资格在本质上依赖于具有这种适当的内在结构。不难看出,在克里普克眼里,本质有"个体本质"和"类本质"之分,个体本质即个体的起源或个体由什么材料构成,类本质是这类个体共同的内在结构。普特南则认为,一个适用于某一自然种类成员的语词的意义是唯一的与这些成员的"本质"相联系的。譬如,不存在水不是 H_2O 的可能世界,H_2O 是水的本质而且是唯一的本质,水在一切可能世界中都是 H_2O。① 不难看出,克里普克和普特南所讨论的本质,主要是自然物质的本质。

总体而言,本质主义"相信万物皆有其不变的本质且这种本质可以被理性发现、描述。本质主义表现为绝对主义、基础主义和科学主义。绝对主义认为,物的本质是永恒不变的、唯一的和超时空限制的东西;基础主义认为,任何事物都有其基质,是这些基质构成事物存在的本质;科学主义则认为,人们可以用理性发现和表达事物内在的本质,从而发现那唯一而永恒的真理"②。

(二) 反本质主义的观点

以本质主义为标靶,反本质主义的背离与反叛主要来自三个方面:一是要求消解本质。在反本质主义者看来,事物根本不存在所谓普遍、共同的本质,因而"任何一个追求某种事物的本质的人都是在追逐一个幻影"③。基于此,维特根斯坦认为,要抵制本质主义的深层诱惑,就必须抛弃"本质"概念,改用"家族相似性"的概念或方法来描述事物及其存在方式④;罗蒂则站在实用主义的立场上对事物的本质进行消解,他认为"一个信念之真,是其使持此信念的人能

---

① 张家龙:《论本质主义》,《哲学研究》1999 年第 11 期,第 51—55 页。
② 韩震:《本质范畴的重建及反思的现代性》,《哲学研究》2008 年第 12 期,第 54 页。
③ [德]施太格缪勒:《当代哲学主流》(上卷),王炳文等译,商务印书馆 1986 年版,第 593 页。
④ 刘放桐等:《新编现代西方哲学》,人民出版社 2000 年版,第 274 页。

够应付环境的功用问题，而不是其摹写实在本身的存在方式的问题"①；福柯对事物本质的消解主要集中在对人的本质的否定上，他认为人并非永恒的无限存在物，而是特定历史时代的一种认识论建构，因而不具有一种恒常不变的普遍本质。二是拒斥二元分类逻辑，反对传统哲学将事物解构为"现象"和"本质"两个对立的范畴。德里达指出，传统哲学的二元对立只是一种具有中心——边缘的等级结构，"其中，一方（在价值上、逻辑上，等等）统治着另一方，占据着支配地位"②，所以必须予以摧毁和解构。三是反对科学方法，认为社会历史现象是错综复杂的、变幻不定的，科学方法从一些固有的概念模式出发，根本无法把握处于不断变化过程中的事物，而且科学方法完全舍弃了研究对象的特殊性，不可能反映事物的全貌。概而言之，反本质主义要求消解本质，拒绝二元分类逻辑，反对同一、普遍、确定、中心，旨在追求多元、差异、不确定性，关注边缘、具体与丰富。反本质主义对教育研究影响很大，近年来已成为教育研究方法创新中的一个亮点。甚至有学者喊出，21世纪的中国教育学研究必须深深地批判和彻底地抛弃本质主义的认识论和方法论，树立新的反本质主义的知识观，走上新的反本质主义的认识论之路。③

总体而言，反本质主义存在两种形式："一是说根本不存在本质；一是说人的思想无法了解客观的本质。前者从根本上质疑万物的客观存在；后者怀疑我们能否认识、理解和表达本质。后者认为，既然人们不能认识、理解和表达本质，那么是否存在本质就成为一个无法回答的伪问题。就是说，即使存在某些不依赖于我们的认识的客观本质，我们也无法认识它；即使能够认识它，我们也无法用语言表述出来；即使能够把它表述出来，我们也无法达成真正一致的理解。"④

---

① ［美］罗蒂：《后哲学文化》，黄勇编译，上海译文出版社1992年版，第1页。
② 赵光武主编：《后现代主义哲学述评》，西苑出版社2000年版，第140页。
③ 石中英：《本质主义、反本质主义与中国教育学研究》，《教育研究》2004年第1期，第11—20页。
④ 韩震：《本质范畴的重建及反思的现代性》，《哲学研究》2008年第12期，第56页。

这种观点可以在古希腊哲学家高尔吉亚那里找到源头①。

我们赞同并坚信:"尽管反本质主义以差异性否定一致性的本质,但是世界的差异性存在已经肯定了本质的存在,因为这就确证了此物不是他物。形象地说,猴子就是猴子,它不是狗;即使我们无法认识猴子和狗的基因的差异究竟在哪里,但是,猴子和狗的本性差别依然存在。所以,本质不会因差异而消失,不能因为认识的暂时性而否定认识事物本质的必要性。"②

(三) 唯物辩证法的观点

唯物辩证法认为,本质是事物内部的、共同的、稳固的、根本的特性,它决定事物的本性及其发展方向;本质通过现象表现出来,现象是本质的外部表现,现象与本质的关系是个别与一般之间的关系。列宁认为,"'一般者'即本质。"③ 在唯物辩证法眼里,大凡事物皆有本质,但不承认世界上有"不变的本质",坚信"不独现象是短暂的、运动的、流逝的、只是被条件的界限所划分的,而且事物的本质也是如此"④。"事物的本质也是如此"是何意?当然是说"事物的本质也是短暂的、运动的、流逝的、只是被条件的界限所划分的",起码是说"事物的本质不是固定不变的或永恒不变的,只要超出一定条件的界限,也是可变的"。

我们赞同唯物辩证法的观点,坚信一切事物皆有本质,同时也承认事物本质的相对稳定性和可变性。事物的本质是隐藏在现象背后或事物内部的"性质""结构"或"形式"。事物的本质是相对稳定的,

---

① 高尔吉亚运用爱利亚学派的论辩方法,得出了与爱利亚派学说截然相反的"三个命题":(1) 无物存在。如果有物存在,则该物或者是存在,或者是非存在,或者既是存在又是非存在。(2) 即使有某物存在,我们也无法认识它。如果我们所思想的东西真实存在,那么凡是我们思想到的东西都是真实存在的,但实际上我们却可以思想到并不存在的东西,因而我们的思想是不可靠的,存在是认识不到的。(3) 即使我们可以认识某物,我们也无法把它告诉别人。因为我们告诉别人时使用的信号是语言,而语言同存在物并不是一个东西,我们告诉别人的就只能是语言而不是存在物。——笔者注
② 韩震:《本质范畴的重建及反思的现代性》,《哲学研究》2008年第12期,第56页。
③ 列宁:《黑格尔"哲学史讲义"一书摘要》,人民出版社1955年版,第26页。
④ 同上书,第8页。

但它并非固定不变，否则我们就无法理解当今世界的多样性。事物的本质具有可变性，只是它的变化不像现象的变化那样明显和频繁，根本原因在于"不是任何细小的原因都会引起事物本质的变化"。譬如，当社会的劳动生产率不变时，商品的价值是相对稳定的，但劳动生产率不会停滞不前，因而价值也会变动，只是这种变动不像商品价格那样摇摆不定或变化频繁，更不可能一天之内发生数次涨落。

根据唯物辩证法的本质观推理可知，高等教育是有本质的，存在它的"一般者"。高等教育的本质具有相对的稳定性，但它并非是固定不变和不可动摇的，只要超出一定条件的限制也是可变的。逻辑地看，没有高等教育本质的可变性，就不可能有高等教育的多样性和异质性。事物的本质可分为整体本质和局部本质，整体本质更加稳定，局部本质相对易变，局部本质的变化不一定会引发整体本质的改变。为什么可感的高等教育的形式、类型、层次、功能等发生了巨变，而高等教育依旧是高等教育，没有变成其他事物，根本原因在于变化的是高等教育的局部本质。

二 高等教育本质的关系规定性

"高等教育是否有本质"是一个问题，而"高等教育的本质是什么"则是另一个问题。"高等教育的本质是什么"不是一个孤立的问题，与之相关联的问题还有"高等教育的本质是唯一的还是多元的""高等教育的本质由谁来规定"等。这些问题都很重要，也都不容易回答。

按照哲学的思维和逻辑，揭示一事物的本质主要有两条途径：一是明了这一事物的起源或构成（beginning or element）；二是揭示这一事物的抽象形式或内在规定性、原理（form or principle）。由此，我们可以找到如下两种方法来揭示和表述高等教育的本质：一是给高等教育下定义，即阐明高等教育是什么。比如说，矩形是什么？矩形是一个角为直角的平行四边形。二是问道于高等教育历史，即找到高等教育的起源，揭示高等教育的演化和发展过程，尤其是前者最为根本和直接。譬如，要回答"人是什么"，只要点出"人是从类人猿进化而来的动物"，也就给出了比较准确的答案；要回答"这是一张什么桌子"，只要指出"它的原材是什么"，也就道出了"这张桌子的本质"。相比而言，下定义是揭示事物本质的最常用的方法，也是一种颇为有效的方法。从关系思维的视角看，既然高等教育是一个"关系集合体"或"关系系统"，那么从高等教育各种关系的"相互规定"去探寻高等教育的本质应该是最根本的和最重要的方法。当然，下定义在根本上也是立足于关系的，揭示的是被定义项、种差和邻近属之间的关系。

（一）从定义看高等教育本质

下定义一般采用"属+种差"的方法，即被定义概念是由被定义概念的邻近的属和种差所组成的定义。它的公式是："被定义项＝种差+邻近的属"。其中，"种差"是被定义概念与该属概念下的其他种概念的差别，这种差别可视为"被定义项"的本质。譬如，"人是一种理性的、有思想的动物"。"人"是"被定义项"，"理性的、有思想的"是"种差"（即人区别于其他一切动物的本质所在），"动物"是"邻近的属"。可见，下定义的关键是找到种差和邻近的属概念。

种差反映事物的性质，或反映事物的构成……由于种差不同，属加种差定义可分为性质定义、构成定义、发生定义、关系定义、功用定义等。"属+种差"定义法不是万能的，它存在一定的局限性，我们通常不能用这种方法给一些特别抽象的"哲学范畴"下定义，因为某些哲学范畴反映的是一些最大的类，因此也就找不到包含它的属，诸如"存在"或"不存在"的定义；也不能用这种方法给"单独概念"下定义，因为单独概念所反映的是独一无二的个体事物，因而不能找出它的种差，诸如"太阳"或"月亮"的定义。尽管如此，"属+种差"依然是定义高等教育比较有效和最为常用的方法。这从相关辞书关于高等教育的种种定义，可以窥见一斑或得到某种佐证。

1.《环华百科全书》认为："高等教育是继初等教育、中等教育之后的一个教育阶段,其目标在于研究高深学术、培育专门人才。实施学术教育及专业教育的机构即大学和独立学院。招收高级中学毕业生,入学年龄为十八岁,修业年限为四年。"[1]

2.《简明教育辞典》认为:"高等教育是指建立在中等教育基础上的各种专业教育。"[2]

3.《中国大百科全书·教育卷》认为:"高等教育从广义上说是指一切建立在普通教育的基础上的专业教育。它包括专修科、本科和研究院,全日制的和业余的,面授的和非面授的,学校形式的和非学校形式的等等层次和形式。"[3]《中国大百科全书》(简明版)(第3卷)认为:"高等教育是建立在中等教育基础上的各种专门教育。"[4]

4.《简明不列颠百科全书》(中文版)认为:"高等教育就广义上说,是指一切建立在中等教育基础上的专业教育。高等教育是大学、文理学院、理工学院和师范学院等机构所提供的各种类型的教育,包括专修科教育、本科教育和研究生教育,其入学条件为完成中等教育,学完课程后授予学位、文凭或证书,作为完成高等学业的证明。"[5]

5.《西方教育辞典》认为:"高等教育具体地说是指那种能授予毕业文凭和学位或其他高等资格的教育,通常要求入学学生具备比进入继续教育所需的更为严格的教育。"[6]

6.《教育百科辞典》认为:"高等教育是在中等教育基础上实施的专门教育。它分为专修科、本科、研究生班以及继续教育。实施机构为大学专门学院、专科学校、半工半读大学、业余大学、管理干部

---

[1] 张之杰:《环华百科全书》(第8卷),环华出版事业股份有限公司1982年版,第101页。
[2] 姜文阌、韩宗礼:《简明教育辞典》,陕西人民教育出版社1983年版,第432页。
[3] 《中国大百科全书·教育卷》,中国大百科全书出版社1985年版,第94页。
[4] 《中国大百科全书》(简明版)(第3卷),中国大百科全书出版社1996年版,第1497页。
[5] 《简明不列颠百科全书》(中文版),中国大百科全书出版社1987年版,第289页。
[6] [英]德·朗特里:《西方教育辞典》,杨寿宁、杜维坤译,上海译文出版社1988年版,第124页。

学院、广播电视大学、函授大学、夜大学、党校、研究生院、成人教育学院、继续教育学院等。"①

7. 《世界教育辞典》认为："作为一种同类概念的高等教育，各国有别，但共同要素是：中等后阶段的教育；除了学位授予机构和课程外，包括短期课程或者更加实际的职业性教育；入学条件的多样化；学习场所多样化与弹性化；积极接受成人入学。"②

8. 《辞海》认为："高等教育是中等教育阶段以上的专门教育。"③

以上罗列的高等教育定义大同小异，基本上是将高等教育定义为"建立在中等教育基础上的专门教育或专业教育"。亦即说，"专门教育或专业教育"是高等教育的"属"，"建立在中等教育基础上"是"种差"；高等教育属于专门教育或专业教育的范畴，它以完成中等教育为条件或基础。深层次看，这些界定多半认为"高等教育是培养高级专门或专业人才的教育"，"培养高级专门或专业人才"是高等教育的本质所在，也是高等教育的使命所在。与之内在关联的疑问是：高等教育究竟是"以什么为加工材料"来培养高级专门或专业人才？这个问题在"高深知识与高等教育"一章专门论述。

（二）从关系规定看高等教育本质

作为一个关系系统而存在，高等教育既自成系统，又与其他系统互成系统。因此，有必要尝试也应该从"高等教育内外部关系的相互规定"去揭示高等教育的本质。从理论上讲，高等教育关系是无限多的和不可穷尽的，"每一对关系的相互规定"揭示的是高等教育的"某一重本质"或"局部本质"，这些局部本质或某一重本质的叠加，从不同侧面或层面揭示高等教育的"整体本质"。高等教育的"整体本质"是一元的，高等教育的"局部本质"是多元的。可以说，高等教育的本质只有在关系的相互规定中才能体现和被认知。事实上，

---

① 张念宏等：《教育百科辞典》，中国农业科学技术出版社1988年版，第91、81页。
② ［日］平塚益德：《世界教育辞典》，湖南教育出版社1989年版，第123页。
③ 《辞海》，上海辞书出版社1999年版，第5796页。

▶ 高等教育关系论

政治、经济、文化等之类的社会系统，它们的"整体本质"是一元的和相对稳定的，而"局部本质"则是多重的和相对易变的。这与唯物辩证法的本质观具有内在的一致性。正因为社会系统的"局部本质"是多重的和易变的，而"整体本质"是一元的和相对稳定的，我们就不难理解某一社会性系统的结构优化或功能提升之后，该系统依然还是某类系统，并没有变成其他性质的系统，因为改变的是该系统的"局部本质"或"某一重本质"。这与物质世界似乎截然不同。譬如，如果是水之类的物质，一旦它的结构改变，它就不再是"H_2O"的世界，也必然不再是"水"的世界。

大千世界形形色色，互不相同，不但"没有两片完全相同的树叶"，而且"人不能两次踏进同一条河流"。这种多样性和差异性的存在，意味着每一种"存在"皆有其独特的规定性，即这种存在的本质。这种"存在"可能是"事"，也可能是"物"，还可能是"事物"。作为一种存在，高等教育属于"事物"的范畴，它既非单纯的"事"，也非纯粹的"物"，而是一种"事"与"物"的有机统一。从根本上看，物的本质是结构性的，表征为一种内部联系；事的本质是行为性的，表征为一种运动关联或行动序列；事物的本质是关系性的，表征为一种内外部关系的相互规定。正因为如此，物的本质是一元的；事和事物的"整体本质"是一元的，其"局部本质"是多元的，这种整体本质、局部本质在关联或关系中定性。

物作为一种以自然方式存在着的存在，其存在方式具有一种天然的必然性，这种必然性"不为尧存，不为桀亡"。或者说，世界上的物都具有一种一贯的、稳定的、唯一的本质，这种本质就是物的内在结构，像水的本质是"H_2O"，碳酸的本质是"H_2CO_3"。《辞海》将本质界定为"事物的内部联系，它由事物的内在矛盾所规定，是事物的比较深刻的一贯的和稳定的方面"[①]，主要是在"物"或"实体"的层面定义本质的，相对缺乏"事"或"行为"的意蕴。自然科学以探寻各种物的天然必然性为己任，揭示物或实体的内部关系或结构

[①] 《辞海》，上海辞书出版社1989年版，第1403页。

是一切研究依次推进的"阿基米德支点"。

人类之事是"人在生活中的有意行为……事乃有意所为,事的存在(is)同时必是'意在'(means to be),或者说,事总是因意而在(to be meant to be),意至而有事,造事而生问题。事是人做的,人必须对人所创造的事情和问题负责任"①。高等教育既是一种物或实体的存在,也是一种事或行为的存在。也就是说,高等教育属于事物的范畴,统一了物与事、物体与现象、实体与行为。因此,高等教育无时不在变化发展之中,将那种只适用于自然界无生命之物的一贯的、稳定的、唯一的"物质本体论",机械地套用到高等教育,既经不起理性的推敲,更经不起高等教育实践的检验。高等教育的本质是生成的,无论是整体本质还是局部本质,它们在高等教育运动与关联中彰显,在各种关系的相互规定中生成着、存在着、发展着和消失着,单纯的内部或外部关系都无法规定高等教育的本质。

正如前文多次所强调的:高等教育既自成系统,又与其他系统互成系统;高等教育既是一种关系的存在,又存在于一定的关系网络之中。从这个意义上说,我们必须关注高等教育的各种内外部联系,着力于从多个层面、多个角度立体式地探究和揭示高等教育的本质。透视高等教育的本质,既要探讨高等教育、人、社会的复杂关联,也要探究高等教育自身构成元素之间的各种关系,还要把这些网络态的关系嵌入社会性、历史性的高等教育发展之中加以审视和考察。

高等教育各种关系的生成和作用,生成和规约高等教育的本质。高等教育某一种关系的真实表达,只是揭示了高等教育某一方面的本质,只是揭示了高等教育在某种特定关系中的"特殊性质"。长期以来,教育学研究领域一直存在"生产力说"与"上层建筑说","双重属性说"(统一说)与"多重属性说","社会实践活动说"与"特殊范畴说","生产实践说"(物质生产说)与"精神实践说","社会化说"与"个性化说","培养人说"与"传递说","产业说"

---

① 赵汀阳:《共在存在论:人际与心际》,《哲学研究》2009年第8期,第23—24页。

与"非产业说"("生产部门说"与"非生产部门说")[①] 等之间的辩论,这些"教育本质说"的立足点虽然不同,但在根本上还是从"某种教育关系"着手的,最终只选择了自己比较认同的"某一教育本质",提出了某种自己认同的个性化的"教育本质说"。

犹如教育学研究领域,高等教育学研究领域也存在相似的辩论,譬如上层建筑与生产力、公益性与产业性、营利性与非营利性等之辩。从根本上看,当我们说高等教育是上层建筑时,揭示的是高等教育与政治之间的本质关系;当我们说高等教育是生产力时,揭示的是高等教育与经济之间的本质关系;当我们说高等教育是文化存在时,揭示的是高等教育与文化之间的本质关系。不难洞见,高等教育关系的相互规定生成了高等教育的本质,高等教育关系的发展变化又改变着高等教育的本质,这种改变包括生成、拓展、发展、升华高等教育的本质,现代高等教育就是古代高等教育不断改变的结果,而当中的"改变"蕴含着高等教育多重局部本质的"变化"。从历史的长河看,高等教育的局部本质是暂时性的,高等教育的整体本质是相对稳定的,高等教育局部本质的变化未必能引发高等教育整体本质的改变,由局部本质的变化而诱发整体本质的涌现,并不是可以经常发生的。这就是我们看到的:高等教育虽历经漫长历史的洗礼,依然还是高等教育的根本原因。但是,这并不意味着高等教育的本质是永恒不变的。

三 关系相互规定的高等教育独特性

探寻高等教育的本质,必须同时揭示高等教育的独特性,否则就是"行百里者半九十"。每一种事物都存在某些对自身具有决定意义的特殊性,都存在每一种事物独具的标志,这是大千世界形成、存在和相互区别的原因。没有一事物区别于另一事物的质的规定性的存

---

① 瞿葆奎、郑金洲:《教育基本理论之研究》,福建教育出版社1998年版,第163—192页。

在，就没有事物的差异性。没有事物之间的差异性，就没有事物的多样性。没有差异性和多样性的世界，则是一个没有新事物的线性世界，是生命力不健旺的世界。

因为各自独特性的存在，教育是教育，经济是经济，政治是政治，军事是军事，以及学校是学校，企业是企业，政府是政府，军队是军队。用学校的标准评价企业、政府、军队，或用教育的标准丈量经济、政治、军事，或许具有某种借鉴意义，却没有多少实质性的意义。反之亦然。然而，我们经常犯一些低级的错误，诸如习惯戴着经济或政治的"有色眼镜"去审视高等教育，或用政治或经济的理论主导甚或主宰高等教育，结果是原本复杂的高等教育变得更加混乱不堪，原本若明若暗的某些高等教育理论变得更加模棱两可。有学者认为，企业、政府和军队已在不少领域学会按自己的内在规律和发展逻辑行事，早已摒弃了某些陈旧落后和过时的理论，高等教育还把它们捡来当成"圣经"，用以指导高等教育的改革和发展。这不能不说是高等教育理论研究的一种遗憾，抑或说是高等教育理论研究的一种自我作践。我们主张多学科的高等教育研究，但并非可以不加甄别和选择地照搬其他学科的理论与方法，也不是可以无视高等教育的特殊性而将某些其他学科的理论与方法直接套用到高等教育身上。诚如此，难道就不怕"水土不服"？

从教育系统内部看，高等教育存在与初中等教育不一样的特殊性，有着初中等教育碰不到的特殊问题，有着初中等教育无法比拟的复杂性。看不到这些，高等教育容易被简化或被扭曲，高等教育行动也容易违背高等教育规律、偏离正确的发展轨道。高等教育之所以是高等教育，不是初中等教育，也不是政治、经济、军事教育，是因为高等教育有其自身的独特性，具有某些决定意义的特殊属性。不能洞悉这些，高等教育的工具性身份或作为经济、政治附庸的尴尬地位恐将难以改变，模仿初中等教育办高等教育的事情也将难以杜绝，高等教育学的合法性也将遭到持续不断的质疑和挑战。高等教育以高深知识为基本加工材料，这是高等教育区别于其他事物的根本特性所在。关于这一论点，已在"高深知识与高等教育"一章加以论述。除此

之外,高等教育还具有以下独特性:

(一) 高等教育特别需要自由

犹如科学世界或艺术世界,大学或高等教育也需要发展自己的行动模式。恩格斯认为,"人对一定问题的判断越是自由,这个判断的内容所具有的必然性就越大"[①]。自由不只是必然的结果,它也是认识必然的条件。在认识论上,自由与必然是超循环的,是互为条件的,即把握必然是走向自由的条件,拥有自由也是把握必然的条件。

学术自由、教学自由、学习自由和思维自由是高等教育所渴望的,高等教育需要自由就像植物需要阳光、水分和土壤一样。从根本上看,高等教育是一种生产劳动,而且主要是一种精神生产劳动。在这种生产劳动中,教师和学生都不是旁观者或配角,每个人都以自己特有的方式参与生产,而且是生产劳动的主角。高等教育一方面生产高深知识;另一方面生产掌握高深知识的人,这两者都离不开自由,离不开学术自由、教学自由、学习自由和思维自由。高等教育生产或精神生产,首先是自主的,即高等教育的知识靠自己生产,大学生也不是纯粹的被生产者或知识消费者,他们也参与生产自己或生产知识的过程。大学生主要是自我规划、自我管理、自我成长和自我发展,尽管也少不了教师的引领和指导,但出类拔萃的学生几乎皆是自己学会的,很少是别人教会的,尽管教师的教不可或缺。没有自由,学生就谈不上自主学习、自主发展,以学生为中心或以学生为本更是空谈。高等教育或大学需要自由,"国家应保证大学不受任何党派政治的控制,或不受政治哲学或宗教神学的强迫,而独立开展科研和教学的权利。"[②]

高等教育具有自生秩序的能力,自我孕育和生成不同类型和不同层次的高等学校,生成和发展功能耦合的高等教育系统。大学是一个

---

① 《马克思恩格斯选集》(第3卷),人民出版社1995年版,第456页。
② Karl Jaspers, *The Idea of the University*, London Peter Owen Ltd 1965, p.142.

充满智慧的组织,是一个高智商的组织,完全有能力管理好自己,也最好自己管理自己,需要处在一种"有组织无政府状态"。如果高等学校连自己都管不好,它又如何去为其他机构培养高级专门人才,又如何为国家或社会输送拔尖创新的优秀人才。这显然是一个"悖论",是一种自相矛盾的逻辑。世界一流大学,几乎都是自己管理自己,哈佛、耶鲁、斯坦福、牛津、剑桥等无一例外。外部介入或干预过多,只会阻滞和迟缓大学发展的步伐,打乱大学发展的节奏。当然,社会干预并非一无是处,自生秩序也不是"灵丹妙药",世界上的高等教育集权制国家、分权制国家以及集权与分权混合型国家,在治理大学方面都有可取或成功的地方,也都有不足或失败的地方。但不管怎么说,尊重高等教育的自我发展或自生秩序是极其必要的,这是维护大学乃至高等教育繁荣与兴旺的基石。

自由是高等教育健康发展的基石,没有自由就没有卓越的高等教育,就没有一流的学术研究和人才培养。学术、教学和学习都需要自由,但它们对自由的渴望程度有所不同。一般而言,学术自由要高于教学自由,学习自由也高于教学自由,因为研究或学习领域的离心力要大于教学领域,而聚合力则相反。譬如,教法要根基于学法,教什么或怎么教,要根基于学什么或怎么学。这足以说明,学习自由高于教学自由,同时也更渴望自由。创造发明是人类的天性,而差异和多元是创造发明的要旨,没有了自由又何来创造发明的差异和多元。一个又一个学科领域的发展,新知识的不断诞生,形成了对世界的种种新解释。知识前沿与其说是为人类提供了绝对真理或确定性,不如说是一种相对真理或不确定性。历史告诉我们,"人类所能提供的只是五花八门的、变换不定的、近似真理的学说。知识将一如既往地保持它那四分五裂的不完美形态。正是在它的裂缝和缺陷当中,我们最能够发现高等教育系统诸多特色的根本原因。"[1] 而这一切都根基于自由的土壤。我们必须为"教授们保留尽可能大的自治天地""允许教

---

[1] [美]伯顿·克拉克:《高等教育系统——学术组织的跨国研究》,王承绪等译,杭州大学出版社1994年版,第314页。

▶ 高等教育关系论

授追随他们的好奇心,而不去跟随某种外部强加的方法和目的"①。"今日的大学是昔日学术自治、宗教等级与今日的官僚体系的混合体,而这种官僚体系本身又是在学术自治与宗教等级的相互融和中形成的。"② 知识看管权和学术裁判权让位于全体学者,让学者社团保持开放,让学者相互平等,这是学术繁荣的内在逻辑,也是高等教育发展的理性诉求。"大学为自由而生,为自由而存在"③,也因自由而发展。

高等教育自由的界限比较模糊,不像言论自由、出版自由等那样界限清楚,也没有专门的法律法规为之提供基本框架。高等教育不是价值中立或价值无涉的,不同国家有着不同的高等教育价值取向和高等教育发展定向,因而每一个国家都存在不同程度的学术禁区,完全的"学术无禁区"只是一种"乌托邦"。但从根本上说,学术的客观性或独特性的确源自价值自由:一是不受别的价值的干扰,以免事物的本来面目被歪曲;二是研究者本身能够保持价值中立,排除所有的感情色彩。从这个意义上说,大学作为"象牙塔"而存在是有道理和有依据的,因为它摆脱了外界的干扰和对利益的追逐,成了一个按照自身规律和逻辑发展的独立的有机体。

(二) 高等教育具有高度分裂性

高等教育机构是不同类型、层次的高等学校的集合体。美国学者伯顿·克拉克教授认为,高等教育系统的权力流向不同的高等学校,各高等学校以自己钟爱的方式自治,形成不同的学校文化,养成形形色色的性格;高等学校的权力又流向院系、学科专业群或跨学科专业群,它们又以自己喜欢的方式自治,形成自己的亚文化,即院系文化、学科专业文化、跨学科专业文化。到此,这种权力的分流并未终止,事实上更为基层的教研室或研究所会继续分享权力,形成更加微

---

① [美] 约翰·S. 布鲁贝克:《高等教育哲学》,王承绪译,浙江教育出版社2001年版,第121页。
② 同上书,第140页。
③ 张楚廷:《高等教育学导论》,人民教育出版社2013年版,第131页。

观的亚文化。

高等学校是学科专业的集合体或联合机构，表现为以学科或专业建制为基本特征。尤其是综合性大学，本身又具有高度的分裂性，其中繁多的学科专业是分裂性的，权力是分裂性的，文化也是分裂性的。犹如大型的公司或企业集团，高等学校有多少学科专业，就有多少"子公司或控股公司"。不同的学科专业控股不同，在某些高等学校尤其是单科性院校，少数学科专业可能处于垄断地位，控制着绝大多数股份，因而在学校中享有尊贵的地位和独有的资源，有时甚至决定学校的发展方向或办学格局。

每一个学科专业垄断着一定的知识，因此而成为某类专门人才培养的单位或平台。知识原本是一个有机联系的整体，但不同学科专业之间的相互依存性却很不一样，数学与物理、生物与化学等学科专业毗邻而栖、相互依存性强，历史与数学、文学与物理等学科专业相距较远、相互依存性弱，这些学科虽同处一所高等学校却"老死不相往来"。正因为如此，高等学校建立新的学科或成立新的院系，不同的学科或院系会表现出不同的关注度，或热情支持，或事不关己、高高挂起。譬如说，一所学校成立理学院，工学院可能会大力支持，而文学院恐怕觉得与自己没有多大关系，那只是理学院自己的事情。

学科专业的相互依存性，决定了大学课程改革的可能性，也决定了哪些学科专业更便于资源共享。诚然，课程改革和资源共享均与高等学校的理念和制度有关。譬如，假如专门化已成为一所学校的理念或制度，学科专业壁垒森严理所当然，那么推行普通教育或自由教育将变得困难重重。从这个意义上说，高等学校的组织架构往往能决定学校理念或改革的命运。譬如，大学按学部进行组织架构，有利于学科交叉渗透，有利于发挥大学的综合优势，培养复合型人才。

分裂与整合是对立统一的，有分裂就必然有整合。学校的系科从事专业工作而倾向于分裂，人事处、教务处等职能部门从事整体性工作而趋向于整合或统一。教师趋向分裂，管理者或学科带头人则趋向于整合。如此，任何高等学校通常存在两重逻辑，即分裂与整合并存，二者相互依存。不同学校的整合力不同，世界一流大学或名牌大学具有较强的整合力,它们是众多大学效仿和移植的对象,而这正是大学趋同而不可忽视的原因。学术趋势也具有整合力,形成学术主流,孕生庞大的学术共同体。大学个性化的特色、优势和品牌具有分裂作用,有益于促进多元和差异,是一个国家高等教育系统发展的正能量。

分裂不是无限度的,整合也有一定的边界。譬如,个性化的理念或价值观念,很难产生整合性行为。在高等教育系统中,个人主义具有亲和性,备受尊重和喜爱,它使多样性合法化和理性化。学术界很容易理解个别差异对集体的好处,也乐意接受个人主义。个性寓于共性之中,高等教育系统既沿着分裂的路线前进,又根据整合的行政程序行事。高等学校从分裂中得益时,必须寻求更深刻的整合,这种整合要体现在教学和科研的过程之中,不能只是一种口号或形式。

(三) 高等教育的运行难以精确预测

高等教育是复杂的关系系统,它犹如一个浩瀚的热带雨林,其众多的元素或亚系统纵横交错地结成一张巨大的网,多种不易控制的变量充斥其间,外形因笼罩着色彩斑斓的薄膜而显得有点变幻莫测,给人以"雾里看花"和"水中望月"之感。直观地看,今天多样化的高等教育系统就是典型的复杂系统,"它由许许多多高等教育机构组成,这些机构有着广泛的但却各不相同的学生群体、大量的教职员工以及越来越多的学科和学术领域"[①]。与力学系统、物理化学系统和生物系统相比,作为社会系统的子系统,高等教育的运动过程通常只能在社会系统的范围内被解释,它本身也往往只能甚至总是在宏观的背景中被定义和描述,具有显著的整体性和不可还原性。通俗地说,高等教育除了内部结构复杂之外,它还存在于复杂的关系之中,离开政治、经济、文化等复杂的外部环境,人们就无法解读它。同时,也正因为高等教育是复杂的"关系系统",人们不仅在理论上难以描述

---

① [英] 玛丽·亨克尔、布瑞达·里特:《国家、高等教育与市场》,谷贤林等译,教育科学出版社2005年版,第20—21页。

它，而且在实践上也不易精确预测和严格控制它。

1. 高等教育的构成要素多元而异质

系统的复杂性与其组成要素以及各要素的组合方式有着高度的相关性，要素种类、数量和层次越多，组合方式越丰富多样，系统也就越复杂。高等教育由大量要素组成，而且各要素本身又包含着诸多具有不同状态和表现的元素，而元素、状态和表现又往往有各种不同的"变态"，变态中又有大、中、小的不同程度。直观地看，一个国家的大学系统通常由诸多不同类型的高等院校构成，同类高等院校往往包含多所各具特色的高校，每一所高校又由多个不同的学科专业构成，而不同的学科专业以及同一学科专业内部不同要素通过相互作用形成复杂的竞争或协同关系。从表象看，高等教育像是一种实体化的组织系统，但本质上它却是一种复杂的关系集合体。我们姑且抛开组成高等教育的其他相关要素的多样性与异质性不说，单是数量庞大的教育者、受教育者和管理者的共同参与，就足以使高等教育的运行发展变得异常复杂。因为作为高等教育的主要构成要素，人是有限理性与非理性的统一体，而且每个人都有自己的思想动机、价值判断和行为选择，他们"一旦作为一种复杂性的存在进入教育过程，无论是从人作为教育系统基本要素的角度也好，还是由于人的复杂性而导致的教育对外在环境开放的角度也好，简单教育过程中那种人为的稳定与有序的运作状态必然会被打破，而出现一种动荡的'涨落'起伏状态"[1]。对于一定的系统来说，"重要的不是要素本身是由什么构成或为什么具有那种属性，而是要素具有什么属性和处于什么状态"[2]。作为高等教育最核心的构成要素，人是最复杂的和变动不定的，人所具有的属性和所处的状态，足以让高等教育的复杂性叹为观止。

2. 高等教育具有立体式的网状结构

系统的秘密不在于实体，在于属性，更在于关系，因为实体或属性也是一种关系的存在，还处在特定的关系之中。系统之所以成为系

---

[1] 么加利：《走向复杂：教育视角的转换》，西南师范大学出版社2002年版，第157页。

[2] 武杰：《跨学科研究与非线性思维》，中国社会科学出版社2004年版，第280页。

统，不仅因为系统具有许多要素，还因为各要素相互之间具有一定的关系。没有一定的关系，各要素只能机械地集合为"一堆"或"一团"松散而无关联的东西，不能产生整体性行为和组合功能。因此，在考察任何事物或系统时，既要把它作为更大系统的一个子系统或要素，注意它和周围事物的联系，同时又要把它作为一个有机整体，注意它内部的各种联系，在内外联系的辩证统一中去把握事物或系统的性态。高等教育由大量的性质不同的要素构成，各组成要素之间相互联系、相互制约。从纵向来看，高等教育的每一个方面，都具有由一些更为基本的要素一层又一层地逐步组织起来的特点，从低层到高层、从部分到整体之间存在着层次之间的隶属包含关系，整体上构成多个层面的垂直系统。从横向来看，高等教育有多少个面就有多少个纵向垂直系统，而每个纵向垂直系统有多少个阶梯就有多少个横向的水平层次。垂直的、纵向的系统关系和水平的、横向的系统关系，彼此相互结合就构成了高等教育多方面、多层次的网络结构。这一如潘懋元先生所言："从高等教育结构的整体出发，它既包括宏观结构体系和微观结构体系，有纵向结构体系也有横向结构体系，也还包括静态结构体系和动态结构体系，是一个宏微渗透、纵横交错、动静结合网状结构体。"[1]

3. 高等教育存在复杂的非线性关系

作为社会系统的子系统或亚系统，高等教育一方面嵌镶在复杂的社会系统之中，与其他的社会子系统诸如经济系统、政治系统、文化系统以及各种社会因素之间存在着密切的联系，其运行发展要受到经济、政治、文化等的制约。另一方面高等教育本身也由多种内在联系的子系统构成，各子系统之间相互作用、相互联系，彼此共处于复杂的非线性关系网络之中。非线性作用的存在致使高等教育的"构成特征不能由孤立的各部分的特征来说明"[2]，即单纯通过对高等教育某个子系统或与之关联的某个社会子系统的了解，根本不可能对高等教

---

[1] 潘懋元、王伟廉：《高等教育学》，福建人民出版社1995年版，第65—66页。
[2] [美]冯·贝塔朗菲：《一般系统论：基础、发展和应用》，社会科学文献出版社1987年版，第46页。

育整体做出完整的解释。同时，由于高等教育各种要素之间存在非线性作用，每个要素的变化都有可能成为其他要素变化的原因，也可以成为其他要素变化的结果。亦即说，高等教育每个要素的变化改变着其他要素或彼此之间的关系，也被其他要素或彼此之间的关系改变着，进而也改变着高等教育系统自身。因为在复杂性系统中，"一个子系统的变化必然影响到与其相联系的其他子系统发生变化，如此传递下去，交互影响，往往会在整个系统中形成一个不断强化、扩展的震荡，使系统表现出许多动态性的特征。"① 因此，按照提出一系列定律的方法来描述高等教育的动态行为，当前虽不能作出完全否定或肯定的判断，但研究业已表明："用什么数学形式来定量地描述大系统诸变量的变化规律是研究大系统中最困难的一件事。"②

4. 高等教育的外部环境和演化过程复杂

高等教育不是社会中的"单子"，更不是社会中的"孤岛"。它不仅内部结构关系复杂，而且与外部不断变化着的环境系统之间的关系也相当复杂。这种复杂关系表征为：高等教育对于外部社会环境系统"既是自主的又是依赖的"③。之所以这么说，一是因为高等教育有自己相对独立的边界，具有一定的稳定性和封闭性，即使系统的一部分已经瓦解或死亡，但它依然能够保持自己的运动形态；二是高等教育必须适当地开放自己，从外部社会环境之中不断汲取物质、能量和信息，同时随时间不断地变化自己，以适应其环境的变化。因为"一个与环境没有任何交换的封闭系统不可能出现自组织行为，对环境开放即与外界进行物质、能量、信息交换的系统才能产生自组织运动"④。事实上，没有一种生命有机体是可以孤立存在的，任何一种有机体都必须依赖周围的环境，都必须同周围环境进行物质、能量和

---

① 颜泽贤、张铁明：《教育系统论》，河南教育出版社1991年版，第28页。
② 钱学森、宋健：《工程控制论》（下册），科学出版社1981年版，第851页。
③ ［法］埃德加·莫兰：《复杂思想：自觉的科学》，陈一壮译，北京大学出版社2001年版，第236页。
④ 么加利：《走向复杂：教育视角的转换》，西南师范大学出版社2002年版，第6—7页。

信息的交换才能生存。当然,高等教育与社会系统之间的作用是相互的,它从社会系统汲取养料的同时,也为社会系统的稳定有序提供智力和人才支撑。高等教育的外部环境是极其复杂的,复杂的根源不仅在于构成它的各子系统如政治、经济、文化等是动态变化的,而且各子系统之间的相互作用或相互关系是非线性的。正因为如此,高等教育的演化发展,表征为一种众多变量的行为彼此相互耦合在一起产生错综复杂的系统行为,既包含着决定性的和可逆的因素,也包含随机性的和不可逆的因素,具有有序和无序交混的性质,即局部杂乱无序和整体结构有序并存,而整体的结构有序维持高等教育的聚合力,局部的杂乱无序则导致高等教育的创新和活力。

从某种意义上说,单纯的有序和确定性或纯粹的无序和不确定性,都不能对高等教育系统的演化发展做出完全解释和完整描绘。当中的主要原因有:一是高等教育的每个组成部分不能代替整体,每个层次的局部不能说明整体,通过某个组元或层次的了解无法知晓高等教育整体;二是高等教育有多种多样的子系统和子子系统,每个子系统都有相对独立的结构、功能和行为;三是高等教育各组成要素之间、不同层次之间相互关联、相互制约,存在复杂的非线性相互作用,而且相互作用的方式是多种多样的;四是高等教育与外部环境相互关联、相互作用,彼此之间既是自主的又是依赖的;五是高等教育随时间而变化,经过系统内部以及系统与环境的相互作用,通过自组织作用,经过不同阶段的不同过程,向更高级的有序化发展,涌现出独特的整体行为与系统特征;六是高等教育的演化发展具有阶段性,既有渐变也有突变,渐变是突变的基础,突变是从低级到高级变化的原因或结果,整个过程是一个非线性的旋进过程。

第六章 高等教育原则生成的关系法则

高等教育原则是一个"宏大概念",是由一系列微观概念构成的"概念网络",每一个微观概念反映的是高等教育原则的"一重属性"。高等教育原则也是一个"母问题",内含一系列"子问题",诸如高等教育原则是什么、高等教育原则是否有类型或层次之分、高等教育原则有多少、高等教育原则是怎么生成的、高等教育原则的生成取决于什么……这些是解读高等教育原则绕不开的最基本的问题,也是最重要的问题。这些问题回答好了,阐述透彻了,理解高等教育原则也就近在咫尺了。从以往的研究看,这些问题并不好回答,但又不能不回答。

一 高等教育原则研究何以滞后

高等教育原则与高等教育规律、高等教育价值、高等教育实践经验等内在相连,是高等教育学的一个基本理论问题。作为高等教育理论与实践的中介,高等教育原则在高等教育学理论体系中迟迟没有取得其应有的地位,迄今也尚未成为高等教育学理论研究中的重点、热点和焦点。时至今日,我们尚未见到《高等教育原则论》之类的"专著",哪怕是单篇的"论文"也寥若晨星[①],这与高等教育原则的

[①] 在中国知网可检索到的相关论文,眼下只有潘懋元等的《关于我国高等教育应遵循的基本原则——对高等教育法总则的探讨》(1995)、薛国仁和尹丽的《高等教育原则论》(1997)、李均的《高等教育基本原则探析》(2003)、李慧仙的《高等教育原则新论》(2004)、赵庆年的《高等教育原则初探——兼与薛天祥教授商榷》(2005)、吴根洲的《关于构建高等教育基本原则体系的思考》(2006)、张晓报的《高等教育原则的建构:基于高等教育本质及特点的思考》(2013)等,设专门章节论述高等教育原则的著作只有薛天祥教授主编的《高等教育学》(2001)和潘懋元教授主编的《新编高等教育学》(2009),其研究者主要来自厦门大学和华东师范大学的教授和博士研究生。——笔者注

理论地位或实践价值极不相称。高等教育原则研究的孱弱利少而弊多，它既弱化了高等教育规律的指导意义，也妨碍了高等教育学理论体系的完善，还延缓了高等教育改革发展的深化。这是一种对高等教育理论与实践的"双重伤害"。

为什么高等教育原则难以引起高等教育学研究者的兴趣？为什么高等教育原则的研究如此滞后和薄弱？是因为高等教育原则不重要而不值得研究吗？是因为高等教育原则深奥而难于研究吗？是因为高等教育原则已被研究妥当而无须再费气力了吗？显然，"言其不重要无法说通，既然是高等教育的原则，那么违反了它，实践上就要犯'原则性'错误；谓其深奥仿佛亦难服人，因原则毕竟隶属主观，其科研难度远不及客观的'教育规律'，而后者却时常争议不休；至于高等教育原则是否业已完善倒是不能轻易断言，其真伪有待于对流行的高等教育原则作一番细致的考察。"[①]

作为一个基本的高等教育理论问题，高等教育原则至今尚未引起高等教育学应有的关切和重视，并非因为高等教育原则的意义不够彰显，也不是因为高等教育学有意忽视了它。高等教育原则研究不兴或滞后的主要原因可能有三：一是将高等教育原则视为高等教育规律或价值的逻辑推演，想当然地用后者的研究取代了前者的研究；二是与高等教育实践距离更近的教学原则、课程编制原则、管理原则、德育原则等抢在了高等教育原则的前面，前者的研究延缓或推迟了后者的研究，甚至让人误以为后者的研究"可有可无"；三是对高等教育规律的争论不休、将信将疑和犹豫不决，束缚了高等教育原则研究的开启和推进，因为主观的高等教育原则的生成根基于客观的高等教育规律的发现。

二 高等教育原则的质的规定性

规定性有量的规定性和质的规定性，一事物区别于另一事物取决

---

① 李慧仙：《高等教育原则新论》，《现代教育科学》2004年第3期，第9页。

于其质的规定性。高等教育原则的质的规定性，即所谓的高等教育原则的本质，它的核心是回答"高等教育原则是什么"。那么，高等教育原则是什么？当今国内出版的几部主要辞书还没有"高等教育原则"或"高等教育基本原则"的词条，甚或连"教育原则"或"教育基本原则"的词条也未见，散见的有关的高等教育原则的界定，皆是研究者的见仁见智。这里按生发时序或相似性归类枚举如下：

1. "所谓高等教育原则，是根据高等教育发展的客观规律制定并对高等教育实践经验的总结、归纳和一定程度上的思维抽象；是科学地指导高等教育活动的指南和行动准则。"[①] 2001年薛天祥教授主编的《高等教育学》将上述的高等教育原则的定义修正为"建立在高等教育发展的客观规律的基础上，并且是对高等教育实践经验的总结、归纳，以及对经验进行的一定程度上的思维抽象的结果。高等教育原则是科学地指导高等教育活动的行动指南、方针或行动准则"[②]。

2. "教育原则作为指导教育实践的理性规范和准则，有广义和狭义两种理解：广义的教育原则泛指各级各类各种不同形式教育活动所遵循的原则，它是一个原则集合，由教学原则、德育原则、管理原则等不同原则组成；狭义的教育原则特指一切教育活动应该遵循的基本原则。同样，高等教育原则也具有上述两种理解。"[③] "高等教育原则有两种含义：一是指一个原则集合，由教学原则、德育原则、管理原则等不同原则组成；一是特指一切高等教育活动应该遵循的原则，后者又往往被称为高等教育基本原则。高等教育基本原则是上位原则，它不是各种具体高等教育原则的简单相加，它对教学原则和德育原则等下位原则有普遍的指导意义。"[④] "高等教育原则是特指整个而非某级某类某种形式的高等教育以及其中某项活动（如教学）所应遵循的基本要求，应具备包容性和简练性，原则本身也不是细则，因此，

[①] 薛国仁、尹丽：《高等教育原则论》，《上海高教研究》1997年第9期，第1页。
[②] 薛天祥主编：《高等教育学》，广西师范大学出版社2001年版，第107页。
[③] 李均：《高等教育基本原则探析》，《江苏高教》2003年第4期，第5页。
[④] 吴根洲：《关于构建高等教育基本原则体系的思考》，《江苏高教》2006年第4期，第10页。

区分'高等教育原则'和'高等教育基本原则'并无必要,而从现有研究看,这两种提法实质上也没有区别。"①

3. 教育原则是"以一定教育价值取向为指导,在总结教育实践经验基础上形成的教育工作必须遵循的权威性的规范"②。"(高等)教育的原则是依据(高等)教育价值观念制定的(高等)教育实践应当遵循的标准"③。

4. "高等教育原则是进行高等教育活动所应遵循的行动准则和基本要求。它源于对高等教育规律的认识,是对高等教育实践经验的总结和概括。""高等教育规律和高等教育原则是两个较上位的概念,是比较抽象和理性化的,它们应该是放之四海而皆准的;而高等教育方针和高等教育政策则是两个较下位的概念,是操作层面的,它带有明显的阶级性和民族性。如果用关系图来表示的话,即:高等教育规律→高等教育原则→高等教育方针→高等教育政策→高等教育措施(活动)。"④

从以上列举的定义看,高等教育原则主要被定性为一种高等教育活动"应该"或"必须"遵循的"指南""方针""准则""规范""要求"。按照陈桂生教授在《"教育原则"辨》中的说法,"应该"或"必须"代表的是两个不同层次的高等教育原则,两者的生发点或生发逻辑不同:前者从高等教育理想出发,是对较高层次的高等教育原则的概括;后者从高等教育实践经验出发,是对起码的、必不可少的高等教育原则的概括。如果说高等教育原则是体系性的,那么"应该"或"必须"的使用则是指向不同层次的高等教育原则。那么,"指南""方针""准则""规范""要求"谁更适合诠释或定义原则?根据《辞海》的解释,"指南"用来比喻正确的指导,"方针"

---

① 张晓报:《高等教育原则的建构:基于高等教育本质及特点的思考》,《江苏高教》2013年第4期,第12页。
② 陈桂生:《"教育原则"辨》,《教育改革》1994年第3期,第9页。
③ 李慧仙:《高等教育原则新论》,《现代教育科学》2004年第3期,第12页。
④ 赵庆年:《高等教育原则初探——兼与薛天祥教授商榷》,《现代教育科学》2005年第1期,第55页。

是引导事业前进的方向和目标;"准则"即法式或标准;"规范"是约定俗成或明文规定的标准;"要求"是所提出的具体愿望或条件。相比之下,"指南""方针""要求"不能准确表达"原则"的内涵,"规范"过分强调"约定俗成或明文规定",而"准则"更适于定义"原则"。

《辞海》认为,原则是"观察问题、处理问题的准则。对问题的看法和处理,往往会受到立场、观点、方法的影响。原则是从自然界和人类历史中抽象出来的,只有正确反映事物的客观规律的原则才是正确的"[1]。从《辞海》的释义看,原则与立场、观点、方法、客观规律、人类经验等密切相关;原则是直接指向问题的,而问题总是在关系中或背景中得以观察和处理。由此,我们可以将高等教育原则定义为"立足于高等教育关系而观察和处理高等教育问题的准则"。这也是高等教育原则的质的规定性。高等教育问题有领域、性质、层次、大小等之分,同时又由于不同的问题处在不同的关系网络之中,所以观察和处理它的原则有所不同。从这个意义上说,高等教育原则是无限数量的,因为高等教育问题是无限数量的,将高等教育原则框定为有限的几条或多少条,经不起理性的雄辩,也经不起实践的检验。

作为一种人为的主观建构,作为是一种"后天的事实",高等教育原则是人以高等教育价值为指导,以高等教育实践经验为基础,以高等教育规律为依据,以高等教育关系为支点,建构的观察和处理高等教育问题的准则。科学的高等教育原则,根基于正确的高等教育价值选择,根基于对高等教育规律的把握,根基于高等教育实践经验的总结,是这三者交互作用和相互耦合的产物。因此,高等教育原则不是漫无边际的,它有一定的边界和内在依据,只有那些违背了就会犯"原则性错误"的准则,才算是高等教育原则。

高等教育是分类分层的,高等教育关系是分类分层的,高等教育问题是分类分层的,因而高等教育原则也是分类分层的。不同类型或

---

[1] 《辞海》,上海辞书出版社2015年版,第4885页。

层次的高等教育原则，诸如教学原则、德育原则、管理原则、课程编制原则等，构成有机统一的高等教育原则体系，这些原则本身又是一个特殊的"原则集合"。过去，不同类型或层次的高等教育原则，已有专门的学科进行研究，如教学论研究教学原则，德育论研究德育原则，课程论研究课程编制原则，高等教育管理学研究管理原则。从某种意义上说，不同类型或层次的"高等教育具体原则"，一方面丰富了高等教育原则的百花园；另一方面也容易挤压或取代"高等教育基本原则"，造成后者被忽视或被搁浅。高等教育具体原则是必不可少的，但它代替不了高等教育基本原则，两者是特殊与一般的关系，即基本原则是具体原则的抽象和提炼，具有更加普适的高等教育意义。高等教育具体原则不可数，高等教育基本原则却是可数的。事实上，高等教育基本原则之上，还有高等教育整体原则，即作为一个关系系统，作为一个有机的系统整体，高等教育运行发展必须遵循的准则。

高等教育原则是类群性的、层次性的和体系性的，由高等教育具体原则、高等教育基本原则和高等教育整体原则构成，其中高等教育具体原则是基于高等教育特殊关系的准则，对应高等教育具体规律；高等教育基本原则是基于高等教育内外部关系的准则，对应高等教育基本规律；高等教育整体原则是基于高等教育关系系统或系统关系的准则，对应高等教育整体规律。高等教育整体原则是上位原则，高等教育基本原则是中位原则，高等教育具体原则是下位原则，前者是后者的抽象和概括而非简单相加，后者不能与前者相悖或相左。当今高等教育学界提出的种种高等教育原则，分属于不同层次的高等教育原则，适用于协调不同层次或类型的高等教育关系，或者说处理和观察不同的高等教育问题。

三　高等教育原则的生成理式

高等教育原则是后天生成的事实。高等教育原则的生成过程是一个原则化的过程，是一个由一物到另一物的转化过程。这一过程根基于高等教育规律的把握，根基于高等教育价值的选择，根基于高等教育实践经验的总结，是三者交互作用的原则化过程。

首先，高等教育原则是高等教育规律的原则化。高等教育原则是主观的，但它的构建却不是完全自由和毫无约束的，要受制于高等教育规律，不同层次的高等教育原则受制于不同层次的高等教育规律。从某种意义上说，运用高等教育规律指导高等教育实践的第一个环节就是"高等教育规律原则化"。高等教育原则的构建必须遵循高等教育规律，否则，高等教育原则就不具有真正的指导意义，违背规律的高等教育原则，遵循它反而会犯"原则性"错误。只有将高等教育规律转化为高等教育原则，才能有效地指导高等教育实践，因为高等教育规律距离高等教育实践颇为遥远，只有转化为中介性的高等教育原则，才能与高等教育实践切切实实地对接。目前，对于高等教育具体规律（如教学规律、德育规律等）和高等教育基本规律（如高等教育内外部关系规律）探讨较多，而对高等教育整体规律（如统计性规律、非线性规律等）研究不够，那么对应的高等教育整体原则的生成也就相对困难一些。

其次，高等教育原则是高等教育价值的原则化。高等教育原则是人的主观建构，因而它不可能是价值中立的，任何高等教育原则必然是以一定的高等教育价值为指导的主体选择。不同的人所持的高等教育价值观不同，对高等教育原则的选择也就有所差异。目前，国内有关高等教育原则的研究，存在"一原则说"（即高深文化原则）[1]、"五原则说"（吴根洲的生活为本原则、教学中心原则、高深知识原则、批判社会原则、国家保障原则；张晓报的教学中心原则、通识教育与专业教育相结合的原则、学术性与职业性相结合的原则、学生自主与教师指导相结合的原则、学术自由原则）[2]、"六原则说"（薛国仁和尹丽的方向性原则、适应性原则、协调性原则、民主性原则、国际性与民族性相结合原则、动态性原则；李均的一致性与多样性相结

---

[1] 李慧仙：《高等教育原则新论》，《现代教育科学》2004年第3期，第12页。
[2] 吴根洲：《关于构建高等教育基本原则体系的思考》，《江苏高教》2006年第4期，第11—12页；张晓报：《高等教育原则的建构：基于高等教育本质及特点的思考》，《江苏高教》2013年第4期，第13—14页。

▶ 高等教育关系论

合的原则、学术性与职业性相结合的原则、历史继承性与创新性相结合的原则、国际性与民族性相结合的原则、民主性原则、可持续发展原则)[①]、"九原则说"（即高等教育方向性原则、社会参与原则、高等教育权利平等原则、保障原则、高等教育机构自主性原则、民主办学原则、学术自由原则、民族性原则、高等教育国际性原则)[②]。"高等教育原则说"的多元存在，既反映了高等教育关系或高等教育问题的多样性和异质性，也反映了高等教育主体价值取向的多元性和相异性。

最后，高等教育原则是高等教育实践经验的原则化。作为高等教育理论与高等教育实践的中介，高等教育原则高于高等教育实践，同时又在根本上源自高等教育实践，即高等教育原则是高等教育实践经验的抽象、总结和概括。高等教育原则的存在意义，在于指导高等教育实践，高等教育原则正确与否，最终要由高等教育实践来检验。亦即说，高等教育原则源自高等教育实践，又高于和指导高等教育实践，同时也只有在高等教育实践中检验它的正确性。事实上，这是一条关于原则的普遍法则，即"原则不是研究的出发点，而是它的终了的结果；这些原则不是被应用于自然界和人类历史，而是从自然界和人类历史中抽象出来的；并不是自然界和人类要适合于原则，而是相反地，原则只有在其适合于自然界和历史之时才是正确的"[③]。不能正确指导高等教育实践的原则是"伪原则"，遵循它反而会犯"原则性"错误。

高等教育规律、高等教育价值和高等教育实践经验的原则化，不是彼此独立的"孤生过程"，而是相互作用、相互影响、相互制约、耦合并进的"整生过程"。也就是说，高等教育原则的生成过程，既不是简单的高等教育价值原则化，也不是单纯的高等教育规律原则

[①] 薛国仁、尹丽：《高等教育原则论》，《上海高教研究》1997年第9期，第1—4页；李均：《高等教育基本原则探析》，《江苏高教》2003年第4期，第5—8页。

[②] 潘懋元、李泽彧、邱邑亮：《关于我国高等教育应遵循的基本原则——对高等教育法总则的探讨》，《机械工业高教研究》1995年第2期，第4页。

[③] 恩格斯：《反杜林论》，人民出版社1956年版，第34页。

化，更不是纯粹的高等教育实践经验原则化，而是它们三者超循环的整体互动过程。高等教育原则是价值、规律与实践非线性循环运转而孕生的产物，这正如一些学者所言："仅从规律中衍生原则还不够，还要总结高等教育实践经验并从中抽象出行动准则，补充对高等教育规律认识和反映的不足并深化认识，从而使高等教育的发展更具科学性和现实性。"[1] "教育基本原则来自教育实践，但同时它也是理论思维的产物，是教育实践和教育理论发展到一定阶段的产物，是理论与实践、历史与逻辑有机结合的结晶。形象地说，原则作为规律与实践的中介，只有'左右逢源'才可能当好这个中介。"[2] 概言之，高等教育规律、高等教育价值和高等教育实践经验，不是单独地或孤立地起作用，而是共同影响高等教育原则的生成，忽视了当中的任何一方面，皆有可能降低高等教育原则的科学性。

原则化过程不是一个直接的演绎过程，而是一个间接的、多环节、多中介的转化过程。规律与价值是形而上的，原则是形而中的，经验是形而下的，彼此处于不同的"生态位"。规律与价值距离实践过于遥远、不宜直接指导实践，必须转化为原则，然后在行动中、通过行动、与行动契合，才能真正起作用。经验直接源自实践，一般不具有普适性，只有总结、概括和抽象为原则，才能具有实践指导意义。无论从规律、价值到原则，还是从实践经验到原则，都不是一步到位的，中间存在若干中介的环节，只能根据实际逐级转化，不能只凭逻辑按序推演，更不能直接把经验当原则。比较而言，转化是一种主动的改变和选择，充满着高等教育的智慧；而演绎则是一种排除或排斥多种确定性因素和不确定性因素的逻辑推导，亦不乏高等教育的盲干和盲从。同样的高等教育规律，或高等教育价值，或高等教育实践经验，由于分别采信了演绎或转化的方式，最终生成的高等教育原则可能截然不同。这是因为高等教育规律、高等教育价值、高等教育实践经验的原则化过程，是一个对多元素交互作用及其结果作出系列

---

[1] 薛国仁、尹丽：《高等教育原则论》，《上海高教研究》1997年第9期，第1页。
[2] 李均：《高等教育基本原则探析》，《江苏高教》2003年第4期，第6页。

判断和系列选择的过程，高等教育主体通过理性判断选取的通常是认为最适合自身价值观的那种高等教育原则。当然，高等教育规律、高等教育价值也可以演绎出高等教育原则，这种演绎过程是逻辑的自我运行过程，与高等教育的实际没有关联，也无须高等教育主体的参与和决策。这种演绎与转化不一样的结果是：高等教育通过等待获得了认为"最有逻辑"的那种原则，却不是"切合实际"的那种原则。同样，高等教育实践经验的原则化，存在一个以高等教育规律和高等教育价值为指导的总结、概括和抽象过程，将经验直接当成原则，会因高等教育时空的转换引发"水土不服"。

四　高等教育原则的生成法则

既然高等教育原则是立足于高等教育关系而观察和处理高等教育问题的准则，那么究竟生成多少或怎样的高等教育原则，就取决于所要协调的高等教育关系，以及所要观察或处理的高等教育问题。亦即说，关系或问题不同，对应的高等教育原则也就不尽相同。

问题总是一定关系中的问题，因而高等教育原则在根本上是指向高等教育关系的。如果说一种关系对应一条原则，那么高等教育原则是不可穷尽的，因为高等教育是一个巨大的网络系统，存在数量庞大的相互关系。依据数学集合论的思想，高等教育原则是一个无限集合，当中作为原则而存在的元素不可数和不可列。因此，对高等教育原则的研究，我们主张通过有限的层次、方面、方式去刻画、解读、反映和揭示无限的高等教育原则，即提出若干高等教育基本原则，而不是妄图列出所有的高等教育原则并弄清它们的层次和体系。或许正是看到了高等教育原则的不可穷尽性，以往的研究有的只是探讨"高等教育的基本原则"，有的重点探讨"高等教育原则构建的依据而非具体的高等教育原则"，有的干脆直接强调"高等教育原则是一个体系或集合"。

高等教育是人类的伟大创造，面对各种高等教育关系或高等教育问题，理性的人类会按照一定的价值选择或行为准则推进高等教育。

第六章 高等教育原则生成的关系法则

那么,是否存在适用于协调一切高等教育关系或放之四海而皆准的高等教育原则?如果存在,那么它是什么?如果不存在,那么我们应该追求什么样的高等教育原则?从逻辑推理看,规律是普适性的,它高于高等教育原则,是高等教育原则生成的内在依据。作为一种主观的建构,高等教育原则与高等教育规律或多或少存在一定的距离,如果说存在适用于协调一切高等教育关系的高等教育原则,那它必定与高等教育规律同质同构了。那么,要不要依据各种高等教育关系,逐一生成对应的高等教育原则?果真如此,那么数量庞大的高等教育原则就无异于高等教育工作细则,这种高等教育原则体系最终也会让高等教育行动无所适从。因此,立足于高等教育的基本关系,探究和生成高等教育的基本原则,比较符合高等教育的现实需要。那么,高等教育的基本关系有哪些?我们可以立足于高等教育系统内部各要素之间的互动、子系统之间的互动、层次之间的互动、部分与整体之间的互动以及系统与环境之间的互动去寻找。

立足于各种高等教育关系,生成与之匹配的高等教育原则,是构建高等教育原则的"健康法则"。每一条具体的高等教育原则究竟如何选择和表述,取决于每一种高等教育关系的"相互规定性"。如果相互关系的双方是难以调和的,那么与之匹配的高等教育原则必须分清主次或轻重缓急。譬如,如何处理高等教育的公平与效率的关系,我们可以坚持"公平优先兼顾效率"或"效率优先兼顾公平",但却不能"公平和效率同时优先"。如果相互关系的双方是辩证统一的,那么与之匹配的高等教育原则必须立足这种辩证关系。譬如,对于高等教育民族性与国际性的处理,有的坚持民族性原则,有的坚持国际性原则,有的坚持民族性与国际性相结合原则。那么,究竟如何抉择?这在根本上取决于民族性与国际性的相互关系。中外高等教育实践经验表明:高等教育民族性是高等教育国际性的根基,没有民族性就没有国际性,而国际性最终是为了民族性。因此,高等教育只有坚持走民族特色之路,才能成为具有国际影响的高等教育;只有不断借鉴国际高等教育的先进经验,才能升华高等教育的民族性。由此可见,民族性与国际性相结合是高等教育必须坚持的原则,单纯的民族

▶ 高等教育关系论

性或国际性原则，皆是无视这两者辩证关系的高等教育原则。可以说，抓住了民族性与国际性的辩证关系，并按照这种辩证关系开展的高等教育，既可以促进人的全面发展，也可以主动适应社会的发展需要，如此也就遵循了高等教育规律。当然，也有坚持民族性或国际性原则的，这种坚持是以单纯的民族性或国际性高等教育价值为指导的主体选择，它的结果必定是高等教育的畸形发展。2009年潘懋元先生主编出版的《新编高等教育学》（北京师范大学出版社），提出了"一致性与多样性相结合的原则""学术性与职业性相结合的原则""历史继承性与创新性相结合的原则""国际性与民族性相结合的原则""民主性和自由性相统一的原则""适应当前需要与可持续发展相结合的原则"等六条高等教育原则。从表述看，这些原则是立足于与之相关的高等教育关系的辩证统一性而构建的，彰显了高等教育原则生成的关系规定性或关系制约性。

高等教育原则是无限数量的，这无疑是一种理论性的或没有办法的说法，同时也不失为理解和构建高等教育原则体系的一种思维。理想与现实之间总会存在某些差距，我们不能也没有必要穷尽所有的高等教育关系，为每一种高等教育关系的协调或每一个高等教育问题的处理，匹配一条高等教育原则。诚如此，我们所构建的高等教育原则体系定然过宽或过细，也必然存在这样或那样的交叉、重复、包含、相悖等现象。高等教育原则是一个内在关联的有机系统，它的生成或构建存在一定的逻辑，必须遵循一定的"关系法则"，抓住一些"几个特征"[1]：一是高等教育原则体系要覆盖整个高等教育基本的领域或立足于高等教育的基本关系，不能太少也不能太泛，既要完备也要突出重点、不能搞成细则；二是任何一条高等教育原则都不能与高等

---

[1] 张楚廷先生认为，一个原则体系应该具有以下几个特征：（1）科学性或相容性。即任何一条都不能与规律或原理中的任何一方面相悖；每一条原则都须与其他原则相容；每一条原则自身也不能包含相悖的内容。（2）完备性。即这个体系要覆盖整个高等教育基本的领域，不能太少太泛。（3）独立性。各原则之间不交叉、不重叠，更不要有包含关系。（4）简练性。就是既要完备也要重点突出，不能搞成细则。（参见张楚廷《大学教学学》，湖南师范大学出版社2002年版，第256—258页。）

教育规律或原理中的任何一方面相悖，也不能与高等教育规律或原理完全相同；三是每一条高等教育原则都须与其他高等教育原则相容，同时每一条高等教育原则自身不能包含相悖的内容；四是不同的高等教育原则之间不能交叉和重叠，更不能有包含或被包含关系。

第七章　高等教育与人的发展

教育为人而诞生，也因人而存在和发展。教育以人的发展为出发点，同时又以人的发展为归宿。一切教育以人的成长和发展为自身的责任和使命，因而教育必须根基于对人的认识和发现。可感的经验和历史事实告诉我们：教育是人的产物，人是教育的对象；人是教育的原因，也是教育的结果。没有人或离开了人，就没有一切的教育，也没有教育的一切。教育因改变人或发展人而合法存在，"改变人或发展人"的前提是"发现人或认识人"。教育若不能发现人或认识人，就无法做到心中有人或眼中有人，而心中无人或眼中无人的教育，必然是无根的教育，必然是没有灵魂的教育，必然是没有出发点和归宿的教育，必然是难以有效地释放人的理性能力和本质力量的教育。教育是人的创造，人创造教育在根本上是为了发展人自身，然后惠及与人相关的一切事物。概言之，人是一切教育的出发点，也是一切教育的归宿，还是一切教育施展的前提。

一　人的本质规约教育的本质

教育是一种"培养人"的社会实践活动，这是教育之所以为教育的质的规定性，也是学界公认的教育的本质。培养人，首先要知道"人是什么"，否则教育就没有方向。从这个意义上说，"人是什么"规约"教育是什么"，人的本质规约教育的本质，不明了人的本质就无法揭示教育的本质。

那么，人是什么？西方哲学史上围绕对人的研究，产生过多种学说，可谓是"见仁见智"。古希腊赫拉克利特用"火"来说明宇宙万物，包括人在内。普罗泰哥拉提出"人是万物的尺度"，是存在者存在的尺度、不存在者不存在的尺度，将人置于生活和历史的中心位置。德谟克利特认为人的灵魂由原子构成。"认识你自己"是古希腊奥林匹斯山德尔斐神殿门前一块石碑的铭文，苏格拉底将其作为自己的哲学宣言，并说"我只知道一件事，那就是我什么也不知道"。柏拉图认为"人是无羽的两足动物"，把人看成思想、意志、激情三者的统一。亚里士多德提出"人是理性的动物""人是政治的动物"，力图从思维、社会生活等方面对人进行哲学的把握。古罗马奥古斯丁继承了人是灵魂与肉体统一的观点，但强调人为了快乐而犯有原罪。奥卡姆认为人是完全理性存在者。在欧洲，中世纪神道主义占据了对人的研究，贬低了人的尊严。文艺复兴后，人道主义兴起，宣扬人的理性本质和自由意志，评判宗教的反人性和非人道。法国笛卡尔提出"我思故我在"，这种对人的存在的新的本体论规定，在以后产生了重大影响。法国帕斯卡尔认为人是一根会思想的苇草。霍尔巴赫认为人是自利所推动的生物。荷兰斯宾诺莎认为追求幸福和快乐是人的本性。法国拉美特利认为人是机器。德国康德认为人是一种双重存在物，既是感性的，又是理性的，但其本质在于理性；人应当克服欲望，以理性为准绳。黑格尔把人看成绝对理性的形式，但认识到人可以通过制造工具与劳动，从改造自然界取得自由。费尔巴哈认为人本质上是生物性的"类存在"，主张建立人的宗教，代替神的宗教。马克思、恩格斯在《1844年经济学哲学手稿》《德意志意识形态》《关于费尔巴哈的提纲》《劳动在从猿到人的转变过程中的作用》《人类学笔记》等中提出，人不是由"神"或"宇宙精神"所创造，也不是独立存在的精神实体，而是自然界自己运动、发展而产生的一种高级生命感性物质实体。人和动物的本质区别在于：生产劳动是人首要的最根本的特征；人作为一种理性的动物，其劳动是有计划的、有目的的、自觉的、能动的活动；人是社会化的动物，只有在一定的物质生活条件下，彼此结成一定的社会关系和联系，才能存在和发展；作为社会存在物，人是历史活动的主体。在现代西方，丹麦克尔凯郭尔认为，人在选择中生存，从美的生活到达道德的生活，最后到达信仰的生活。法国萨特认为人不是一个客体，而是"虚无的虚无"，而是"存在先于本质"，人注定是自由的和自为的。德国卡西勒认为"人是文化的动物""人是符号的动物"。① 这种"见仁见智"的界定，让人的本质显得扑朔迷离，难以形成放之四海而皆准的定论。我们认为，人是自然界长期演化的最高产物，地球上生物有机体的最高形式，社会化的高级动物，社会历史活动的主体。从教育生发图式和路径的规约框架看，人还可以理解为理性与非理性、主体性与客体性、自然性与社会性相统一的生命存在。

（一）人是理性与非理性相统一的生命存在

人类的认识经常是由外到内、由对象到主体的，宇宙和自然等客观对象最先作为人的认识对象，而人类的理性认识也在那时萌发。古希腊哲学中的"水本原说""气本原说""火本原说""四根说""种子说"等，都是人类理性认识的显现。理性的发现是人类发展史上的认识革命，而理性自身也成为人们对抗黑暗、贪婪、落后和愚昧的攻城锤与攀爬梯，促使人成为万物中"最崇高、最完善、最美好"② 的当之无愧的万物灵长。没有理性，人不足以为人，也无法区别于一般动物。

希腊民族被誉为一个理性或哲学的民族，古希腊圣贤中的苏格拉底将理性从宇宙拉回到人间，将天人合一的"宇宙理性观"阐释为内存于人的"道德理性观"。后来，亚里士多德明确指出"人是理性的动物"③。自此，理性一直作为西方哲学的主旋律而存在，甚至被视为推动万物的第一动力，西方的理性主义传统在亚里士多德那里正式形成。后来的哲学家培根、笛卡尔、康德、韦伯等人，对理性做了更进一步的系统论述和大肆宣扬，理性被拔升到一个至高无上的地

---

① 《外国哲学大辞典》，上海辞书出版社2016年版，第54—55页。
② ［捷克］夸美纽斯：《大教学论》，傅任敢译，人民教育出版社1984年版，第15页。
③ ［古希腊］亚里士多德：《政治学》，吴寿彭译，商务印书馆1965年版，第385页。

位，被赞颂为知识的主宰、思想的渊源以及人类精神世界的璀璨明珠。

自亚里士多德以降，不少思想家们在颂扬理性的同时，也在理性地反思理性本身。譬如，培根的"经验论"肯定了意志和情感等非理性因素在认识中的作用；休谟的"怀疑论"引出了人的理性与本能之间的矛盾与冲突；费希特的"自我论"明确了人的感性与理性是有机统一的；康德的哲学王国展现了人的两重存在性，即人是感性和理性的存在物；黑格尔泛逻辑主义体系揭示了人的欲望、自我意识等非理性因素与人的理性因素同等重要；叔本华把人性和人的本质归结为非理性的生存意志；柏格森视生命为一种不可捉摸、难以言状的"生命之流"，而生命流不能用"理性"把握，只能靠"非理性"直觉；萨特的存在主义哲学将个人的主观性看作他全部哲学的理论基础，将非理性的心理本能看作人最本质的存在，即"存在先于本质"。正是在这样的哲学反思和论辩中，人的非理性因素逐渐得以显现和确立。人们逐渐意识到，"人的理智并不是干燥的光，而是有意志和情感灌输在里面的"[1]，过度的理性依赖和张扬，只会带来意志、情感等非理性的压抑和人文精神的没落。

辩证审视、反思和统观人的理性与非理性，是哲学持续向前发展的标志，也是教育不断自我超越的根基。这无疑是一个永恒的过程，永远没有终点，永远在路上。人是理性的存在物，也是非理性的存在物，是理性与非理性相统一的存在物。这已无须争辩。世界上没有纯粹理性的人，也不存在纯粹非理性的人。对于任何人而言，有时可能是理性主导非理性，有时可能是非理性主导理性，有时可能是理性与非理性"旗鼓相当"。

理性源于人对外部世界的理解与认识，非理性始于人对内在世界的尊重与释放。理性建构了人的外在客观世界（如规则、概念、道德、伦理等），非理性丰富了人的内在精神世界（如情感、意识、

---

[1] 胡敏中：《理性的彼岸——人的非理性因素研究》，北京师范大学出版社1994年版，第21页。

直觉等)。理性并不一定预示着秩序和协调,非理性并不必然带来混乱与荒诞,理性与非理性、智慧与热情原本就是最真实的生命存在,两者没有绝对的主从或附属关系,两者共同作用于人的发展与完善。教育要发展人,就必须同时发展人的理性与非理性。缺失任何一方的教育,必将造成人的畸形发展。而这样的教育,既不能彰显人的真善美,也无法成就人的神秘和伟大,还不利于社会的发展与进步。

(二) 人是主体性与客体性相统一的生命存在

马克思认为,人在其现实性上是一切社会关系的总和。言下之意,人既是一种关系的存在,同时也处在复杂的关系网络之中。这就是说,对于任何人而言,没有绝对的场外观或场内观,任何场外或场内都是变换了时间、地点、立场、平台、方式的场内或场外,对人的认识和理解不应偏废于场外或场内、主体或客体。譬如,人是神的创立者,有时又成为神的奴仆或使自己成为神,与神交换位置;人是自然界的适应者,却也无时无刻不在能动地改造着自然界;人是社会发展到一定阶段的产物,却也是"他自己最终的目的"[1];人是社会历史的"经常前提",也是社会历史的"必然结果"。

人是社会的能动者,不是按固定程序运转的机器,也不是对自然完全妥协和被动适应的一般动物。人是兼具对象意识和自我意识的高级生命存在,人的生存环境和需要对象是人通过劳动和自我意识作用于客观对象而创造的。因此,人的存在兼具主体性与客体性,对象意识表征的是人的客体性,自我意识体现的是人的主体性。人的对象意识与自我意识是高度统一的,两者互相依存、不可分割;缺少自我意识,对象意识不过是空中楼阁,没有存在的前提和基础;缺少对象意识,自我意识不过是在原地打转,没有前进的方向和目的。

从历史的长河看,人在最初寻找自身的存在根据时,其目光主要

---

[1] [德] 伊曼努尔·康德:《实用人类学》,邓晓芒译,上海出版社2005年版,第1页。

是宇宙和自然等外部对象，人并未把自己也作为认识的客体予以关注和研究。人的主体性与客体性，在相当长的一段时间内处于分离状态。随着历史的发展，人的地位得以凸显，人与天、地一起成为所有学问家关注的对象，人因此而成为天地之间唯一与天、地并肩的"最奇特的存在"。在千百年关于人的孜孜不倦的分析和探讨中，我们已然确证，人的主体性与客体性不是对立割裂的，而是辩证统一的。盲目追求主体性，忽视客体性，就有可能走向主观唯心主义；片面强调客体性，忽视主体性，就有可能倒退为机械唯物主义。当然，人是主体性与客体性相统一的生命存在，不能简单理解为人是主体地位与客体地位的同时共存。人的主体地位和人的主体性并非同质同构，人的客体地位与客体性也存在很大差异。主体地位和客体地位强调的是人在关系中的客观存在性特征，主体性和客体性则表征为确证了主体地位或客体地位的人的主体属性或客体属性，如选择性、自主性、创造性、对象性、实践性等。

教育中人的身份和地位不是固定不变的，人的主体性和客体性要在特定的时空条件下才能确立、刻画和认知。这正是为什么"教师中心论"或"学生中心论"都存在某种合法性的根源所在。自有教育以来，人作为教育主体而存在已无须争辩，但对主体的认知、理解、选择以及人的主体性的界定，充满矛盾和争议。我们发现，一些研究呼吁教育界重视"受教育者"的主体性，过多地将探求的目光聚焦于"受教育者"身上，因而这些研究成果能够抓住主体性教育的内核，但也略显偏颇和狭隘。他们中的不少人犹如新大陆的发现者们一样，见到的只是一两个"半岛"或"海湾"，未能给人们一幅完整的主体性教育"地图"。明确地说，他们在张扬和强调"受教育者"的主体性的同时，却无意识地将"教育者"和"管理者"的主体性搁浅了，造成了新的教育主体性缺失，研究成果的"图案"和"色彩"也因此而欠缺完整和丰富。[①] 究其根源，主要是将人的主体性与客体性盲目地分离、割裂、扭曲或异化了。

[①] 李枭鹰：《高等教育选择论》，中国社会科学出版社2011年版，第4页。

(三) 人是自然性与社会性相统一的生命存在

人源于自然，初生的婴儿完全是一个自然实体，人的自然性是认识人的原点。譬如，在医学的眼中，人是由骨骼、水和脂肪而组成的特殊生命体；在分子生物学的眼中，人是由受精卵发育而来的几万个基因的特殊组合；在进化生物学的眼中，人是由古猿进化到一定历史阶段而出现的地球生命有机体发展的最高形式。不少哲学家在看待和理解人的问题也着眼于人的自然性或动物性。譬如，柏拉图认为人是"两足而无毛的动物"，尼采批判人是"有病的动物"，卢梭讽刺人是"堕落的、腐朽的动物"，赫舍尔强调人在"过去、现在和将来都是动物"，夸美纽斯坚信人是"可教的动物"……我们姑且不论这些说法正确与否，但它们无疑从一个侧面揭示了人与动物的某些相似与共通之处。人天然是动物的或自然的，"人来源于动物界这一事实已经决定人永远不能完全摆脱兽性，所以问题永远只能在于摆脱的多些和少些，在于兽性或人性的程度上的差异"①。可以说，人源于自然，依赖自然，又包含自然，即"人直接地是自然的存在物"②。社会人是后天的产物，自然人是社会人的前提，人的自然性是人不可磨灭的第一属性。

与此同时，作为一种关系的存在，人又处在复杂的社会关系之中，故而说"人的本质不是单个人所固有的抽象物，在其现实性上，它是一切社会关系的总和"③。自然性虽然是人的第一属性，但人可以通过教育而实现社会化，实现从自然人到社会人的转变，最终成就人的社会性。人是有意识的存在物，是能说出"我"的一种客观实体，也是唯一对尊严、思想自由……拥有并永久保持需要的高级生命体。人"不只是经由生物遗传，更主要的通过历史的传承而成其为人"④，这已成为不可争辩的人类事实。作为社会性的存在，"人是人

---

① 《马克思恩格斯全集》（第 20 卷），人民出版社 1971 年版，第 110 页。
② 《马克思恩格斯全集》（第 42 卷），人民出版社 1979 年版，第 167 页。
③ 《马克思恩格斯选集》（第 1 卷），人民出版社 1995 年版，第 60 页。
④ [德] 雅思贝尔斯：《什么是教育》，生活·读书·新知三联书店 1991 年版，第 53 页。

的作品，是文化、历史的产物"①。社会化程度高者，善于以人的根本利益、长远利益、整体利益为出发点引领行为；社会化不够充分者，则常以人的非根本利益、暂时利益、局部利益为出发点规范行为。人的社会性将人的自然本质予以揭示和提升，使人脱离了低级的兽性羁绊，使人在各种各样的社会关系中理解他人也确证自己，使人在历史文化的熏染与陶冶中接受精神的洗礼与灵性的升华，明礼仪，知善恶，辨美丑，获得不同于动物的意义生命、道德生命、伦理生命和价值生命。

人的自然性与社会性密不可分：倘若缺失自然性，人就没有生长的基础，所有的人类活动都将被抽走和架空；假如缺少社会性，人就没有为人的性征，只不过是普通动物的一种。人之所以为人，正是因为人的自然性与社会性共同作用于人，两者在人身上实现了和谐与统一；人的教育之所以区别于动物的"教育"，正是由于人的教育不仅是出于动物延续生存本能（自然的力量）的自然欲望，还是基于人类发展自身本质力量（生长的力量）的社会诉求。这不仅将人与动物区别开来，也将人的教育与动物的"教育"区别开来。诚然，人的自然性不只是包括骨骼、相貌等相对稳定的生理特征，它还包含丰富的可变性和可发展性；人的社会性既通过人与人、人与社会的关系来表现，也通过人与自然的关系去展示。教育既要关注和尊重人的自然性、发展人的潜能和一切可发展性，更要帮助人实现从自然人到社会人的转变，让人从一个"自然实体"生长为一个"社会实体"。理想的教育既是一种"法自然"的教育，也是一种"法社会"的教育，更是将"人的自然性与社会性"或"法自然与法社会"完美结合的教育。

二 发展人是教育的神圣使命

改变人尤其是发展人，是一切教育最根本的使命。不能发展人的

---

① ［德］费尔巴哈：《费尔巴哈哲学著作选集》，生活·读书·新知三联书店1984年版，第247页。

教育，没有存在的必要性，也不具备存在的可能性。人是社会类存在物，但人的发展首先是从个体发起的，社会发展是个体发展的整体涌现。单个人的发展是个性化的，"人的自由发展"就是人的个性和潜能最大可能地得到张扬，"人的全面发展"就是人的一切可发展性最大限度地得到拓展，"人的自由全面发展"则是基于个性张扬以及一切可发展性或潜能拓展的人的意义生命、价值生命和道德生命的系统性实现。教育行动的根本目的，是促进人的自由全面发展，最终达成全人类的解放和自由。共产主义社会"将是一个以各个人自由发展为一切人自由发展的条件的联合体"①。

（一）最大可能地张扬人的个性

人是追求自由的特殊的"类存在物"。康德认为，人的本质是自由的。自由是人实现自身价值、思想、力量和个性的基本条件，自由是人最宝贵的财富。人的自由发展与人的个性得以张扬是内在一致的，个性得以张扬是人自由发展的标志，也是人获得了自由的重要标志。人的个性张扬或自由发展，都离不开与之匹配的教育。自由不是无拘无束，教育给予人的自由是一种有序的自由，而不是一种放任的自由；教育张扬人的个性是一种遵循人的身心发展规律的理性张扬，而不是一种违背人的身心发展规律的随意张扬。否则，自由将异化为放任，个性将扭曲为自私。换言之，人的自由的实现过程，是一个人的个性得以充分张扬、精神得以不断丰富、情感得以全面拓展的过程，不以人的个性为基础或依据的教育难以实现人的自由发展，也难以取得真正的成功。

人与人之间存在一定的遗传性差异和社会性差异。譬如，有的人擅长聚合性说理；有的人喜欢发散性思辨；有的人偏爱实践性操作，有的人钟情理论性攻坚……每个人都是独一无二的生命体，是个性化的生命存在，正是这种个性成就了教育世界的多彩与诱人。人是教育的尺度，教育是人的舞台，人是多姿多彩的，因而教育必然也应该是

---

① 《马克思恩格斯全集》（第4卷），人民出版社1958年版，第491页。

第七章 高等教育与人的发展

姿态万千的。教育是一门艺术，而且是"艺术中的艺术"，其原因就在于它的对象是个性万千的人，既不是僵硬的模板一块，也不是定型的产品一个。教育不能无视个体的身心条件和现实基础，不能"脱离任何个体的特殊经验而独立"，必须充分考虑不同个体的差异，尽量做到因材施教。人的全面发展根基于充分的个性发展，教育如要使人"各方面都得到完全的自由"①，就不应该是一个僵化的体系或系统，它的内部必须是充满弹性和活力的，即教育的过程必须尽其所能的张扬人的个性，人的全面自由发展必须建立在人的个性得以充分张扬的基础之上，没有个体的个性张扬，就不会有个体的全面自由发展。人的自由全面发展不是一蹴而就的，它存在一个漫长的过程，这个过程犹如蛹儿吐丝、结茧，最后化蛹成蝶，破茧而出，自由地飞翔。

张扬人的个性需要教育将选择权归还于人，需要教育遵循人的自然生长规律。"人是一个出生的孩子，他的力量，就是生长的力量。"② 人的生长不是盲目的和任意东西的，而是建立在自我选择基础上的定向生长，这种生长如同向日葵的生长，具有鲜明的向阳色彩。一个人"活着就是选择一些事物，放弃另一些事物，中立是选择正在形成的那一个片刻。单单坚持中立的自我则是死亡了的自我"③。自由选择是人最真实、最永恒的生存状态，"一个人的存在从来不是完成了的，不是最后的。人的状态是初生状态，每时每刻都在作出选择，永远不会停滞"④。没有人的自我选择，任何课程设置、教材编排、教育方法选择、教育评价等就没有出发点和归宿，教育将被隔离或排斥在爱与关怀的世界之外，成为一种"驯兽"的方法和手段；没有人的自我选择，不唯泯灭了人的个性与天赋，教育自身也将失去令人向往的神圣光环，沦落为冰冷生硬的机器生产。选择是一个"具有人本的、存在意义的、最普遍的、最基本的概念"⑤，自我选择的过程正是人的个性力量得到尊重、

---

① 任钟印等：《世界教育名著通览》，湖北教育出版社1994年版，第501页。
② [印] 泰戈尔：《飞鸟集》，湖南人民出版社1981年版，第70页。
③ [美] 莫里斯：《开放的自我》，上海人民出版社1965年版，第11页。
④ [美] 赫舍尔：《人是谁》，贵州人民出版社1995年版，第38页。
⑤ 周书俊：《选择论》，中央编译出版社2006年版，第1页。

张扬和释放的过程,也是成就人的自由全面发展的过程。古希腊雅典的教育曾在历史上盛极一时,并孕育了西方文明的曙光,培养出了一大批杰出的哲学家、教育家和思想家,其"成功之处在于它使人的才能、倾向、个性得到充分的发展"[①]。

(二) 最大限度地发展人的一切可发展性

人既是一种理性的存在,也是一种感性的存在,是理性与感性的结合。人既是一个自然性实体,也是一个社会性实体,兼具自然性与社会性双重属性。人既存在智力因素,也存在非智力因素,人的发展在这两个方面不可偏废。教育要实现人的自由全面发展,必须统合发展人的理性与感性、自然性与社会性、智力因素与非智力因素,必须从多个维度、多个侧面去发现人和释放人的天性,必须从多个路径、多个端口去培养人和释放人的本质力量。大道泛兮,其可左右。大道无形,润物无声。教育大道蕴藏在人的发展之中,没有绝对的标准和范式,也没有固定的框架和路径。如果一定要说有,那就是"因材施教"。教育具有裂变性和聚合性,即教育既是"以一生万"的,也是"以万生一"的。教育是多端口、多路径和多向度的,理想的教育可以根据个体的差异,选择与之匹配的端口、路径和向度,实现人的可发展性的裂变和聚合。

教育要发展人的一切可发展性,必须首先让人发现自我。普莱斯纳认为,作为暴露于世界的生物,人对自身是隐蔽不见的。教育要让个体在发展中发现自我,发现自己的天赋,发现自己的一切可发展性。任何人只有发现了自我,才会形成内在的稳定的个性特征,才会明确自身存在的意义和价值,才能找到自我内心的安宁、愉悦和幸福。譬如,个人被迫在琴棋书画方面取得的样样皆精,固然可以为人迎来赞美和尊重,但这种源自他人的肯定或认同终归是外在的,一旦赞美和尊重减弱或消失,人就有可能失去对琴棋书画的兴趣,也找不到个人在从事琴棋书画的艺术创作时内心应有的祥和、安定,更遑论

---

① 滕大春:《外国教育通史》(第一卷),山东教育出版社1989年版,第176页。

收获幸福与愉悦。倘若教育不能直指人内心的自由与幸福，就不是理想的教育，也谈不上教育对人的一切可发展性的发展；假如教育不能指向人内心的自由与幸福，教育将蜕变为一种生产人的工具，所有的教育目的、教育内容、教育过程和教育结果将失去应有的根本的意义和价值。

人的全面发展对于每个人的意义都是不同的，教育要发展人的一切可发展性就必须看到每个人自身的多元智能。长期以来，人的全面发展一直被定义和概括为德、智、体、美、劳等方面，教育也一直以发展人的这五个方面为最高行动指南。然而，德、智、体、美、劳等虽然是衡量人的发展的重要方面，但却不是人的发展的全部或一切。教育只关注某一方面的发展是失之偏颇的，即便教育关注的是德、智、体、美、劳等方面的全面发展，也不能作为衡量人的自由全面发展的刚性指标和绝对标准。人的全面发展不仅是外在于社会的评价指标，也是内在于人自身的真实意愿；不仅是训练具有实用特征的生存技能，也是培养具有生命价值的人文情感（如意志、道德、伦理、信仰等）；不仅是强化显见的优势特长，也是发展隐形的天赋潜能。如果教育不能看到人的全部，就有可能将人的局部放大，甚至以偏概全，以局部代替整体，不仅可见的局部可发展性得不到有效的提升，隐藏的其他可发展性也会随之遭到泯灭和扼杀。一叶障目的教育是扼杀人的潜能的教育，它不仅不能实现人的自由全面发展，还会导致教育大厦的整体坍塌与失败。

（三）全面而系统地实现人的生命价值

人存活于世，不只是生存，也是发展；不只是为了现在，也是为了未来；不只是在长大成人，也是在成为一个有意义、有价值的人。"人的优秀的品格可以通过教养或教育来发展"[1]，教育的目光不仅是人的现实世界和物质世界，也投注于超越功利目标的意义世界和精神

---

[1] ［德］克里斯托夫·武尔夫：《教育人类学》，张志坤译，教育科学出版社2013年版，第14页。

世界。教育不仅是生存技能的演示和训练，其产生和存在的重要意旨也蕴含在对人的生命价值的实现之中。因为教育，人的生命价值才得以升华和旋进，人的精神生活才成为"有价值、有光辉的东西"①。教育促进人的自由全面发展，归根结底是为了全面而系统的实现人的生命价值。

教育是促进人身心发展的浩瀚工程，教育的生命价值在于"改变"：改变人，改变社会，改变自然，同时也改变教育自身。教育促进人存活着，促进人生长着，促进人生活着，促进社会延续着。人因教育而成为人，但教育的意旨不只是成人，教育也让人更像人，让人变得更富有知识，更聪明，更智慧，更道德，更高尚，更伟大，完成一系列"更"的升华，从一种生命状态跃迁和进化到另外一种更高层次的生命状态。

教育不只是人谋生的手段，不只是局限于为人的未来生活做准备，它与富有成效和本身有意义的生活的过程是一致的。教育本身即是生活和目的。教育的生命价值与人的生命价值是内在统一的。个体因教育而愈加精彩和获得新生，进而成就个体富有意义的生活；人类因教育而得以延续和生生不息，进而成就全人类的自由与解放。教育的生命意义就在于让人不断获得新的生命，不断按美的规律塑造自己，形成全新的智慧生命、意义生命、价值生命和道德生命，同时也彰显和释放的人的生命价值，获得人的自由与解放，实现从必然王国迈向自由王国的伟大跨越。一言以蔽之，教育就是"让人像人和更像人"，让人"诗意地栖息在大地上"，让人类"自由地居住在大地上"。

三　天赋是教育的原材料

教育根基于人的发现，特别是人的天赋的发现，因为好的教育本

---

① [德]黑格尔：《哲学史讲演录》，贺麟、王太庆译，商务印书馆1959年版，第157页。

乎于人的天赋。教育要发展人，首先应该正确认知人的天赋。《辞海》认为，天赋有两层意思：一是自然所赋予或生来俱有的；二是天资。[①] 根据《辞海》或相关辞书的定义，将天赋理解为个人与生俱来的、不可变更的自然禀赋，成为一种主流声音。

天赋思想源远流长，认知人的天赋，洞悉天赋的奥妙，揭示天赋的本相，必须统观天赋思想的历史生态，把握天赋思想的流变脉络。在哲学领域，唯理论和经验论坚持不同的天赋观或认识论。唯理论肯定天赋的前在性和必然性，认为"上帝创造我的时候把这个观念放在我的心里，就如同工匠把标记刻在他的作品上一样"[②]，如柏拉图的"回忆说"、奥古斯丁的"天赋记忆说"、笛卡尔的"天赋直观呈现说"等。经验论坚信人的一切知识皆为后天经验的结果、人的心灵是完完全全空白的，认为"凡在理智之中无不先在经验之中"，坚决反对天赋的前在性和必然性，坚定人们"不必借助于任何天赋的印象，就能够获得他们所拥有的全部知识"[③]，如亚里士多德的"蜡块说"、洛克的"白板说"、巴克莱的"物是观念的集合"等。洛克的《人类悟性论》以唯物论的见解，确定知识之起源并以坚决的态度，批判天赋观念论之谬误，认为"人的精神最初仿佛是一块干净的黑板，一张未经写字的白纸。由于我们感觉活动的结果，这一张纸内容就逐渐充满了生活。精神结果经验而取得了种种的表象。我们只能从经验中得到认识。经验是由两种观察而取得的：第一种观察之对象是外界事物（感觉）；第二种观察之对象则是内部生活（反省）"[④]。

唯理论和经验论的天赋观无疑都是片面的，两者皆缺乏综合的视野：唯理论是一种片面强调人的理性作用的认识论学说，其观点遭到了培根、霍布斯、洛克、休谟等经验论者的猛烈抨击，成为经验论者争相攻伐的"阿喀琉斯之踵"；经验论看到了人的理性的有限性，同时也过分地夸大了经验的作用。无数的经验或研究表明，天赋是客观

---

① 《辞海》，上海辞书出版社 2015 年版，第 3874 页。
② ［法］笛卡尔：《第一哲学沉思集》，商务印书馆 1986 年版，第 53 页。
③ 北京大学哲学系编译：《西方哲学原著选读》，商务印书馆 1981 年版，第 447 页。
④ 张栗原：《教育哲学》，福建教育出版社 2008 年版，第 196 页。

▶ 高等教育关系论

存在的，人的天赋差异也是客观的，它"不以尧存，不以桀亡"，上帝也改变不了，"凡那些不可由视觉觉察到的由经验而来的力量、凡那些不可归结为机械规则的技能，均是某种遗传的天赋的结果"[①]。

（一）人的天赋是人的发展潜能或一切可发展性

教育受制于人的天赋，而人的天赋又受制于遗传。天赋具有遗传性，即遗传是天赋存在的基础，也为教育的生发提供可能条件。作为人的发展潜能或一切可发展性，天赋具有可塑性、可改变性、可生长性，这为教育功能的拓展和释放提供了空间和可能。无视或忽视人的天赋，教育将畸形发展，对个体的整个人生将无足轻重，甚或误导个体的人生旅程。无视或忽视人的天赋，天赋将变得可有可无，本乎天赋的教育与天赋将处于分裂或绝缘状态，彼此毫不相干，教育由此而成为不是立足于个体自然生长的低效劳动。

人非生而知之，乃学而知之。人的一切知识乃至智慧源自后天的学习，源自人的可教性，源自人的潜能的发挥，源自人的可发展性的发展。人的天赋是一种潜在的可能，它们经由教育从潜在转化为现实，人也由潜在的劳动力转化为现实的劳动力。教育的生发内在地根基于人的天赋，内在地根基于人的发展潜能或一切可发展性。人若失去了发展的潜能或一切可发展性，那就不可教，也不可学，教育也就无意义了。人因为具有潜在的多种发展的可能，才具有可塑性、可教性、可生长性和可发展性。正因为人具有这种潜在的可能，教育才有存在的必要，也才有用武之地。也正因为人具有这种潜在的可能，教育才会耐心地去寻找人、发现人和引导人，才会竭力让自身成为一种培养人的"艺术"，而不至于异化为人的加工"工厂"。

（二）教育要承认、尊重和顺应人的天赋

教育不是抽象的、虚幻的、凭空的，而是具体的、真实的、有根

---

① 郝宁、吴庆麟：《天赋在专长获得中有限作用述评》，《心理科学》2009 年第 6 期，第 1401 页。

基的。教育不是无本之木，它根基于一定的材料和条件。如同建造房屋需要钢筋水泥；制作桌椅需要油漆木料；烹饪离不开柴米油盐；作画离不开笔墨纸砚。古希腊哲学家亚里士多德在论证实体的生成时，提出了影响深远的"四因说"，它对思索人的成长具有特殊的启迪意义：如果说"让人成为人或更像人"是"形式因"和"目的因"，那么人的天赋就是"质料因"，而教育则可以理解为"动力因"。照此逻辑，人的天赋可谓是教育的原材料，而教育为人的天赋释放指引方向、谋划形式和设计蓝图，两者共同作用于人的发展、完善与生成。换言之，教育根基于人的发展潜能或一切可发展性，而教育的意义在于发现和释放人的潜在的一切可能。

教育的根本目的是发展人，发展人的潜能或一切可发展性。但是，人不是纯粹的客体，每个人都有自我发展、自我完善的欲求，一切教育皆根基于人的自我生长，即每一个人都亲自参与自己的生成，否则，教育就不称其为教育。人的天赋是人自我生成的基础，也是教育生发的基础。在人的自我生成中，教育不是万能的，但它能帮助"具有天资的人自己选择决定成为什么样的人以及自己把握安身立命之根"[1]。初生之人如同一块"璞玉"，若要成为"连城之璧"，则离不开教育的雕琢，但雕琢不是随心所欲的，它必须顺应璞玉的内在纹路和构造理路，即教育要承认和尊重人的天赋，顺应人的发展潜能或一切可发展性。学校不能成为天赋的坟墓，不能成为悟性变敏锐的屏障，不能成为才智的屠宰场。

四　发现天赋是因材施教的根基

人的天赋决定了因材施教的必要性，而因材施教选择和发展了人的天赋，让人的天赋最大限度地得到彰显成为可能。治水因其势，育人因其性。不同的人具有不同的天赋，具有不同的发展潜能或可发展

---

[1] ［德］雅斯贝尔斯：《什么是教育》，邹进译，生活·读书·新知三联书店1991年版，第4页。

性，教育要因材施教，要"按照儿童该走的道路来培养训练他"[1]。《学记》云："教人不尽其材，其施之也悖，其求之也佛。"尽其材，首先要知其材，而知其材就是了解作为教育对象的人，即"如果教育学希望从一切方面去教育人，那么，它就必须首先从一切方面去了解人"[2]。而"了解人"在某种意义上就是"发现人"，发现人的本质、本性、天赋、自由、主体性等，其中发现人的天赋尤为关键，因为人的天赋决定了因材施教，因材施教只是选择和发展了人的天赋，抑或说人的发展潜能或可发展性。

（一）发现天赋根于认知天赋

人的天赋是客观的和具体的，它没有哲学概念上的晦涩，没有宗教意义上的神秘，但也很难直接用科学实验来证明。天赋区别于笛卡尔等人唯理论意义上的"先验"和"回忆"，也不同于洛克等人经验论意义上的"蜡块"或"白板"。天赋记录着人的遗传密码，潜藏着人的发展态势，蕴含着人的发展潜能或可发展性。

1. 人的天赋具有潜在性

莱布尼茨认为，"观念和真理就作为倾向、禀赋、习性或自然的潜能天赋在我们心中，而不是作为现实天赋在我们心中。"[3] 天赋犹如蕴含发展可能的种子，离开了阳光、温度、水分、土壤，它永远只是种子，天赋这粒种子必须借助一定的外部手段才能发芽、破土和生长。"知识、德行、与虔信的种子是天生在我们身上的；但是实际的知识、德行和虔信却没有这样给我们。我们应该从祈祷，从教育，从行动中去取得……实际上，只有受过恰当的教育之后，人才能成为一个人。"[4] 作为一种蕴含潜能的种子，人的天赋到底能释放到何种程

---

[1] ［美］理查德·D. 范斯科德等：《美国教育基础——社会展望》，北京师范大学外国教育研究所译，教育科学出版社1984年版，第13页。
[2] 张焕庭：《西方资产阶级教育论著选》，人民教育出版社1979年版，第502页。
[3] ［德］莱布尼茨：《人类智新论》（上册），陈修斋译，商务印书馆1982年版，第7页。
[4] ［捷克］夸美纽斯：《大教学论》，傅任敢译，教育科学出版社1999年版，第24页。

度，取决于内外部力量的作用，尤其是与因材施教密切关联。

2. 人的天赋具有多样性

人的天赋是个性化的，不同的人有不同的天赋，同一个人在不同方面拥有不同的天赋，人类在不同领域取得的巨大成就，每个人在不同方面取得的伟大成就，反映了天赋的多样性和异质性。我们很容易发现，有的人善于演绎说理，有的人精于归纳论证，有的人长于运筹帷幄，有的人谙于独立攻坚……天赋的多样性和异质性，决定了教育不可整齐划一，不能用一种模式去塑造所有的个体，也不能用同样的方法去发展个体的不同方面，教育的模式化追求则与此相悖。

3. 人的天赋具有可释放性

人的天赋如同蓄势待发的种子，它构成了人存在的自然基础、生长的原初材料和发展的可能性。教育之所以需要发现天赋，不在于天赋的存在有多么重要，而在于天赋可以通过教育的作用得以彰显和释放，提升人的本质力量。最大限度地发现、尊重和释放人的天赋，教育就会事半功倍，发挥最大功效；假若无视、压抑和扼杀人的天赋，教育不唯失职，也戕害了人的发展潜能。

（二）发现天赋蕴于尊重天赋

教育是一种平等对话或沟通，教育绝对不能是反人性的，不能压抑人的自由，损害人的尊严，违背人的道德，无视人的情感……教育只有尊重个体，才能深刻理解教育的发生学意义和过程性质，才能激发人的主体意识和释放人的能动性，才能真正发现人的天赋特长、遵循人的成长规律，从自在自发的"必然王国"迈向自知自觉的"自由王国"。有了对人的尊重，才有对人的天赋的尊重，才能进而发现人的天赋。

1. 发现天赋必须尊重人的自生性

杜威说，"教育即生长"。一个人的生长是自我生长，他人不可替代，而且也替代不了。人的天赋在人的自我生长中展现出来，尤其是在自然的生长中展现出来，按照教育者的设计强力而为之，或许可以让个体获得某些方面的发展，但未必是个体天赋的释放。教育必须关注人的发展潜能而非既成的能力,"一个人的存在从来不是完成了的,不是最后的。人的状态是初生状态,每时每刻都在作出选择,永远不会停滞"①。主体能动的选择过程是个体自我生成的过程,是个体自我生长发展的过程。人只有通过内在联系与自己相遇,也只有通过自我生长来实现整体进步。教育应该尊重人的自生性,同时为人的自我生长提供适宜的环境和足够的机会,而不是去为人的成长发展铺就固定的轨道,设计一幅整齐划一的模式化的蓝图。

2. 发现天赋必须尊重人的自长性

人的天赋的发现和释放不是孤立的,而是内在关联的或联动的,一种天赋的发现生成也可能会刺激和促进另一种天赋的发现、完善与生成。这既是一个天赋纵深的过程,也是一个天赋延展的过程。譬如,作曲的天赋可能刺激歌唱的天赋;表演的天赋可能引发导演的天赋;学的天赋可能触动教的天赋。正因为如此,一些优秀的作曲人往往在歌唱方面也是卓尔不群;大多知名的表演艺术家大多也是优秀影视作品的幕后担纲者;优秀的学生更容易造就杰出的教师;有成功体验的学者存在较大的概率成为成功的教者。作曲与歌唱,表演与导演,学与教,都是非对称的,彼此在内容和形式上也大相径庭,但常常在某种机缘下得到融合、跃迁和升华。这是一种人的天赋的联动效应,也是人的天赋自长的结果。

3. 发现天赋必须张扬人的个性

四时有别,方知季节之美。曲折跌宕,才显江河之势。每个人都是独一无二的,正是这种个性成就了教育世界的多彩与诱人。人的天赋是个性化的,专属个人的发展潜能或可发展性,具有唯一性和独特性,因而关注人的个性、尊重人的个性、张扬人的个性是发现天赋的关键性基石。个性化的天赋不仅决定了因材施教的内容,也决定了因材施教的过程,还决定了因材施教的结果。可以说,"人人身上都有自己独特的天赋,视、听、说、算、演……各个不同,所以有的人在

---

① [美] 赫舍尔:《人是谁》,隗仁莲、安希孟译,贵州人民出版社1995年版,第38页。

这方面出类拔萃，有的人在那方面才华横溢。"① 因材施教就是要尽可能地使每个人在自己独具天赋的方面"出类拔萃"和"才华横溢"。

（三）发现天赋基于关爱天赋

教育世界不是"霍布斯丛林"，残酷的弱肉强食的"丛林法则"不适合教育世界。真正的教育是充满爱的教育，是由爱催动的教育，是关注一切人和人的一切天赋的教育。如果教育是机械的和冰冷的，那么人的天赋将名存实亡。如果教育是一种单向的恩赐，那么人的天赋将无用武之地。正言若反。亦即说，教育若能关爱人及其天赋，那么发现人的天赋就近在咫尺。

1. 教育不能存有偏见

教育是为了一切人，为了人的一切。理想的教育是有教无类的，是不戴"有色眼镜"的。偏袒某些人，或忽视某些人，都将造成对某些人的天赋的遮蔽或伤害。心中没人，眼里必然看不到人的天赋，终将掩蔽、压抑、抹杀人的天赋。人是教育的目的，教育不能没有人道温情和人文关怀。教育是普世为人的公共事业，教育世界首先应是公平的，不能对任何个人持有偏见。一个五音不全的人可能在绘画方面卓尔不群，一个不善言辞的人可能在写作方面独立出众，一个单薄弱小的人可能在跳跃方面天赋异禀，教育要善于从"丑陋中寻找美丽"，发现每一个人的天赋特长。

2. 教育不能异化人

在历史上，存在两种典型的人的异化现象：一是将人理解为一种"动物"。譬如，柏拉图认为人是"两足而无毛的动物"，尼采批判人是"有病的动物"，卢梭讽刺人是"堕落的、腐朽的动物"，赫舍尔强调人"过去、现在和将来都是动物"，夸美纽斯呼吁人是"可教的动物"。二是将人比喻为一台"机器"。像法国启蒙思想家拉·梅特里直接宣称"人是一架机器"②，尼采认为一切高等教育的任务就是

---

① ［美］霍华德·加德纳：《多元智能新视野》，沈致隆译，中国人民大学出版社2012年版，第56页。

② ［法］拉·梅特里：《人是机器》，顾寿观译，商务印书馆1981年版，第73页。

把人变成机器①，华生、斯金纳等行为主义者则将人看成是外界环境中种种刺激的被动反应者和接受者。人无疑是一种动物，但若只是将人看作是动物，必然掩盖人的社会性，将动物的标签冠冕于人之上，难免会让教育沾上驯兽的色彩；将人视为机器会泯灭人性，对应的教育则为一种制造机器的程序化过程，而非"太阳底下最光辉的职业"，教育过程表征为一种操作、控制、干预，完全没有了人性光辉的沐浴，更谈不上人的天赋的发现与释放。

3. 教育不能压抑或裁剪人的天性

兴趣和好奇是人的天性，也是最好的老师。然而，"我们的风尚里有一种邪恶而虚伪的共同性，每个人的精神仿佛是一个模子里铸出来的。我们不断地遵循着这些习俗，而永远不能遵循自己的天性。"②面对多样化的社会需要，教育却总是用一个或试图用一个统一的模板，以最快的速度改变人和塑造人。对于那些独特的不切合模板的"异类分子"，或抨击，或打压，或裁剪，务求除之而后快。一切教育的秘密似乎就是控制与规训，考什么就学什么，怎么考就怎么教，对人最宝贵的德性追求、自主意识和批判精神经常被棒杀在襁褓之中。诚如此，发现人的天赋必然为纸上谈兵，更遑论求得理想的教育了。

五 释放天赋是理想教育的本相

教育的使命是发展人，理想的教育是最大限度地发展人的潜能或一切可发展性。人本乎自然，教育本乎天赋。人的生长和教育的发展，如同一切事物的生成，"当质料尚未获得该事物的一定形式时，它就是处在潜伏状态的事物，只有当它获得了这种确定形式之后，才成为现实的事物"③。人的天赋若要得以释放，实现从质料到形式的

---

① [德] 弗里德里希·尼采：《偶像的黄昏》，周国平译，光明日报出版社1996年版，第73页。
② [法] 卢梭：《论科学与艺术》，何兆武译，商务印书馆1995年版，第9—10页。
③ 邓晓芒、赵林：《西方哲学史》，高等教育出版社2006年版，第63页。

转化，需要借助一定的外界刺激为其提供"机缘"和"诱因"。外界刺激纷繁复杂、类型多样，而教育的作用最为直接，最为强烈，也最具功效。事实反复昭示，"绝大多数儿童都表现出他们是大有培养前途的，如果在以后的岁月中这种希望成了泡影，那就说明，缺少的不是天赋能力，而是培养。"[①] 教育与天赋的释放内在关联、密不可分、相辅相成，每个优秀人物的综合素质"不仅得自于天赋，更需要后天精心的教育和培养"[②]。如何释放人的天赋？遵循天赋释放的内在规律，并按这种规律有序推进和展开教育。

（一）天赋的释放具有多向度性

人的天赋是多元的，其释放的端口和向度也是多元的。同一个体，其天赋不是唯一的，只是不同方面的天赋有所不同而已。不同天赋的释放，没有严格或铁定的先后顺序，往往因人而异、因时而异。也就是说，释放天赋的端口或切入点，不是单一的或唯一的。天赋的释放如同教育的展开，没有绝对的、固定的标准、框架和路径，它可以从某个方面或某些方面开始而实现天赋的整体涌现，也可以立体网络化推进而凸显局部天赋。

长期以来，人的天赋的释放路径经常被窄化或被异化：或德育是统帅，或智育是至尊，或美育是装饰，或体育是摆设，或劳育是形式。一切教育在跟着考试的指挥棒前行，成绩成为衡量天赋高低的绝对尺度，个人的思维品质和道德情感被日益剥离和边缘化，教育的生命意义和生命价值被弱化，逐渐成为远离人的"废墟"。教育必须尊重人的个性，尊重和释放人的天赋，整齐划一的模式化教育必须摒弃。

（二）天赋的释放具有差异性

世界上没有两片完全相同的树叶。每个人都是独立的生命体，不

---

① ［古罗马］昆体良：《昆体良教育论著选》，人民教育出版社1989年版，第10页。
② 贺国庆、于洪波、朱文福主编：《外国教育史》，高等教育出版社2009年版，第47页。

同的个体存在不同的天赋。这种天赋的差异是一种资源和财富,如果没有这种差异,那么教育过程的整齐划一或教育结果的千人一面也就在情理之中了。教育之所以是"艺术中的艺术",根本在于教育必须顺乎人的天赋,因材而施教,而不是脱离任何个体的特殊经验而独立或一意孤行。不以人之天赋为基础或依据的教育难以取得真正的成功,或是无效的教育,甚或是失败的教育。譬如,将一个语言潜能突出而数学天赋不足的学生送进"奥数班",不仅造成该学生数学造诣的普通与平庸,也必将导致该学生语言能力的衰退与丧失。教育如同艺术创作,而艺术创作最忌讳千篇一律或模仿复制。如前所述,古希腊雅典的教育曾在历史上盛极一时,孕育了西方文明的曙光,培养出一大批杰出的哲学家、教育家和思想家,其"成功之处在于它使人的才能、倾向、个性得到充分的发展"①。

天赋因人而异,个人的天赋因领域而异,这就好比人的五根手指,有长有短、有粗有细、有大有小,它们分别代表语言、数学、音乐、美术、运动等不同方面的发展潜能。教育对天赋的选择和释放,要力求扬长避短,追求各方面的同等发展或整齐划一,既不现实,也不理性。教育对人的天赋的释放,教师或家长切忌仅凭好恶而做替代式的抉择,尤其要力避让孩子陷入追求"样样精通"实则"门门稀松"的尴尬境地。教育必须保护人的天赋优势不被湮没,特别是人的天赋的生长和再生长不被遏制。当然,天赋的释放不是教育者单方面的事情,受教育者也要学会发现和释放自身的天赋诸如学习优势,牢记"当你忙着去修正比较差的天分时,也就是弥补弱点之时,你正在忽视更有效的天分,甚至会埋没已有的才能"②。

(三) 天赋的释放具有过程性

人的天赋具有内在的结构,因而天赋的释放不可能随心所欲,也不可能一蹴而就。莱布尼茨认为,人的天赋犹如一块有纹路的大理

---

① 滕大春:《外国教育通史》(第一卷),山东教育出版社1989年版,第176页。
② [美] 罗莎娜·利斯维德著:《发现你的学习优势,发现我的教育优势》,张林译,中国社会科学出版社2011年版,第40页。

石,大理石的纹路决定了大理石应该或者说适合被雕琢成何种形态,也决定了雕刻家如何操作和运转才能发挥大理石的最大价值,成就它的最美形态。人之天赋的释放同样存在自身的"纹路",教育理当沿着天赋的纹路而为,尊重人的天赋释放的秩序性、过程性和阶段性,如若"杂施而不孙,则坏乱而不修",违背人成长的内在规律,不符合天赋释放的内在逻辑。

天赋的释放既要因势利导,也须循序渐进。每一个人从自然实体到社会实体,进而实现自身的意义生命、价值生命和道德生命,是一个循序渐进的"成人"过程,这一过程伴随着各种天赋的释放。人因教育而成为真正的人,教育为人的天赋的释放或人的一切可发展性的拓展,提供必要的阳光、温度、水分和土壤,教师在教育中扮演园丁般的角色。园丁在担当花圃园林的养护工作时,遵循植物生长的内在规律,播种、育苗、上盆、控温、修剪、嫁接等须适时而合理,拔苗助长或"陵节而施"只会戕害植物的生命。人的天赋的释放是一个久久为功的过程,它如同深深扎根于泥土的竹笋,破土而出需要一段时间积聚能量,那种瞬间的天赋释放只是潜能之光的昙花一现,最终将化于无形。

(四)天赋的释放具有交互性

教育是一种双向的对话和沟通,因而天赋的释放不是教育者或受教育者的单向行为,而是两者的双向互动和彼此诱发。释放学生的学习潜能与释放教师的教学潜能是内在统一和相辅相成的,两者不相害也不相悖。理想的教育不只释放学生的学习天赋,同时也释放教师的教学天赋,这正是"教学相长"的内涵之一。事实也证明,教师的教育天赋释放的程度越高,学生的天赋潜能的释放就越充分。严师或名师未必一定出高徒,善于因材施教者出高徒相对要合情合理。好教师最好具有作为一名好学生的经历和体验,但好学生未必一定能成为好教师,因为好老师还要善于发现好的学生,善于因材施教,善于释放自己和学生的天赋。亦即说,好老师既要有学习天赋,也要有教育天赋,培养一名好教师比栽培一名好学生更难。教师的教育天赋是一种稀缺性教育资本，它"在改进教师教育乃至培养好教师中发挥着不可或缺的作用"①。

（五）天赋的释放具有边界性

人或许具有无限的潜能，人的天赋的释放却是有限的，教育对人的天赋的释放并非无所不能。从根本上讲，教育是一种外在的力量，它既不能让人如猛兽般生出爪牙、如飞鸟般展翅飞翔，也不能让盲人成为画家、聋子成为歌唱家、弱智成为科学家。教育可以促进人的天赋的释放，但这种释放不是无边无际的，而是存在一定的域值和上限的，过分夸大教育无所不能，盲目渲染教育可以随心所欲，对天赋的释放百害而无一利。教育的作用和意义无与伦比，"人类之所以千差万别，便是由于教育之故"②。但是，教育不是万能的，"教育万能说"不科学，它至少否定了人的主观能动性，片面地将人彻底地视为教育的对象物。

教育万能说与环境决定论、遗传决定论貌似对立，然在思维范式上如出一辙，要么将人看成可操作的程序化教育的对象，要么将人看成环境的被动适应者，要么将人视为一切皆已既定的存在物，人的主观能动性在它们面前似乎毫无用武之地。人的发展是遗传、环境、教育、人的主观能动性等多种力量共同作用的结果，教育在其中发挥着关键而有限的作用。教育可以在人的天赋象限内"自由施展"，但不可在虚拟的天赋空间里"信马由缰"。

总之，天赋的释放有其内在的规律，按其规律施展教育则事半而功倍。教育是有理想的，构建理想的教育是人类的诉求。从天赋的视角看，释放人的天赋是理想教育的本相，教育的理想是最大限度地发展人的潜能或一切可发展性，即"一切教育努力的根本目的应该是帮助男女儿童尽其所能达到最高限度的个人发展"③。发现和释放人的

---

① 汪明帅：《发现"教育天赋"：改进教师教育的另一种视角》，《教育发展研究》2014年第Z2期，第62—63页。
② 任钟印等：《世界教育名著通览》，湖北教育出版社1994年版，第370页。
③ [英]沛西·能：《教育原理》，王承绪等译，人民教育出版社1992年版，第2页。

天赋的根本目的是，让人自由、幸福、诗意地栖息和居住在大地上，进而实现全人类的解放和自由。匈牙利诗人云："生命诚可贵，爱情价更高，若为自由故，二者皆可抛。"自由如同人的生命，教育的使命就是实现全人类的解放和自由，解放也是为了自由，教育要"使人更好地保障自由、享有自由、发展自由、创造自由""教育若真能有效地履行自己的使命，那将是意义深远的。自由即等同于人的生命，那么，保障自由就是保障了生命；享有自由就是享有了生命；发展自由就是扩展了生命，提升了生命；创造自由就是在发现生命的新意义、新世界"[1]。

---

[1] 张楚廷：《自由是人的同义词》，《当代教育论坛》（综合研究）2011年第12期（卷首语）。

第八章 高等教育与社会发展

　　物质决定意识，意识是物质的反映，这是唯物主义的观点。但是，物质决定意识，经济基础决定上层建筑，阐发的是一种"宏观趋势"或"生发概率"，阐发的是一种"弹性的必然性"而非"刚性的必然性"。看不到这一点，我们容易陷入机械的"唯物质主义"的泥潭。唯物质主义不等于唯物主义，也并非所有的唯物主义都是正确的，像机械唯物主义就不科学，辩证唯物主义才值得信奉和捍卫。唯物质主义认为物质凌驾于一切之上，着实偏离了真理的轨道，是不宜或不可坚持的"主义"。然而，我们经常深陷唯物质主义的"沼泽地"，误以为只要物质极大地丰硕了，人类社会就没有什么困难了，抑或是人类社会的一切问题皆可解决。唯科技主义是唯物质主义的"变种"，认为科技可以解决一切问题。

　　从整体上看，社会规律与自然规律不同，表征为一种统计性规律而非确定性规律，社会各个领域存在的各种关系是一种网络态的非线性关系，那种一一对应的必然的因果关系只是社会规律的一种特例，即生发概率为1或0是社会规律的极端。历史与现实昭示，经济基础与上层建筑之间的关系的确密切，但这种密切只是程度上的，不是性质上的，我们永远不能完全用经济来解释上层建筑，也不可完全用上层建筑来解释经济。高等教育与社会之间的关系，不是单一的先后关系，或因果关系，或时空关系，或促进关系，或制约关系……而是多元的、多向度的复杂关系，仅用因果关系无法诠释高等教育与社会之间的关系，而且它们之间的因果关系也是"多因多果"的，绝非简单的严格的"一因一果"关系。

一 高等教育与社会相互作用

关系是事物之间的相互作用,相互作用是事物之间的普遍关系。事物是普遍联系的,是经由相互作用而联系到一起的。相互影响、相互制约是事物之间不同程度或状态的相互作用,其中相互影响存在积极与消极之分,相互制约则含有一定程度的决定性意蕴,即"谁制约谁",或多或少蕴含着一定程度的"谁决定谁"色彩,但两者之间不能画等号。单就高等教育与社会的关系而言,用相互作用来刻画和描绘较为恰切,因为"相互作用"是中性的,相对"相互影响"或"相互制约",更具包容性和解释力,甚至可以左右逢源。

地球孕生了人类,人类又创造了人的社会、人的世界和人的关系。高等教育和社会皆是人的创造,先有人而后才有人的社会,而高等教育则是社会发展到一定阶段的产物,社会作为孕育高等教育的土壤而存在,同时也作为高等教育继续生存和发展的环境而存在。社会发展是综合性的和整体性的,包括政治、经济、文化、科技、教育等诸多方面的发展,历史唯物主义一般立足于生产力与生产关系来阐发社会发展。劳动力是生产力的核心,是经济活动的前提,劳动力本身也是可以生产的,而教育会生产劳动力。劳动可以分为简单劳动和复杂劳动,"比较复杂的劳动只是自乘的或不如说多倍的简单劳动。因此,少量的复杂劳动等于多量的简单劳动"[1],而从事复杂劳动需要接受专门的教育,甚至是专门的高等教育。

高等教育或大学诞生之前,社会也在发展进步,不然就没有高等教育或大学的诞生,因为社会不发展,高等教育或大学就缺乏孕生的条件和基础。这一点也不难理解。不过,高等教育或大学诞生之后,生产力改进了,社会发展的速度和节奏加快了,步子更加稳健了,文明程度提高了,今天人类的触角可以上天入地,展现出了巨大的人类本质力量,而这种力量在根本上源自知识的力量,尤其是掌握了高深

---

[1] 马克思:《资本论》(第 1 卷),人民出版社 1975 年版,第 58 页。

▶ 高等教育关系论

知识的人的力量，这些力量又源自高等教育或大学。今天，谁也不能否认、也不会否认高等教育对社会发展的意义，尤其是经济、科技等对高等教育的依赖，达到了前所未有的广度、高度和深度，其中劳动密集型经济向知识密集型经济的转向，本身说明了经济对高等教育的依赖。

　　社会孕育高等教育，高等教育反哺社会，这是高等教育与社会的基本关系。社会对高等教育的影响是综合性的和系统性的，主要是通过政治、经济、文化、科技等影响高等教育，而经济是影响高等教育最为直接、最重要的变量，因为没有一定的经济基础，高等教育就没有基本的物质条件。但是，经济并不决定高等教育的一切，也不是影响高等教育的唯一变量。大量的事实业已佐证了这一点，还将继续证实这一点。中国唐宋时期的生产力远胜中世纪的欧洲，但大学出现在那时经济相对落后的欧洲，而不是出现在经济相对发达的中国。中国直到19世纪末才出现大学，比中世纪早期大学足足晚生了约800年。19世纪的美国，也并非是世界上经济最发达的国家，但它已开始拥有世界上最好的大学，像哈佛大学和耶鲁大学。由此足见，世界一流大学不是经济决定的，不是钱可以堆出来的，光有钱还不足以建成世界一流大学，有钱只是建成世界一流大学的必要条件而非充分条件。哈佛大学的前校长博克认为，金钱虽然十分重要，但影响学校的关键因素将是时间，是时间的效能。可见，机械地、死板地、简单地套用"经济基础决定上层建筑"，是难以正确解释社会与高等教育之间的关系的。当然，这并不意味着社会尤其是经济的发展对高等教育不重要，我们只是强调社会与高等教育之间的关系是一种非线性关系。

　　社会和高等教育都是发展变化的，高等教育与社会的关系也是发展变化的，两者在与时推移中日益表现出相互适应、相互服务、相互支持、相互耦合的态势。张楚廷先生认为，"最初的大学既不是作为经济活动而出现的，也不是为了经济的发展或助经济以一臂之力而出现的，可是，到今天，整个文化与经济关系的密切程度相信已大大超过了古人的想象，大学与经济的关系的发展也超出了900多年前创立大学的先驱们的想象。这种密切程度可以这样来解释：人类的需要，从大的方面来说是物质的需要和精神的需要，而人类的生产也是物质生产和精神生产两大类，并且，一个特别引人注目的趋势是这两类生产越来越难以完全脱离开来，尤其是，物质生产越来越依靠精神生产，而人们的这两类需求和生产都是融入人的一生的。这就必然使得文化与经济也越来越紧密地联系在一块，且经济越来越依赖于文化，经济的文化性质和文化的经济性质都不再是难以觉察的抽象物了"[1]。总而言之，高等教育与社会的哺育与反哺关系更加密切了，"相互作用"随着两者关系的递进而彰显出"相互影响"和"相互制约"的特征。

二 高等教育与社会互相服务

长期以来，我们习惯于强调高等教育要服务于社会发展，这对活在当下的高等教育而言并没有什么不对。但是，如果只是强调高等教育对社会发展的单向服务，恐怕就需要引起警示了。从根本上说，高等教育与社会是一种系统与环境的关系，是一种哺育与反哺的关系。无论是系统与环境，还是哺育与反哺，蕴含的皆是一种双向的互动关系，其中自然包括相互之间的双向服务。当然，我们还可以从高等教育、人和社会三者之间的互动关系来论证高等教育与社会理应相互服务。人是社会的人，社会是人的社会。人的社会性决定了人的本质，人的类存在性决定了社会的本质，因而人与社会互为必要条件而存在。人因为教育而成为真正的人，人从自然实体转化为社会实体、从潜在的劳动力转变为现实的劳动力，离不开教育。教育也离不开人，还离不开人所生存与发展于其中的社会。与此同时，教育还以自身特有的方式促进社会发展，特别是为社会发展提供人才支撑和智力支持。高等教育存在与发展的逻辑，根基于人和社会存在与发展的逻辑；高等教育的存在与发展，源于人和社会的需要，同时以人和社会

---

[1] 张楚廷：《高等教育学导论》，人民教育出版社2013年版，第40页。

的存在与发展为自身存在与发展的前提。

　　人的世界是人创造的,人创造世界是为了人自身,不是为了好玩,也不是为了人之外的其他生物。社会归根结底是人的社会,社会发展最终是为了人的发展。如果社会发展不是为了人的发展,那么人创造社会来干什么。人乃社会之本,人是生产力中最活跃的因素,"人的发展决定经济发展,决定社会发展,人的发展也就应该成为教育的出发点。可是,教育为经济服务、为社会服务的口号是基本的,为人及其发展服务则在很长时期里并不处在基本的地位"①。从发生学的视角看,先有人然后才有社会,将社会发展凌驾于人的发展之上,或以社会为人之本,显然颠倒了人与社会的地位,颠倒了人的发展与社会发展的关系,这种颠倒会异化教育与社会的关系,即社会总是统摄或主导着教育,而教育始终是为社会服务的,社会总是被教育服务的。历史唯物主义认为,社会是人的社会,人是社会的人,人的发展与社会的发展是内在统一的,教育以人的发展或社会发展为出发点具有某种"同质同构性",但社会发展最终是为了人的发展。可见,教育与社会都是服务于人的,同时两者也应相互服务,彼此的地位没有高低、贵贱之分。事实上,也唯有如此,教育和社会才能更好地服务于人的发展。

　　人是万物的尺度,也是衡量一切的尺度。以人为本的教育,则是衡量社会的尺度。或许正是基于这样的考虑,张楚廷先生认为忽视教育的社会是没有前途的社会,教育落后的社会是落后的社会,教育不合理的社会是不合理的社会,教育不发达的社会是不发达的社会。绝对不是由社会来衡量教育,而是由教育来衡量社会。我们也认为,不能颠倒或搞反教育与社会的关系,教育不是社会的附庸,尤其不是经济的婢女,否则,教育就会陷入被矮化的"身份或角色困境"。

　　世界在变,高等教育与社会的关系也在变,在由远及近,在由疏到亲,在由隐性到显性。高等教育的发展过程,可谓是一个高等教育从经济社会边缘逐步走进经济社会中心的过程。从语义分析看,这种

---

① 张楚廷:《高等教育学导论》,人民教育出版社2013年版,第40页。

"走进"似乎是单向的,表征为高等教育单纯地向社会的靠近。事实上,高等教育与社会是相向运动的,两者是相互走近和相互靠拢,是你走向我、我也走向你,只是高等教育在这种相互走近的过程中稍稍被动了些而已,社会一直在主导着这种相互走近。事实上,高等教育与社会的相互适应也是非对称的,高等教育主要属于被动适应的一方,彼此应该相互主动适应。高等教育对社会发展的被动适应,集中表征为高等教育变革主要是社会变革的结果,而非社会变革的原因。

高等教育发展过程是一个高等教育功能不断释放的过程,也是一个高等教育与社会发展相互促进和相互服务的过程。高等教育通过培养和输送掌握高深知识的高级专门人才,促进社会的政治、经济、文化、科技等的发展,同时释放出自身的政治功能、经济功能、文化功能、科技功能等。高等教育功能是随着社会的发展进步逐渐释放出来的,这种释放存在一个从一元到多元的过程。当今社会,高等教育的触角几乎伸展到了社会的每一个领域,系统地影响着社会的进步与繁荣。回眸高等教育史可知,大学社会服务职能的开启,始于19世纪的美国,尤其是1862年《莫雷尔法案》的颁布,催生了一批州立大学,以威斯康星大学、康奈尔大学为代表,以直接服务社会发展需要为办学宗旨,拉近了大学与社会的距离,让高等教育与社会发展的关系更加密切。自此以后,越来越多的大学走出"象牙塔",逐渐成为社会发展的"动力站"。发展了的社会,也逐步学会了给予高等教育或大学以慷慨的馈赠。这是当今高等教育与社会之间关系的总体图景。历史与现实昭示,无论是脱离社会的高等教育,还是脱离高等教育的社会,都是注定没有前途的。

三 高等教育要促进社会耦合发展

事物既"自成系统",又在相互关联中"互成系统"。社会不只是一个包含"部分"的整体,同时也是一个包含"整体"的整体,政治、经济、文化、科技、教育等既是社会整体之中的"部分",更是社会整体之中的"整体"。作为社会之"整体"而存在的政治、经济、文化、科技、教育等,它们既相互独立又彼此依赖,它们相互影响且地位平等,它们密切关联却谁也决定不了谁。但是,社会整体并不等于政治、经济、文化、科技、教育等之"整体"的简单"加和",社会的"整体涌现性"源自这些"整体"的关联,高等教育的发展应指向社会整体涌现性的实现,指向社会的整体发展和综合发展。

过去,人们习惯于将政治、经济、文化、科技、教育等看成社会的"部分",习惯于用"整体统摄部分"或"部分服从整体"的思维方式看待社会与政治、经济、文化、科技、教育等之间的关系;习惯于将政治、经济、文化、科技、教育等的关系视为一种部分与部分的关系,而且这些"部分"之间的地位是不平等的,它们的关系完全遵从"经济基础决定上层建筑",认为"经济基础决定上层建筑"是铁定的或刚性的必然性。这既扭曲了社会与政治、经济、文化、科技、教育等之间的关系,也扭曲了政治、经济、文化、科技、教育等之间的关系。

(一) 社会发展是一种整体性发展

社会是一个由政治、经济、文化、科技、教育等组成的"关系系统"。社会系统内各要素之间并不是孤立存在的,而是经由相互作用、相互联系而构成的一个社会有机整体,社会系统的组成要素之间不是毫不相干的拼凑,任何要素的变化都会对其他要素以及整个有机体产生一种非线性的联动影响。在社会这个关系系统中,构成社会的诸要素之间的互动,决定了社会发展必须是一个有机和谐的整体发展过程。社会发展的整体性决定了教育社会功能的发挥,必须立足于促进社会整体发展,而不应仅局限于社会的某个领域或某一方面。

高等教育通过培养人而作用于社会,并在与社会的互动中促进社会各领域的发展,同时立足于社会整体发展而不断地协调、修正社会发展过程中的种种不平衡。当社会发展选择整体性发展时,高等教育就会成为一种强劲的正能量,促进社会整体和谐有序的发展。相反,当社会发展观倾向于或局限于某一领域,诸如以显性的政治权威或经济强势凌驾于高等教育之上时，高等教育极有可能会异化为一股掣肘社会整体发展的阻力，或成为一种消解社会整体发展的力量。翻开人类社会历史的画卷，从西周到洋务运动之前的中国高等教育，无论是官学还是私学，皆以封建伦理政治为核心，在中国存续了数千年。在各种封建伦理政治权威的影响下，中国古代高等教育沦为政治的附庸，无论是教育理念、教育内容，还是教育实践，都被封建伦理政治所主导，高等教育的经济、科技等功能被轻视、排斥和遮蔽，这种片面性的社会价值取向，导致了社会发展的严重失衡，破坏了社会发展的整体性，甚至左右了中国社会发展历史形态的变迁。

中国古代的高等教育早于西方，但并没有像西方国家的高等教育那样在社会变革中发挥巨大作用，中国古代高等教育虽然也培养了一些为统治阶级服务的治国人才，但那种能够引导社会变革的扛鼎之才却不多。中国古代高等教育的历史几乎是一部儒家学说教育史，当西方国家以其发达的自然科学技术纷纷完成工业革命并且推动社会进入工业文明社会的时候，中国仍然处于没有多少科技含量的农业社会。中国封建社会历朝历代虽然发生过多次农民起义和战争，但并没有发生改变社会性质的根本变革。中国没有像西方的洛克、伏尔泰、孟德斯鸠等足以引导社会变革的启蒙思想家，西方并不是生产社会变革思想家的天然土壤，这些思想家的经历表明，生活的社会背景虽然不可忽视，但是教育是他们成长的主要原因，教育为西方社会变革提供了重要思想基础。

经济、政治、文化、科技、教育等皆是衡量社会发展水平的指标，它们任何一方面的滞后所造成的"短板"，都会影响社会这一"木桶"的储水量。高等教育促进经济的发展，主要是改善生产方式，改进劳动工具，提高劳动生产率，将人从劳动中解放出来；高等教育促进政治的发展，主要是提高人口的政治素质，推动政治制度改革等；高等教育促进文化的发展，主要是保存、传播、发展、应用、创新文化，同时促进多元文化的相互理解与认同等。人没有文化的救赎，就失去了思考的灵魂，就只能靠本能而机械地存活，这与一般动物别无二致。古希腊艺术和哲学的繁荣，意大利的文艺复兴，英国的工业革命,德国的宗教改革,法国的启蒙运动,培养了人类伟大的思想家、艺术家、科学家、哲学家。总之,经济活动为满足人们生存的基本需要,政治发展为人们组织生活提供基本秩序,文化发展为人们信仰的精神追求提供价值基础。教育的意义在于发展人,发展人的一切可发展性,进而促进全人类的解放和自由。

(二) 社会发展是一种生态性发展

只有社会的发展而没有人的发展,不是真正的社会发展。只有政治、经济、文化、科技、教育等各自为政的社会发展,也不是真正的社会发展。社会的发展不以束缚人的发展为前提,不以破坏自然的发展为代价。自然主义、环保主义、后现代主义尖锐地批评了现代化进程中人类改造世界的行为,认为与过去基于非破坏性创造的传统文明相比,人类对地球的破坏性改造并不是社会的进步,而是一种社会的倒退。人类曾崇尚自然简朴的生活,对艺术精雕细琢,如今却被奢靡和伪劣取代,迷恋"拜物教"。人们以为自己缔造了科技进步的神话,可以改天换地,可却在文明的彼岸渐行渐远。这些批评是值得反省和深思的,但我们也不能仅凭此而全盘否定人类社会的发展、进步和繁荣。

人类社会的生态性发展源自多重力量的叠加或合成,其中高等教育提供的科技力量是社会进步的发动机,高等教育提供的人文力量是社会进步的方向盘。然而,随着科学教育的日益强势,人文教育日渐式微:一是科学教育不断挤占人文教育的地盘,大量的人文教育课程被赶出了大学课堂;二是自然科学课程的教学缺乏人文气息,表征为一种单纯的为科学而科学、为理性而理性的教学。大学是社会发展的动力站,也是让人类变得大智大慧的场所。如若没有了人文教育,大学的社会力量和个体力量就难以正确而有效地释放,社会和个体畸形发展就在所难免,科学教育本质力量的释放就容易抛锚。

科学教育和人文教育是大学教育的"一体两面",而非两种不同类型的大学教育。科学教育主要求真,人文教育主要是求善和求美,两者相互生发、相互圆融、相互观照、相得益彰,共同谱写大学教育真、善、美的赞歌，共同支撑大学的可持续发展，任何一方的缺失都将导致大学步履蹒跚，进而引发社会畸形发展。大学最根本的使命是培养人，不是培养仅仅具备经济能力、行政能力抑或社会交往能力的工具性人才，而是要培养自我意识和历史眼光、批判精神和创新能力、智力因素和道德情感和谐发展的复合型人才。孔子门下弟子三千，然而最令其满意的不是子路的勇毅与胆识，不是子贡的口才与谋略，也不是冉有"可以南面为王"的才华与气度，而是颜回"人不堪其忧，而回也不改其乐"的高贵情操和人文气节。试想，如果我们的高等教育一心追求实用化、技能化、功利化，培养出来的人才缺乏人文素养，不顾公共利益，职业道德败坏，只要于己有利便无所不用其极，岂不是后患无穷？

科学是社会发展的发动机，人文是社会发展的方向盘，没有科学则没动力，没有人文则容易偏离正道，两者实乃不可或缺。大学要发展，社会要进步，科学力量必不可少，但不能没有人文力量的引领。可以断言，在理性主义思潮风起云涌、功利主义文化甚嚣尘上的时代，只有将人文教育和科学教育内在耦合起来、将理性与感性完美融合起来，大学行进的步伐才能走得更加稳健、踏实和深远。

（三）高等教育要促进社会耦合发展

社会耦合发展是政治、经济、文化、科技等的整体性发展和生态性发展，也是政治、经济、文化、科技、生态等相互支持的发展。高等教育带给一个国家的发展可以是耦合性的，历史为我们提供这方面的经验。中国近代高等教育是伴随着列强炮声和在救亡图存的需要下而催生的，一些先进的有识之士通过办学堂、派遣留学生等方式，为中国社会培养了一批又一批在经济、军事、科技等方面的专门人才，为中国社会变革和发展注入了新的生机与活力。一些大学以及大学的先进知识分子在社会变革中成为中坚力量，近代大学在新文化运动和马克思主义传播中的先锋和桥梁作用最为典型。譬如，北京大学为中国新文化的兴起，为马克思主义的传播，为中国共产党的成立，发挥了关键作用，没有北京大学以及知识分子传播革命思想，中国革命的

▶ 高等教育关系论

前途难以想象。中国整个近代社会的变革过程，也是中国近现代高等教育建立和发展的过程，中国近代社会的高等教育对于历次政治变革都产生了重大作用，同时对于整个社会的经济、科技、文化、军事等方面产生了深远影响。

世界高等教育的发展经历了5次高等教育中心转移，而且每一次转移都给这个国家带来了巨大的社会变革，推动了社会的整体发展进步。创立中世纪大学的意大利是世界上第一个教育和科学中心，其结果是意大利首先迎来了文艺复兴这一人类从未经历过的伟大变革；17世纪中期世界高等教育中心转移到了英国，英国不仅率先完成了资产阶级革命，建立了资本主义制度，而且由此兴起了第一次工业革命，使英国首先跨入了工业化国家的行列，成为当时的世界强国；18世纪末，法国成为世界高等教育的中心，不仅推动了法国资产阶级大革命并建立了帝国，而且使其在19世纪上半叶称霸欧洲；19世纪中后期，德国创立了现代大学制度，不仅使德国成为世界高等教育中心，而且推动德国实现了国家统一，还促进德国兴起了第二次工业革命并成为世界工业强国；19世纪末20世纪初美国成为世界高等教育和科技中心，随后便成为世界上最强大的国家，并且由此兴起了第三次工业革命浪潮，高等教育的长期发达使其长期保持着世界经济强国的地位。19世纪末，日本成为亚洲的高等教育中心，经济随即崛起，成为亚洲经济最发达、势力最强大的国家。当今中国是世界第一高等教育大国，目前正在加紧建设高等教育强国，大力推进世界一流大学和一流学科建设，国家的综合国力日益增强，作为一个大国的地位和作用也正在彰显。

社会发展是一个不断地扬弃"旧我"、重塑"新我"的过程，这种"旧我"与"新我"的新陈代谢过程应以社会的整体性、系统性、生态性和耦合性发展为宗旨。当今世界，似乎在全球范围内已经普遍形成共识：教育尤其是高等教育是现代社会乃至未来社会发展的最大支柱。但是，高等教育与社会整体发展并非总是正向匹配和耦合发展的，两者之间有时也存在相悖的个案。例如，20世纪六七十年代拉美国家的高等教育改革，盲目效仿发达国家的教育改革而置本国国情于不顾，片面地追求高等教育所带来的经济效益，忽视文化的建设与政治模式的再造，致使本国社会发展停滞或倒退。与此相反，日本、韩国、新加坡等国家，立足于社会整体发展目标，摆正了高等教育与社会发展的关系，合理地开发高等教育的经济、文化等功能，使社会发展与高等教育处于一种和谐互动之中，从而保证国家整体的平稳发展，所以，高等教育在现代社会中理当摆正自身的位置，寻求促进社会整体发展的契合点，实现两者之间的良性互动和耦合发展。高等教育作为社会系统中相对独立的力量，要想促进社会整体发展，就要充分扮演好社会各子系统发展之间关系的"协调员"，起到杠杆和桥梁的作用。

（四）社会耦合发展靠人来实现

人与社会都不能脱离对方而单独存在，两者互为对方的存在条件和发展前提。人作为社会有机体存在与发展的主体，一切个人活动的总和构成社会的整体运动及其发展。人自身的发展，既是衡量社会进步的尺度，也是推进社会变革的内在动力。在某种程度上说，人在社会实践过程中改造社会环境，同时也改造人本身，社会的发展就是人自身的发展；反之亦然。马克思认为，"人们的社会历史始终只是他们的个体发展的历史，而不管他们是否意识到这一点。"[1] 人的发展与社会的发展具有内在的统一性，同时两者在某些阶段也存在着不同程度的矛盾和冲突。这既是历史的必然，也是人与社会发展的必需。第二次社会大分工，即手工业与农业之间的分离，促进了人类社会的进步，却在一定程度上箝格或伤害了个体发展的完整性，人为地制造了人的片面发展，而这种人的片面发展又为更高级的人的全面发展，提供了必要、可能和空间。人的发展由原始社会的全面性，到近代的片面性，再到未来社会的全面性，是一个螺旋上升的否定之否定过程，教育在其中举足轻重甚或不可替代。《教育——财富蕴含其中》一书指出，"教育在个人生活中的地位越来越重要，因为它在促进现

---

[1] 《马克思恩格斯选集》（第4卷），人民出版社1995年版，第532页。

代社会发展方面的作用越来越大"①。言下之意,教育、人、社会是一个"关系共同体",任意一方的滞后,影响的是整体共同体的发展。

教育因人和社会的需要而诞生,教育不可能脱离人与社会而单独存续。人的发展与社会发展相互作用、相互影响、相互制约和相互转化,而教育是最基本、最直接的中介,尤其是高等教育,它通过培养各种高层次专门人才直接作用于社会,推动社会变革与发展。高等教育是实现人的发展与社会发展之间转换的中介,高等教育能够有目的、有选择地把人的发展提高到社会发展所要求的水平上来,从而实现人的发展与社会的发展的相互促进与相互转化。严格地说,高等教育对人的发展与社会发展的作用不是共时性的,两者存在一定的时间差或先后顺序,高等教育首先作用于人的发展,通过改变人或人的发展而促进社会发展,进而实现人的发展与社会发展的转化,最终促进人与社会的和谐发展和共生共荣。概言之,高等教育、人、社会之间的矛盾运动,构成了三者互动发展和耦合并进的根本动因。

四 高等教育必须走向国计民生

关注民生,重视民生,保障民生,改善民生,是当今中国社会唱响的主旋律和时代强音。党和国家反复强调,要"着力促进社会发展和解决民生问题",让全国人民"学有所教、劳有所得、病有所医、老有所养、住有所居",真正做到"发展为了人民、发展依靠人民、发展成果由人民共享,促进人的全面发展"。这是中华民族的伟大梦想,也是每一位炎黄子孙长期以来的企盼与夙愿。

民生指向社会综合发展,又根植于社会综合发展。"没有发展的民生是无源之水",没有民生的发展是错位的发展,也是畸形的发展。社会要发展,教育须先行;教育要发展,民生为标的。反过来看,教

---

① 联合国教科文组织:《教育——财富蕴藏其中》,联合国教科文组织中文科译,教育科学出版社1996年版,第89页。

育是最牢固、最持久和最为公平的民生。因为,"世界上最大的不公平就是教育的不公平"。民生离不开教育,教育亦离不开民生。教育关注民生,民生扎根教育。百年大计,教育为本。教育在解决民生问题中具有不可替代的独特优势,教育有理由也有能力在社会综合发展中作出无可比拟的独特贡献。因此,走向民生是人类社会对教育的一种诉求,也是教育必须履行的历史使命和必须担当的社会责任。更何况,教育与民生从来都是相互依赖和相辅相成的,两者唯有齐头并进才能实现整体的生存与发展。同时,教育本身就是最大的民生工程,教育走向民生也就是走进教育自身。

走向民生是高等教育取得合法性的根本所在。教育是民生之基,自然包括一切层次的教育,当然也包括高等教育。如果说义务教育是民生的第一块基石,那么高等教育便是第一块基石的夯实和固化。从这个意义上说,高等教育与民生更亲、更近、更直接。高等教育自诞生以来,它从来没有离开过人或社会:人创造了高等教育,而高等教育又不断让人获得新生,人与高等教育总在相互改变;高等教育在社会中孕生,同时又慷慨地馈赠社会,高等教育与社会总在相互作用。站在历史的长河中看,高等教育总是与民生直接关联在一起的,无论是培养人才、发展科学、直接为社会服务抑或文化传承创新,高等教育归根结底是在关注、重视、保障和改善民生中取得其合法性,并以此获得难以撼动的尊贵地位。历史与现实反复证明,高等教育不是一个"单子",也不是社会中的"孤岛",它不能停驻于封闭的"象牙塔",更不能脱离孕育它的人类社会。高等教育不能背离社会,始于民生、巡道民生而走进社会,在改善民生中释放自己的能量和实现自身的价值,在走向民生中迈向永恒。

走向民生是高等教育的出发点和归宿。最初的高等教育主要是人文教育的,而人文教育是人本身的教育,是人之化成的教育,亦即促进人全面发展的教育,民生自然包含在教育之中。如今,科学教育已占据上风,人文教育也许辉煌不再,但科学教育也是指向民生的,是另一种解决民生的思路和方法。民生以高等教育为基石,高等教育以民生为旨归,两者在相互依存和相互促进中涌现出整体性:我们鲜见高等教育发达而民生落后的国家，也罕见国家民生改善而高等教育落后的国家。高等教育带给人类社会的效能是综合性的，千百年来，伴随"高等教育中心"转移的远不只是"科技中心"的转移，还有人才支撑和智力支持下的社会发展水平和人民群众多方面的福祉。自高等教育从"社会的边缘"走进"社会的中心"以来，人类社会的种种重大民生问题的解决，无一不与高等教育密切相关。同样，没有民生的高等教育是短视的高等教育，也是短命的高等教育。可以断言，任何国家的高等教育都得走向民生，这是由"高等教育要与人的发展相适应"和"高等教育要与社会发展相适应"决定的。

高等教育走向民生必须走进人民大众。作为民众的生计，民生不是抽象的和僵死的，而是具体的和鲜活的，它永远与人民的生存与发展捆绑在一起的。每一个时代有每一个时代的社会使命，每一个国家有每一个国家的民生追求，每一个个体有每一个个体的高等教育需求，这就决定了不同时期的不同国家在建设民生高等教育时有着不同的现实选择。对于人口众多、城乡差距巨大、区域发展不平衡的中国来说，民生高等教育的主要问题是"中国人民日益增长的高等教育需求与优质的高等教育资源短缺的矛盾"。高等教育走向民生任重而道远：必须出台一整套科学而完整的民生高等教育政策；必须建立庞大的、布局合理的、类型和层次多样的高等教育系统；必须实现高等教育的均衡发展；必须建立通向西部尤其是通向西部农村的高等教育；必须建设可以满足不同个体对于不同时间、不同空间和不同内容要求的高等教育。简言之，高等教育走向民生就是努力办好人民满意的高等教育。这是一项巨大的高等教育建设工程，更是一项宏大的民生工程。

高等教育走向民生必须走进人类社会。民生的必然是人民的，也必然是社会的。高等教育只有走出封闭的"象牙塔"世界，步入开放而鲜活的人类社会，驶入服务人民与社会的轨道，才能真正走向民生。人是社会的人，社会是人的社会。民生的高等教育必然同时关注人与社会的生存与发展，也必然会将人类的物质生产和精神生产有机统一起来。高等教育走进人类社会，既要聚焦于让人"成人"和

"成才",也要聚焦于"社会发展水平"的提高。对于前者,高等教育要让人学会求知,学会做事,学会共处,学会做人,学会分享,学会发展。对于后者,高等教育既要直接服务社会,更要间接服务社会,尤其是通过人才培养和科学研究,参与和引领产业结构的调整、优化和升级,包括促进农业、林业、牧业、副业和渔业等第一产业的建设,推动制造业、建筑业、公共工程等第二产业的发展,实现交通运输业、信息产业、餐饮业、服务业等第三产业的跃迁。历史与现实昭示,高等教育向来都是在改造人类社会的过程中改造高等教育自身的,一直都是在促进社会发展和解决民生问题中救赎高等教育自身的。高等教育孕生和生存于人类文明社会,它有责任和义务反哺人类文明社会,促进社会的全面发展、进步和繁荣,赋予人民大众尽可能多的福祉。可以说,走进人类社会是高等教育的立身之本、生存之根和发展之源。

高等教育走向民生必须面向未来。高等教育是千秋大业,更是万世伟业的基石。高等教育要注视当下,更要眺望未来。民生的高等教育,不是让高等教育作为当前社会运动的奴仆而存在,而是要成为社会文明进步的灯塔,不仅照亮世人的心灵,也照亮社会前进的道路。就算是身处疾病丛生的浮躁时代,或深陷功利主义驱使的畸形社会,高等教育依然要保持自我、清醒和睿智,理性审视和深刻反思自己走过的路、该走的路并引导整个社会向康庄大道迈进。众所周知,高深知识和先进科技推动了现代化,带给人类以更大的自由和福利,但它同时也可能催生和助长了人类的欲望,给人类的自我毁灭带来了更大的危机。对于大规模杀伤性武器制造和扩散,对于经济速度和GDP的狂热追求,对于黑心食品的泛滥成灾,对于自然生态的血腥破坏,高等教育必须作为,必须有所作为,必须有所能为。毫无疑问,高等教育要"着力促进社会发展和解决民生问题",但绝不能用数字经济和速度奇迹来衡量高等教育的民生价值,更不能用它们来测量或验证人类所能抵达的经济文明和科技文明的高度。与这种短视的功利主义相对,民生的高等教育坚持以符合理想社会和理想人格的价值体系规范高等教育自身的行为,坚持以建设符合人类居住、生存和发展的和谐世界为高等教育的宗旨。从这个意义上说，民生的高等教育是一种崇高的高等教育理想，它没有极限、没有终点，永远行进在民生社会构建的路上。

五 社会发展最终是为了人的发展

社会发展与人的发展，两者之中谁是目的，谁是手段，谁最为根本？人发展自己，发展自己的才能、感情、思想和自己的整个存在，是不是为了改进自己的社会环境，改善自己在世上的生活？社会环境的改进、社会的发展本身是个人发展的舞台、契机和动力吗？社会是服务于个人而设的，还是个人服务于社会而存活的？这些问题很基本，也很重要，回答的是人的发展与社会发展之间的关系。

人作为社会个体，是个体性和社会性的统一，即每一个人既是他自己，又是社会中的一员。人是社会的人，离开了社会，个人的生命就不复存在；社会是人的社会，离开了个人，社会也不复存在。马克思认为，人类社会以个体生命的存在为前提，社会也反过来规定着人，人的本质"在其现实性上是一切社会关系的总和"[①]。社会是人与人之间交往的产物，社会关系只有在人与人之间的交往中才可能存在。

个体生命并非孤立的、单子式的存在，而是一种人与人之间相互依赖的"共同存在"。单独个体的"我"是不存在的，存在的只有群体的"我们"，个体只有在"共在"中才能获得存在的资格和意义。社会发展和人的发展，不是相互独立的，而是互为前提、互为手段和互为目的，两者具有内在的统一性。人的全面发展，既是社会发展的内在核心和最终指向，又是社会发展的最高形式。人是社会存在和发展的主体，是社会有机体的第一构成要素，一切个人活动的总和构成社会的整体运动及其发展。马克思的社会发展观，把个人当作社会发展的具体前提，把人放在人类社会发展过程中去考察，把全部问题归

---

① 《马克思恩格斯选集》（第1卷），人民出版社1995年版，第60页。

结为对客观现实条件的认识和把握。"全部人类历史的第一个前提无疑是有生命的个人的存在。"① 也就是说,没有人的存在,也就不会有人类社会,人自身发展的过程就是人创造社会历史的过程。

人是社会的根本,社会的生命源自人的生命。人是生成的和可发展的,人的可发展性源自人的生成性和未完成性。人永远在生成着,永远在发展着,永远走在从未完成通向完成的路上,一旦生成的过程停止,人也就不存在了,社会历史就会终结。毫不夸张地说,"人是世界上最奇异的存在:人创造了人自己,人创造了人的世界;人永远创造着自己,人永远创造着人的世界;人永远是未完成的存在,人的世界永远是未完成的存在"②。

社会是人的伟大创造,社会终归是人的社会。人是社会发展的起点,也是社会发展的归宿。社会是人的社会,社会发展的历史首先表现为人的发展史:"历史什么事情也没有做……历史不过是追求着自己目的的人的活动而已。"③ 社会存在的合法性,在于它为人的发展提供必要的社会条件,在于它促进了生命个体的成长,在于它提高了生命个体的主体性,在于它促进了人的自由而全面的发展,在于它实现了生命个体的价值。而高等教育存在的合法性,既在于它为社会发展提供了人才支撑和智力支持,更在于它直接促进了人的自由而全面发展,而后者更为根本。

社会是发展着的,人是发展着的,社会的发展与人的发展内在统一,然两者却未必同步,时而超前或滞后是常态。从整体上看,越是发展得好的社会越有利于人的发展,而发展得越好的人对社会发展的贡献越大。社会发展与人的发展有时并不同步,社会生产力提升、社会财富增加、军事战斗力强化的同时,人性可能在扭曲、道德在沦丧、生态在破坏,这样的事实是存在的,而且还不是个案。人的发展和社会发展是一个螺旋上升的过程,是一个圈行环走的过程,是一个反复迂回的过程,两者并没有按照达尔文主义的动力学原理平滑推

---

① 《马克思恩格斯选集》(第1卷),人民出版社1995年版,第67页。
② 孙正聿:《哲学通论》,辽宁人民出版社1998年版,第194页。
③ 《马克思恩格斯全集》(第2卷),人民出版社1957年版,第118—119页。

▶ 高等教育关系论

进。高等教育活在当下，高等教育要适应社会发展需要是毋庸置疑的，但高等教育不能盲目地迎合社会发展的欲望和偏好，更不能迎合那种畸形的不利于人的发展的社会发展需要。人的发展与社会发展要协调一致，高等教育与社会发展要相互适应。这一如理想主义者批评的那样，为什么总是高等教育要适应社会发展需要，难道社会发展就不应当适应高等教育的发展需要?! 从根本上看，适应高等教育的发展需要，无异于适应人的发展需要，因为高等教育是为了人的发展。主动适应社会发展需要是当今高等教育的时代责任：一是因为社会孕育了高等教育，为高等教育提供了生存和发展所需的阳光、水分、土壤和空气；二是因为社会发展最终是为了人的发展，这与高等教育的宗旨相同。但是，高等教育适应社会发展是在整体上说的，它有自身的底线和边界，否则高等教育就有可能沦落为其他社会组织的附庸或工具。

教育是人的产物，是人的需要的产物，是人的需要不断攀升的产物。从教育的历史看，"不是因为社会的需要才产生了教育，教育产生于生物的生存意识。而教育逐渐成熟之后，就自然而然地要走向社会的教育。教育不是被动的，恰恰相反，教育是生机勃勃的，是主动的行为"[1]。如果说教育是因"人的生存需要"而诞生，那么可以说高等教育是因"人的发展需要"而诞生。自有人类，便有教育，教育的历史甚至比人类社会的历史更长。高等教育则不然，它是社会发展到一定阶段的人的产物，是人的需要攀升到一定层次的产物。换言之，初等教育是人早先的较低层次的需要，高等教育是人稍后的较高层次的需要。高等教育的诞生是人的教育需要向上发展的产物，是复杂劳动需要的产物，第一产业、第二产业、第三产业对高等教育的依赖程度存在显著差异，尤其第二产业、第三产业，如果离开了高等教育，可谓是寸步难行。

高等教育为社会发展培养和输送人才，社会由此而得到了发展。而发展了的社会究竟为了谁？当然是为了人自身。因此，无论是以社

---

[1] 史宁中：《关于教育的哲学》，《教育研究》1998年第10期，第11页。

会为本位,还是以人为本位,高等教育最终要回到人身上,否则,人为什么要创造高等教育,同时也为什么要创造人的社会和人的世界。高等教育首先是"培养人",即促进人的发展,让人成为智、仁、勇兼备的"完人"。再就是"培养人才",即致力于培养满足社会发展需要的各类高级专门人才,这种人才可以是掌握高深知识的学术型人才或应用型人才或技能型人才。令人遗憾的是,今天的高等教育关注的是"才"而非"人","才"在人才培养中拥有至高无上的地位,所谓的知识结构、能力结构和素质结构聚焦的都是"才"。人是教育之本,务本的教育必然是以人为本的教育。高等教育首先应培养"人",然后才是培养"才",前者是高等教育之本。古人云:"君子务本,本立而道生。"忽视"人"而专注于"才"的高等教育,是失却了"本"的高等教育。高等教育可以为人的"未来生活"做准备,但最重要的是为人的"未来人生"做准备;高等教育可以改变人的身份和地位,但最重要的是去改变人的品位和精神。从这个意义上说,高等教育必须坚持"育人为本",否则便是抛锚的高等教育。如果我们的学生获得了充分的发展并具有良好的融入社会的能力,那么高等教育、人的发展、社会发展就内在统一了,自然也就可以和谐共存了。

育人为本或以人为中心的核心是落实学生的选择权。当今中国的大学,要落实学生的选择权,需要着力解决几个关键问题:一是扩大学校招生自主权。目前,部分大学正在试行自主招生,这是一种可喜的变化,但变的范围过小(比如,试点学校少,用于自主招生的名额少,招生考试方式单一,等等),难以满足绝大多数学生自主选择学校的愿望,学生参加自主招生并如愿以偿者寥若晨星。二是增加专业选择的机会。我国实行统一高考招生制度,学生选择专业的空间非常有限,学生所学专业通常是填报高考志愿时就被固定,入学后很难转专业或可转专业的比例很低。学生在对所选学校、专业不甚知情的情况下所做的抉择,很难说是明智的和理性的,所选专业也难保是学生感兴趣的专业。三是拓展课程选择空间。目前,我国大学普遍实行学分制,但学生选择课程的空间十分有限:第一种情况是选修课的比例不高；第二种情况是可选的课程数量少，即课程选择域小、选择项数量非常有限；第三种情况是课程选择的限制条件多。四是适当扩大学生选择任课教师的范围。当下，大学普遍是学校统一安排任课教师，尤其是公共课、学科基础课和专业课的任课教师，学生很少有机会甚或根本没有机会，根据自己对教师的了解并结合自己的实际，选择自己中意的教师。五是提高学生学习的自由度，即学生可以根据自身条件，选择学习地点、学习时间和学习进度。

当然，以学生为中心不只是一个选择权的落实问题，根本上在于眼里有学生。譬如，建立现代大学制度，不能忽视学生的权力；建设教学文化或校园文化，要以教师和学生的发展为导向；研究大学建设与发展问题，要考虑到大学、教师、学生等是一个利益共同体；研究学科、专业、课程等问题，要考虑到如何将这些资源优势转化为人才培养优势；研究实验室、实践实训基地、图书馆、研究中心等问题，要考虑如何为学生发展搭建宽厚的、高档次的、开放的、共享的教学平台。

第九章　高等教育与高深知识

　　高等教育作为一种建立在中等教育基础之上的专门教育或专业教育，它以高深知识为基本加工材料或教育中介，意在培养各级各类高级专门人才。与初中等教育相比，高深知识的发现、选择、保存、传播、发展、生产、创新和应用，生发了高等教育的特殊性，孕育了高等教育的矛盾运动。作为一种专门化、系统化、逻辑化的知识存在或知识形态，高深知识是高等教育生发的必要条件，是高等教育的基本变量，是高等教育最为核心的教育中介，是高等教育诞生、存在和发展的动力源泉。因此，"高深知识是理解高等教育的一把钥匙"①。纵然如此，高深知识与高等教育的关系并没有得到应有的重视。长期以来，高等教育学研究的探照灯主要聚焦在高等教育与人的发展、高等

---

　　① 大连理工大学的张德祥教授早在20世纪90年代中期便开始研究高等教育与高深知识之间的内在关系，初期的相关思想观点主要渗透和散见于2002年版的《高等学校的学术权力与行政权力》一书中。张教授认为，高深知识具有深奥性、专门性、不确定性、无限性、积累性等基本属性；高深知识是高等教育的基本变量，是高等教育系统的本质和核心，是高等教育与中等教育的分水岭，因而是理解高等教育的一把钥匙；大学是以培养高层次专门人才为宗旨，以高深知识为基本加工材料，以高深知识的传播、发现、应用和理解为基本活动方式的机构。2015年张教授组织李枭鹰、唐德海、苏永建、林杰、牛军明围绕"高深知识与高等教育"撰写了一组笔谈（发表于《高等教育研究》2015年第12期，第22—29页），阐述了上述部分思想观点。这组笔谈认为，高深知识是理解高等教育的一把钥匙；高深知识是高等教育特殊性的来源；大学课程是专门化、逻辑化和系统化的高深知识；高深知识是高等教育功能释放的基础。2015年9月以前，我的高等教育理论世界里几乎没有"高等教育与高深知识"这对范畴，只存有伯顿·克拉克和布鲁贝克两位教授关于高深知识的某些学术观点，是张教授将高深知识带进我的高等教育理论世界，同时也将我带进高深知识与高等教育的关系世界。另外，本章在研究和撰写过程中得到了张教授的悉心点拨和精心指导。——笔者注

▶ 高等教育关系论

教育与社会发展的关系上,极少照射到高等教育与高深知识。这种对高深知识与高等教育之关系的"无意怠慢",已经造成高等教育理论研究的"不少缺憾",甚至让高等教育若干理论问题的理解缺乏"阿基米德支点"。

　　教育者、受教育者和教育中介(或教育影响),是构成教育过程或教育系统的最基本的要素,忽视其中任何一个要素的教育研究,恐怕都是非系统性或非整体性的研究,都是被"奥卡姆剃刀"削切过的研究,产生的必将是缺乏"大量元素"或"致命微量元素"的学术之花果。高等教育处在教育系统的"金字塔顶端",以高深知识为基本加工材料是高等教育特殊性的根基所在,因而立足于高等教育与高深知识、人的发展、社会发展的辩证关系,抓住高等教育关系网络中高深知识这个"中心性节点",在某种意义上也就抓住了高等教育研究之牛耳。

一　高深知识是高等教育孕生的必要条件

　　世界上没有无缘无故的事物,一切事物都有其因或故。高等教育是人类社会发展到一定阶段的产物,是多种力量叠加或相互作用的伟大杰作。知识是一切教育孕生的必要条件,没有知识的诞生、存在和发展,就不可能有教育的诞生、存在和发展。学校是储存知识的"银行",学生到学校来主要是提取知识和学习知识的,学校也主要是为学生提供知识,不能提供有价值的知识的学校就没有存在的意义和价值,自然也就没有存在的合情性、合理性和合法性。高深知识是高等教育孕生的必要条件,但不是高等教育孕生的充分条件。

(一) 高深知识的本质与特性

　　高深知识是什么?伯顿·克拉克教授认为,高深知识是"构成各民族中比较深奥的那部分文化的高深思想和有关技能"[1]。约翰·S.

---

[1] [美]伯顿·克拉克:《高等教育系统——学术组织的跨国研究》,王承绪等译,浙江大学出版社1994年版,第11页。

第九章　高等教育与高深知识

布鲁贝克认为，高深知识（或高深学问）"或者还处于已知与未知的交界处，或者虽然已知，但由于它们过于深奥神秘，常人的才智难以把握"①。综合两位教授所言，我们不难洞见高深知识具有高深性（或深奥性）、不确定性、延展性、前沿性和溯源性等基本特性。

1. 高深性

知识的高深性程度是大学课程与中小学课程的分水岭，而没有高深知识性的课程失却了大学课程应有的条件、品质和风格。比如，数学作为一门工具性、基础性的学科，是初中等教育和高等教育共同关注的知识领域。但是，它们之间存在巨大的差异，初等数学研究的是数与代数、图形与几何、概率与统计等相关内容，这些研究对象的性质是均匀的、有限过程的常量，以及规则的、平直的几何，研究方法体现出简单性、片面性、孤立性、静止性等特征；而高等数学研究的对象是非均匀的、无限变化过程的变量，以及不规则、弯曲的几何，研究方法体现出复杂性、整体性、发展性、运动性等特征。在处理复杂问题时，高等数学的思维方法包含了极限思想、微分思想、数形结合思想等，这不是初等数学的建模思想、统计思想和方程函数思想等所能解决的。

高等教育也可以用全新的范式探究和解读一些基本的原理，这些原理可能同属于初中等教育的知识范畴。譬如，大学物理与高中物理是有区别的，它们的主要区别可能不只是在内容的深度和广度上，还体现在研究的思想和方法上。以微积分为研究工具的大学物理，对物理概念的描述更准确，对物理问题的剖析更深入。矢量的表示、坐标系的变换以及微积分的应用，不仅为物理概念和物理问题的解答提供了简明而精确的科学语言形式，也使得物理学的研究从定性分析向定量分析发展；"极限"与"微元"思想和方法的应用，使物理实验和处理方法更为科学，对物理现象和规律的揭示更精确。可以说，高等数学的应用使抽象的物理概念和物理模型得以科学而精确地表达，从

---

① [美] 约翰·S. 布鲁贝克：《高等教育哲学》，王承绪译，浙江教育出版社1987年版，第2—3页。

而使物理学更具高度的概念化和理论化。无论是"速度""场"等抽象概念的描述,还是牛顿定律、麦克斯韦方程、薛定谔方程的建立,皆因高等数学的应用而变得高深。

知识材料的深浅、难易以及探究范式的差异是大学课程区别于中小学课程的独特地方。大学课程的高深性与大学教师的专业性和学术性分不开,离开了探究高深知识和深奥学问的教师,大学课程的品位或风格就无从谈起。经验考察告诉我们,大学教师是活态的大学课程,每一门大学课程的品位和风格,往往与某位或某些教师的品位和风格休戚相关。事实也表明,同一门课程在不同的大学,常常具有不同的风格,授课教师不同使然。

知识的高深性是相对的,没有什么知识注定是普通知识或高深知识,也不存在亘古不变的普通知识或高深知识,知识诞生之初或许属于高深知识,随着时间的流逝慢慢会转变成一种普通知识或常识,毕达哥拉斯的"勾股定理"在古希腊不可谓不神秘深奥,而今恐怕连低年级的小学生都普遍熟知。普通知识与高深知识在历史的进程中,不仅可以相互转化,而且可以互生共存。事实也表明和佐证,"任何一门学科都包含基础知识和高深知识,基础知识可以用规则的教条式的方式来传递,跨越了这些规则与教条,便进入了高深知识的学习阶段"[①],这种知识的跨越外显为一种课程或教材的跨越和教育层次的跨越。大学课程是对中小学课程的一种知识性跨越,而知识的这种跨越又是与教育层次的跨越正向或同向匹配的,即什么层次的教育对应什么层次的课程。

2. 不确定性

高深知识包括确定性的高深知识和不确定性的高深知识,其中那些需要实践验证或时间证明才能给出答案的知识属于不确定性高深知识,那些确信无疑但常人难以理解和把握的知识属于确定性高深知识。不确定性知识介于已知和未知之间,行进在从未知通往已知的大

[①] 钦文:《"普通知识"与"高深知识"》,《北京大学教育评论》2007年第2期,第80页。

道上；不确定性知识即便已经被提出和传承，但多半是作为一种假说或猜想而存在，证实或证伪都需要时日，星云假说、宇宙大爆炸理论等属于这类知识。

不确定性知识的明了过程，是一个知识从未知走向已知、从模糊走向清晰的过程。任何学科领域皆存在不确定性知识，即使是崇尚标准和精确的物理学领域，同样存在大量的这类知识。譬如，牛顿虽然发现了万有引力定律，却并未发现引力常量 G 的精确数值，直到 100 多年后，英国人卡文迪许利用扭秤将引力常量 G 精确化，充满不确定性的牛顿力学体系才得以逐步完善。即使如此，牛顿力学体系也只是具有有限的解释力，只能解释宏观世界的物理秩序，对微观世界物理秩序的解释无能为力，抑或说不能解释微观世界的物理现象，比如准确描述原子粒子的运动，因为原子粒子的运动是无规则的和随机的。

高深知识的不确定性根源于世界的复杂性。玻尔的互补原理认为，任何事物都有许多不同的侧面，对于同一研究对象，一方面，承认了它的一些侧面，就不得不放弃其另一些侧面，在这种意义上它们是互斥的；另一方面，那些另一些侧面却又是不可完全废除的，因为在适当的条件下，人们还必须用到它们，在这种意义上说二者又是互补的。因此，在这种既互斥又互补的两个方面中，追究哪一个更为根本是毫无意义的，只有而且必须把所有的方面连同有关的条件全都考虑在内，才能而且必能得到事物的完备描述。这自然是一件极不容易的工程。数学家哥德尔将不完全性定理推广到数学以外所给出的表述是：一个完全不自由的社会，即处处按统一法则行事的社会，就其行为而言，或者是不一致的，或者是不完全的，即无力解决某些可能是极端重要的问题，当社会面临困难处境时，这两者都会危及社会的生存。[①] 对此，我们经常需要一种辩证的综合，而辩证本身就是一种不确定，即一种"既要这样又要那样的行为抉择"。美国学者莫里斯有句至理名言："活着就是选择一些事物，放弃另一些事物，中立是选

[①] 李枭鹰：《高等教育选择论》，中国社会科学出版社 2011 年版，第 27 页。

▶ 高等教育关系论

择正在形成的那一个片刻。单单坚持中立的自我则是死亡了的自我。"[①] "既要这样又要那样"与"既不要这样也不要那样"具有同构性，两者都不知道"真理"究竟在哪一边。

高深知识的发展经常表现为一种确定与不确定的矛盾运动，即不断地从不确定走向确定，然后又走向新的不确定，如此周而复始。这是一个超循环的矛盾运动过程，也是一个螺旋式上升的认识过程。大学是探究高深知识的场所，大学的课程教学无疑要为这种探究创造条件和拓展空间，而探究未知或不确定领域的意识、勇气和智慧尤为关键，一味地固守确定性知识而不求进取，与此背道而驰或相向而行。

3. 延展性

当今世界的知识是一点点积累起来的，是人类不断探索、发现和积淀的结果。高深知识不是固定不变的知识领地，它总是在不断地诞生，同时不断地从一个领域拓展到另一个领域，同一领域的知识又不断向纵深拓展，这是知识生产的整体图景。不同的时期，知识生产的速度很不一样。根据联合国教科文组织统计，人类近 30 年来所积累的科学知识占有史以来积累的科学知识总量的 90%。英国技术预测专家詹姆斯·马丁经测算表明，人类的知识在 19 世纪每 50 年增加一倍；20 世纪初每 10 年增加一倍；70 年代每 5 年增加一倍；近 10 年每 3 年增加一倍；到 2020 年是现在的 3—4 倍；到 2050 年目前的知识总量只占届时知识总量的 1%。我国著名科学家钱学森曾说："我读研究生时搞超音速空气动力学，我敢说全世界的有关论文我都看了，因为总共也没有多少，但现在我连搬都搬不动，别说看了。"今天，知识一方面在以指数级速度增长，另一方面知识的时效性也在快速缩短。

各种学科史全方位地揭示了知识生发、裂变和拓展的历史生态景观。以物理学为例，物理学史可谓是一部物理学知识不断拓展的历史，抑或是一部向着物质世界的深度和广度进军、探索物质世界及其运动规律的历史。这部历史展现了力学、热学、电学、光学以及相对

---

① ［美］莫里斯：《开放的自我》，上海人民出版社 1965 年版，第 11 页。

论、量子力学、核物理和粒子物理学、凝聚态物理学和天体物理学等的生发轨迹。又如，教育学原本只是一门教学的艺术，1632年夸美纽斯的《大教学论》只是关于"教学"的学问，而非一门关于"教育"的学问，今天的教育学已经是涵盖教育学原理、课程与教学论、教育史、比较教育学、学前教育学、高等教育学、成人教育学、职业技术教育学、特殊教育学、教育技术学等多个二级学科或分支学科的大家族，而且每一个分支学科又包含着多个更小的分支学科。

高深知识生发、裂变和拓展的图景昭示，大学的学科、专业、课程所加工的高深知识不是一尊不动的雕像或边界不变的领地，相反，它们一直在向纵深拓展，而且是一种适时性和及时性的纵深拓展。任何物理学教材，无论曾经是多么现代，最终都要在时间的推移中变得陈旧或滞后，19世纪教材或20世纪教材或21世纪教材的诞生和存在，既是高深知识不断更新的反映，也是高深知识不断退出历史舞台的表征。每一个大学课程的"大家族"，各种高深知识总是以长江后浪推前浪的方式挺进，更新的高深知识不断取代新的高深知识的位置，走向课程知识的前沿领地，抑或是占据教材的"最后篇章"，成为教材最新的知识，我们也发现越是居于教材最后篇章的知识，往往是这门课程最新诞生的知识，这在数学、物理、化学等理工科领域最为典型和突出。

4. 前沿性

高深知识是指向知识前沿的，以高深知识为核心的大学课程也必须具有前沿性。主动适应人的全面发展和社会的全面进步，是大学教育的诉求，也是大学教育合法存在的资本。因此，追踪社会发展需要，与时俱进地促进人的生命的跃迁和解放，是大学人才培养的理性选择。社会在变，社会岗位对专业人才的要求也一直在变，与之相应的课程设置自然要变，而与课程相匹配的高深知识必须跟进。比如，土木工程专业的人才培养具有典型的时代性和阶段性诉求，即每一个时代对于土木工程的专门人才都有自身的诉求，而这种诉求最终都是通过课程的更新和变换来实现。筑土为居、驾木为桥、挖堑成河，最初只是少数人能够掌握的前沿性高深知识，但在现代已经成为普通大

▶ 高等教育关系论

众皆能掌握的基本技能,不再是常人才智难以掌握的前沿性高深知识。随着人类工程技术的不断发展,土木工程学科与前沿的计算机科学以及新兴的材料科学"联姻",开始从单纯的单体工程分析走向对整体系统网络和环境的综合分析和智能控制,从单纯的工程试用阶段的安全设计走向对工程全寿命周期的精细化设计和可靠化管理,天空、地下、海洋甚至太空也成为土木工程施展效用和大展宏图的场所,一大批具有时代标志的超大跨度桥梁、超长隧道、超高建筑、超高速铁路以及太空空间站等工程建筑巍然挺立,成为现代土木工程的标志和现代人改造世界的象征。这种前沿性的土木工程知识,不是什么人都可以掌控的。

前沿性并不否定经典性,两者相辅相成、并行不悖。事实上,没有经典就没有前沿,没有前沿又何来经典!大学课程追踪前沿性是以捍卫经典为前提的,因为经典的高深知识是大学课程的根基。从这个意义上说,大学课程必须处理好传统与现代、适应与超越、继承与发展之间的辩证关系,任何"非此即彼"的抉择都是不可取的极端行为。大学教师不仅要系统讲授所授课程的经典知识,也要及时将最新的研究成果纳入课程教学内容,引领学生跟踪学科发展的主潮,甚或是引导学生去攻克和占领学科前沿的桥头堡。大学作为高等教育的承担者,只是加工高深知识是不够的,还要将高深知识转化为智慧。大学有了智慧,大学人才会有智慧,大学人和大学才不会人云亦云、随波逐流,忠诚于真理而非权威。人类有了智慧,掌握了科学真理,才不会被愚昧蒙蔽,才不会毫无理性地奢望上帝来拯救自身。大学教师是科学真理的重要发现者、传播者和捍卫者,甚至是"人类的教师",没有理由不成为智慧的开启者。因此说,大学需要图书馆,却也不能只是僵化的、机械的高深知识的图书馆,还应成为智慧的策源地,正所谓"大学不仅是知识的仓库,而且是智慧炼丹师的实验室,直到自然科学与人文科学结成一个完整的领域"①。

---

① [美]约翰·S. 布鲁贝克:《高等教育哲学》,王承绪译,浙江教育出版社2001年,第141页。

5. 溯源性

高深知识是追根溯源和探幽穷赜的知识。作为高等教育主体的教师或学生，既要"知其然"，也要"知其所以然"。韩愈老先生说："师者，传道授业解惑也。"教师尤其是大学教师，"必须在高等教育的某一领域受过长期的系统训练"[1]，否则就无法传道、授业和解惑。试想，如果一位教师道之未闻、业之未精、惑之不解，那么他又如何为师。大学的教师队伍中若有这种为师者，那一定是滥竽充数者，所教课程一定是"挂羊肉卖狗肉"，教学内容与课程名称一定不匹配。

由因溯果，执果究因，往返于因与果之间，寻找原因之原因，探求结果之结果，是高深知识不断繁荣的逻辑要求，是大学课程教学的重要目标，还是高等教育可持续发展的不竭源泉。大学或高等教育以高深知识为原材料，源源不断的高深知识是高层次专门人才培养和输出的根本保证。高等教育的知识来源是多渠道的，社会各种机构或不同领域皆可为高等教育提供知识，但高等教育所需的知识主要靠自己生产，其中大学教师是高深知识生产的主体，学生尤其是研究生也参与高深知识的生产，而且是大学生产知识的重要力量。大学教师的研究要走在教学的前面，不应仅靠"买教材或著作"而教学，还应"写教材或著作"而教学。学生的学习也不应该只是对知识的被动接受，还应探究知识的原因以及来龙去脉。

高深知识的生产是指向未知领域的，而且是一个未知领域接着一个未知领域，这是人类的高深知识之树不断生长乃至根深叶茂、万古长青的源泉。高深知识尤其是不确定性的高深知识，主要不是提供答案，而是提供问题，而且将"提供问题"看得比"提供答案"更为重要、更为根本和更为珍贵。高深知识不是固定不变的，它常常流动在已知与未知之间，从未知走向已知是知识探索的重要目标。高深知识不会永远停驻在生发点上，也不会终结在某一点上，它具有极强的延展性，不断在分化、综合、交叉、渗透、融合、整合中向纵深拓

---

[1] [美]约翰·S. 布鲁贝克：《高等教育哲学》，王承绪译，浙江教育出版社2001年版，第121页。

展，力求达至"理论简洁、解释有力、概念文雅、逻辑严密"①。唯其如此，高深知识才能永远保持知识的高度而不坠落，高深知识的探索之旅才能历久弥新，高深知识自身也才能保持健旺的生命力。

（二）高等教育对高深知识的依生

没有高深知识的诞生、积淀和发展，就不会有高等教育。高等教育依生于高深知识，没有高深知识的准备，高等教育实乃无源之水、无本之木。高等教育与高深知识的"依生"关系，可以追溯到古埃及文明、古希腊文明和古代中国文明，这些文明是人类的文明之源，也是高等教育的知识之源，还是古代高等教育机构的孕生之源。早在约公元前2500年之前，古埃及就已经出现了传授专门知识的祭司学校和古儒学校。古希腊的智者学派招收学徒，创造了文法、修辞、辩证法等科目，知识开始以一种系统化的方式被总结、归类和概括。柏拉图创办的阿卡德米学园和亚里士多德创办的吕克昂学园，在智者学派的基础上增设了算术、几何、天文、音乐等科目，学者不仅关注普遍的历史、文化和生活知识，并且将追求知识的目的上升到探讨自然本质与人的心灵的高度，逐渐体现出知识的专门性、系统性和高深性特征。中国西周时期的"辟雍"与"泮宫"，春秋战国时期盛极一时的稷下学宫，西汉的太学，东汉的鸿都门学等具有高等教育性质的机构，所教授的已是专门性的知识，包括军事、政治、礼仪、法度、天文、农耕等各个方面，意在培养各行各业、维护统治阶级利益的高级专门人才。②

教育者、教育中介、受教育者是教育过程的基本构成要素，高深知识则是高等教育最为核心的"教育中介"。从发生学的视角看，高深知识与高等教育存在某种性质的源流关系，即高深知识为"源"，高等教育是"流"。不过，诞生后的高深知识与高等教育，几乎是嵌

---

① ［美］约翰·S. 布鲁贝克：《高等教育哲学》，王承绪译，浙江教育出版社2001年版，第14页。
② 张德祥：《高深知识是理解高等教育的一把钥匙》，《高等教育研究》2015年第12期，第23页。

第九章 高等教育与高深知识

套和交织在一起的,高等教育加工、传递、生产、创新和应用高深知识,培养掌握高深知识的高级专门人才,同时研究自然科学、社会科学和人文科学领域的高深知识。高深知识的繁荣、扩大和再生产,催生出各种类型和各种层次并存的高等教育。高等教育发展史早已佐证这一点。"古希腊的吕克昂学园都是以当时活跃的知识生活为前提的,欧洲中世纪鼎盛时代的文化和知识复兴是中世纪大学产生的基本条件,近代自然科学的兴起以及启蒙运动的理性思想更是欧洲大学脱胎换骨成为现代大学的直接推动力量。"[①] 与西方社会相似,中国古代的稷下学宫,无疑也是高深知识繁荣的成果或结晶。如果说高等教育是高深知识的制度化,那么高深知识的发展也必然会催生自身的制度化,进而必然引发高等教育的变迁、变革和创新。

二 高深知识是高等教育特殊性的根源

宇宙世界的多样性,源自万事万物的特殊性,即没有特殊性就没有差异性,没有差异性就没有多样性,没有多样性就没有宇宙世界的色彩斑斓。教育是多样性的,它既分类又分层。从层次上看,教育存在初等教育、中等教育和高等教育之分,不同层次的教育因为教材的差异而相互区分,即不同层次的教育加工不同难度或深度的知识。高等教育以高深知识为加工材料,培养高级专门人才,这让高等教育有了独特的标志和特殊的内在规定性,使之区别于初中等教育。同时,这也是高等教育异于政治、经济等的根本所在,让高等教育在学理上具有了与政治、经济等平等的地位,否则,高等教育的附庸地位和工具性身份永远无法改变,甚或可能遭遇存在论或本体论的危机,高等教育学也将无法走出普通教育学的思维框架而遭遇持续的诘难和合法性危机。

高等教育之所以是高等教育,是因为它具有区别于初中等教育的

[①] 陈洪捷:《论高深知识与高等教育》,《北京大学教育评论》2006年第6期,第4页。

特殊性或规定性。那么，高等教育"高在何处"，又"特在哪里"？布鲁贝克教授认为，"高等教育与中等、初等教育的主要差别在于教材的不同：高等教育研究高深的学问"，"所关注的是深奥的学问"[①]。伯顿·克拉克教授认为："高等教育的任务是以知识为中心的，正因为那令人眼花缭乱的高深学科及其自体生殖和自治的倾向，高等教育才变得独一无二。"[②] "如果说木匠的工作是手拿榔头敲打钉子的话，那么教授的工作就是围绕一组一般的或特殊的知识，寻找方式扩大它或把它传授给他人。"[③] 综合两位教授所言，不难得出以下三层意思：一是高等教育或大学教授以加工高深知识为中心任务，即以"高深学科"为依托；二是高等教育是生产性的，既生产知识，也生产人才，但这种生产主要是一种自我生产，即所谓的"自体生殖"；三是高等教育围绕高深知识而行动，特别需要自由，具有"自治的倾向"。概而言之，以高深知识为加工材料，"以高深知识为核心"[④]，是高等教育最基本、最显著的特征，是高等教育之所以"高"和"特"的根源。不同层次教育之间的根本性差异，是"程度"上的而非"性质"上的，即知识材料的深浅、难易以及探究范式的差异，是区分初等教育、中等教育、高等教育等不同层次教育的根本判据。

三　高深知识是高等教育的基本变量

变量亦称"变数"，是一个在数学和其他学科中可以取不同数值的量，即自变量或因变量。在哲学中，变量被视为引发事物变化的原因或结果，这也是本文的取义。作为高等教育系统的构成要素，高深知识既是一个影响高等教育的变量，同时也是一个被高等教育影响的

[①] [美] 约翰·S. 布鲁贝克：《高等教育哲学》，王承绪译，浙江教育出版社2001年版，第2页。

[②] [美] 伯顿·克拉克：《高等教育系统——学术组织的跨国研究》，王承绪等译，杭州大学出版社1994年版，第313页。

[③] 同上书，第11—12页。

[④] 陈学飞：《美国德国法国日本当代高等教育思想研究》，上海教育出版社1998年版，第6页。

变量。

高深知识作为一个双重性质的变量，以特有的方式作用于高等教育，两者之间的矛盾运动，构成双方不断发展变化的不竭动力。如果将高等教育看成是一个多元复合函数，那么高深知识便是影响高等教育这个函数的最直接、最重大、最深远的一个变量，即高深知识的诞生、分化、综合、交叉、渗透、融合和整合，在很大程度上影响甚至决定着高等教育的发展态势。站在历史的长河中看，诞生后的高等教育一直在动态的环境中演化或变革，每一次演化或变革的诱因不尽相同，牵动的高等教育元素或要素存在差异，但每次演化或变革最终会或多或少地波及课程，课程也不同程度地参与每一次的高等教育演化或变革，而课程在本质上就是专门化、系统化、逻辑化、立体化的高深知识。历史与现实表明，没有课程参与的高等教育变革，是虚假或伪似的高等教育变革，起码是不完整、不彻底、不根本和没有支点的高等教育变革。

高等教育具有历史性和社会性，它总是一定历史阶段和一定社会的高等教育，不存在超历史或超时空的高等教育，也不存在可以绝缘于社会或脱离社会的高等教育。高等教育与社会发展始终是嵌套在一起的，每一次社会转型通常会引发一定的高等教育变革，而高等教育变革也常常表征为社会转型的结果或征候。任何高等教育变革迟早要聚焦于人才培养模式改革，即培养什么人和怎么培养这样的人，而人才培养模式改革不可能不涉及课程。从这个意义上说，课程是高等教育的"阿基米德支点"，是高等学校教学改革或人才培养改革的重要节点，是提升高等学校人才培养质量的主要抓手。高等学校的教学改革必然触及课程改革，未触及课程改革的高等学校教学改革是未触及根本的改革；人才培养改革必然触及课程改革，未触及课程改革的人才培养改革恐怕是不彻底的改革。高等学校管理必须关注课程管理，关注课程的生成、组织、实施和评价。张楚廷先生在不同的场合强调，优秀的大学校长必有先进的大学理念，先进的大学理念必含有先进的课程理念；优秀的大学管理人员必定懂得高度关注课程，那些没有关注到课程的教学管理人员，可谓是尚未入门的教学管理人员，甚至可以说是没有走上正道的教学管理人员，当然也是不称职的教学管理人员；一所大学的目光若没有投射到课程，这所大学肯定眼里还没有人；教学管理部门的目光若没有聚焦到课程，这个部门的工作可以说还未上路；学科或专业评价的焦点是课程，忽视课程评价的学科或专业评价可能还没有找到衡量的尺度。

高等教育依生于社会发展，社会发展仰仗高等教育，两者唯有互动或联动发展，彼此才能可持续、稳定、健康发展。高等教育是历史的产物，也主要作用于当时的社会。高等教育在不同的社会发挥不同的作用，不同形态的社会对高等教育也有着迥然不同的诉求，即游牧社会别于农业社会，农业社会异于工业社会，工业社会迥于信息社会。譬如，1640年英国爆发了第一次工业革命，18世纪末19世纪初法、美、德等国也先后开始了工业革命，工业革命需要大量的高层次技术性人才支撑，大学课程增加科学技术类课程便成为一种需要和必然。这一如潘懋元先生为黄福涛博士所著的《欧洲高等教育现代化》一书撰写的序文所言："根据唯物史观的基本原理，社会发展最基本的动力是生产力的提高。古代到近代生产力是从使用手工工具过渡到机器生产，而机器生产是与科学技术密切相关的。因此，制约近代高等教育最根本的力量是生产力与科学技术的发展，然后才是经济制度与政治制度，以及文化的传统与变迁。近代大学之所以是'近代'的，最根本的动力与标志就是科学技术以知识的形态，转化为课程进入大学，成为大学内部的核心，推动大学自身方方面面的变化与发展。因此，中世纪大学嬗变为近代大学，它的核心是课程的改革——科学技术进入大学课程之中。"事实上，自中世纪欧洲大学诞生以来，高等教育史可谓是一部大学课程变迁史，即一部以高深知识为核心内容的课程变革史，黄福涛博士主编的《外国高等教育史》就是一部以大学课程的变迁为主线编写而成的力作。

四 高深知识是高等教育关系网的中心性节点

世界是一个巨大的"关系系统"，关系把这个系统的一个个能动者（或一个个事物）与另一个个能动者（或另一个个事物）联系在一起，让它们不至于作为一个个单独的行动者而存在，也让它们不能还原为一个个单独的行动者本身。从这个意义上说，关系不是"单个行动者"的属性（或个体性属性），而是"行动者系统"的属性（或系统性属性）。

纵横交错的关系把难以数计的行动者连成一个更大的关系系统，高等教育则是无数个"子关系系统"中的一员。作为一个特殊的关系系统，高等教育关系不是点状的、线状的和平面状的，而是立体的、网络态的和纵横交错的，即各种高等教育元素或要素通过多个节点的相互连接而形成复杂的关系系统，不同元素或要素因各种非线性相互作用的存在，经常牵一发而动全身，产生联动效应或连锁反应，而不只是局限于某一点或某一局部。高等教育关系是相互交织的，它既静态地表征为高等教育系统由哪些元素构成以及这些元素之间的比例关系，也动态地表征为高等教育各子系统之间的接触、联络、关联、聚会和群体依附，以及高等教育系统与其他系统之间的相互作用、相互影响和相互制约。正是因为如此，我们有必要也应该采用网络分析法，即立足于各种关系数据或关系变化的分析，探究高等教育关系系统的奥秘。网络分析可以是全网性分析，也可以是局网性分析，还可以是全网与局网相结合的分析，究竟该如何取舍，取决于探究的需要和探究对象的复杂性程度。对于复杂的立体网络态的高等教育关系系统，最好是"既见森林又见树木"，即既要从全网分析走向局网分析，也要从局网分析走向全网分析，在局网与全网的非线性循环分析中洞察复杂的高等教育世界。通俗地说，我们既要对高等教育系统作整体性审视，也要对高等教育各子系统作解剖麻雀式考察。

高等教育系统是分类分层的结构性系统，它由不同的子系统构成，每个子系统由不同的元素按照一定的比例和方式组建而成。若从类型看，高等教育系统由成人高等教育系统、职业高等教育系统和普通高等教育系统构成；若从层次看，高等教育系统由专科教育系统、本科教育系统、研究生教育系统构成；若从过程看，高等教育系统由教育者系统、受教育者系统和教育中介系统构成……无论采取哪种分

▶ 高等教育关系论

类方式，高等教育都是一种由多类型或多层次的系统构成的关系系统，当中的各子系统是高等教育系统的组分或元素，同时它们本身又由不同的组分或元素构成，数量庞大的组分或元素处在不同的网格上，相互之间由不同的节点关联在一起，像教育者、受教育者、教育中介等，既是高等教育的构成元素，又是高等教育关系网络中的节点。不同的节点处于不同的网络位置，有的接近高等教育网络的中心，有的处于高等教育网络的边缘，有的处在高等教育网络的中心与边缘之间的地带，它们在不同的位置承载着不同的联结使命。在高等教育网络的地图中，不同的节点如同交通网络中的站点，彼此之间可以通过一条线直接相连，也可以通过一系列线间接相连，如此纵横交错形成网状结构。

高等教育以高深知识为加工材料，高深知识是高等教育系统的核心。从高等教育网络系统的节点关联性看，高深知识无疑是一个中心性节点，即抽掉高深知识这个节点，高等教育关系网络就会"断路"，甚或会引发高等教育整体性散架或坍塌，至少是教育者与受教育之间没有了桥梁，教育者不知拿什么来影响受教育者。正因为如此，高深知识是理解高等教育的关键或桥梁，是走进高等教育的入口，是探究高等教育奥秘的必经之路。事实也表明，要解答高等教育的起源、高等教育的本质、高等教育的要素、高等教育的特殊性、高等教育的规律、高等教育的科类或层次结构、高等教育的功能、高等教育的思想、高等教育的原则、高等教育的内容、高等教育的过程、高等教育质量评价等基本理论问题，以及高等教育学作为一个学科的逻辑起点和合法性问题，如果离开了高深知识，就缺乏论证的杠杆或支点。对大学教师、大学生、大学课程等高等教育要素的定义和认知，也离不开高深知识，因为大学教师是高深知识的掌握者、传授者、解惑者、创造者，大学生是高深知识的受教者、领悟者、认知者，大学课程则是专门化、系统化、逻辑化的高深知识。高等教育的改革与发展实践，更是离不开高深知识，像大学的人才培养模式改革、学科建设、专业综合改革、课程建设、教学资源库建设等，根本上无一不是围绕高深知识而展开。从大学内部看，高深知识将大学、学科、专业和课程联结成了一个内在关联的有机整体。这集中表征为：大学课程是高深知识的集成体，大学专业是大学课程的有机组合，大学学科是分门别类的高深知识，大学是传递、保存、探究、发现、生产、创新和应用高深知识的场所。如果说高等教育是一个由多种元素构成的庞大系统，那么高深知识不仅是"元素中的要素"，还是"要素中的核心"。

总之，高深知识是高等教育关系网络中的"整体性中心点"而非"局部性中心点"。作为一个节点，高深知识不仅与其他节点存在众多的直接联系，而且在高等教育关系网络的总体结构上占据着战略性的不可替代的重要地位。高深知识是解读高等教育关系网络绕不开的节点，高等教育关系网络中的每一个节点都直接或间接地与高深知识关联在一起，如若脱离了高深知识，高等教育的一切便失却连接点或中介，各种断裂就随处可见。

五 高深知识是高等教育的加工材料

任何类型和层次的教育都不是真空的"容器"，也不是不可进入的"单子"，而是一种结构性的存在，是一种由多种异质的元素构成的有机系统。教育者、受教育者和教育中介是教育的基本要素，而课程是不可或缺的教育中介，而且是最重要、最核心的教育中介。课程作为教学的内容及其进程，与学校教育具有"同生共时性"和"整体生发性"。可以说，自有学校教育，便有课程；没有课程，学校教育寸步难行。

知识是一切教育的加工材料，离开了知识，教育就是无本之木，生产不了任何产品。直观地看，教育是以课程为中介培养人才，但课程的本质和核心是知识。知识性是一切课程的内在规定性，课程因具有知识性而成为课程。不存在非知识的课程，一切"课程世界"一定是"知识世界"。课程一旦失却知识的内涵或属性，那它一定不再是课程。从这个意义上说，知识的视角是认识课程最重要和最根本的视角。知识视域中的课程是一种知识存在，中小学课程是一种普通知识的存在，大学课程则是一种高深知识的存在。

是不是所有的知识都是课程？是不是所有的高深知识都是大学课程？当然不是。大学课程是专门化、逻辑化、系统化和立体化的高深知识。身处知识金字塔顶端的大学课程，绝非高深知识的杂乱堆砌，也不是高深知识的简单叠加和朴素综合，它有着自身的内在规定性和本质特征。非专门化的高深知识不适合进入大学课程，未经逻辑化的高深知识不适合进入大学课程，没有系统化的高深知识不宜进入大学课程，没有立体化的高深知识不便进入大学课程。也就是说，课程是一种特殊化了的知识存在，是一种经过人的理性再次加工之后的知识存在，属于"二次加工知识"。大学课程属于那种专门化、逻辑化、系统化和立体化的高深知识，而专门化、逻辑化、系统化和立体化就是"二次加工"过程。换言之，大学课程根基于高深知识的探索与发现、判断和选择，生成于高深知识的专门化、逻辑化、系统化和立体化。

（一）大学课程的生成过程是高深知识的判断和选择过程

大学课程源自高深知识的发现和积淀，源自人们对一个又一个未知领域的探索和揭秘。大学课程属于高深知识，高深知识性是大学课程的本质特征，即舍弃了高深知识，大学课程就不成其为大学课程；大学课程的世界一定是高深知识的世界，不是高深知识的世界一定不是大学课程的世界，这如同"水的世界"一定是"H_2O 的世界"，不是"H_2O 的世界"一定不是"水的世界"。

大学课程孕生于高深知识，但大学课程不等于高深知识，并非所有的高深知识都要纳入大学课程，也并非所有的高深知识都适宜于纳入大学课程。庄子说："吾生也有涯，而知也无涯。以有涯随无涯，殆已！"时间对单个人皆是有限的，每个人的大学生涯时间也是有限的，而高深知识则是无限的，学子永远是以有涯求无涯、以有限追无限。高深知识犹如汪洋大海，它远远超过大学数年乃至整个人生之课程的容量，而且高深知识还在不断诞生、增长和膨胀。因此，大学课程必须是那些经过筛选而精心挑出来的高深知识，是那些从浩瀚的知识海洋中提取的相对有价值的高深知识，是那些一旦掌握了就可以"以不变应万变"的高深知识。从这个意义上可以说，"什么知识最有价值"是生成大学课程必须解决的首要问题，因为"任何课程建构如若不优先考虑价值取向问题，都将陷入盲目和混乱，从而以失败而告终"[①]。

究竟哪些知识最有价值？在不同的时空背景下，因人的发展需要和社会的发展需要不同，这个问题存在不同的答案或选项。譬如，在欧洲中世纪大学，那些能够进行良好理性训练和能获得较高职业地位、丰厚职业收入的知识，便是最有价值的知识，诸如用于培养神职人员的宗教知识，培养医生的医学知识，培养"智慧之王"的哲学知识。进入工业社会之后，欧美大学史上发生过两次关于高深知识价值问题的论战，即古典知识与科学知识、通识知识与实用知识的论战，其结果是"公说公有理，婆说婆有理"，但总体上是科学知识和实用知识的支持者占多数。20世纪中后期以来，随着计算机尤其是互联网的普及，知识增长与变迁的速度越来越快，社会进入知识大爆炸和知识即时查询与共享并存的时代，"什么知识最有价值"愈加成为课程生成和课程教学的焦点，尤其是学习方法论的掌握被视为课程学习的重点。

我们认为，进入大学课程的高深知识必须是相关学科专业或领域的经典知识，这些知识对学生的发展意义非凡，对社会发展至关重要。学生掌握了这些经典的高深知识，不仅可以促进自我的自由全面发展，而且有助于人类的解放与自由。经典既是课程的境界和品位，也是课程生发的坚实基石和永恒素材。一门课程或是发源于某些经典，或是发源于阅读经典的经验，或是整理经典的感悟，或是研究经典的发现。成熟的大学课程一般拥有自身的经典，诸如经典的理论与学说、代表性人物的思想等。大学课程的经典不是一蹴而就的，它是高深知识长期积淀、凝练和升华的结晶。课程经典的孕生过程也是大学课程走向成熟的过程，课程经典与大学课程是互塑的，甚或是互生

---

① 石中英：《知识转型与教育改革》，教育科学出版社2001年版，第91页。

的。从某种意义上说，大学课程的形成过程是一个由经典发端、经由一代代专家系统演绎整理总结的过程，是一个经过一代又一代人的调整与阐释并开发出一整套技能训练经验的过程，是一个数代人根据学术发展与社会需要的变化不断发现其应用意义与挖掘新的知识点的过程。当今社会，很多"大学课程"缺乏历史感和经典性，几乎看不到其形成过程，好像是"忽如一夜春风来，千树万树梨花开"。这些课程与其说是"大学课程"，毋宁说是迎合社会偏好和欲望而由某个知识点衍生出来的"教学单元"。大学或许难以完全杜绝这类教学单元性课程的诞生和存在，但可以立足于学科、专业、课程的发展历史，设法将这些数量庞大的"教学单元"整合为精练的"大学课程"。这是大学义不容辞的责任，也是大学的生存之道、发展之道和竞争之道。①

经典很重要，但现代也不可或缺，大学课程必须做到经典与现代相统一。事实上，只有系统地掌握了经典的学科专业知识，才能探索学科专业的深奥领域。譬如，哲学专业的学生，不能一开始就学习近现代哲学，必须先研习古典哲学。当然，这种先学或后学不是绝对的，只是从一般意义上说理应如此。仅仅学习经典是不够的，教师要及时将最新的研究成果纳入教学内容，将学生带到知识的前沿和学科的前沿，带到从未知通达已知、从已知伸展到未知的临界点，找到探寻高深知识的洞口或通道。

（二）大学课程的生成过程是高深知识的专门化过程

学科、专业和课程是大学最直接、最重要的知识性平台，也是高深知识最主要的附丽或寄居平台。大学以高深知识为基本的加工材料，大学的发展过程一直伴随着高深知识的生成、分化、交叉、渗透、综合和整合，伴随着旧课程的泯灭和衰减、新课程的生成和发展。从根本上看，一部大学史或大学教育史，可谓是一部高深知识或

---

① 李枭鹰：《大学课程是专门化、逻辑化、系统化的高深知识》，《高等教育研究》2015年，第12、26页。

大学课程的演变史。大学课程是专门化的高深知识的集合体,失却专门化的高深知识只是高深知识的"大杂烩"或"简单拼盘",不足以成为大学课程,也不适合用于高层次的专业或专门教育。

高深知识的专门化既是一个高深知识的分化过程,也是一个高深知识的整合过程,而分化与整合是知识的矛盾运动,两者对立又统一,同时还互为条件和基础。分化不是高深知识的四分五裂,整合也不是高深知识的铁板一块。分化与整合在相互关联的系统中存在和发展,分化中有整合,整合中有分化。高深知识的分化与整合是大学课程生成的生态机制,也是大学课程"苟日新、日日新、又日新"的恒久源泉,还是大学课程多样化和生命力健旺的不竭动力。

专门化是知识走向高深的进路,高深知识专门化是大学课程的基本特质,也大学课程的重要标志或基本条件。高深知识的不断探索、发现、生成、发展和专门化,是孕生新学科、新专业、新课程的必由之路,新学科、新专业、新课程的孕生又会催生新的学术组织或高等教育机构,这个过程是超循环或周行不殆的,蕴含着高深知识、课程、专业、学科和大学运行发展的内在逻辑和规律。知识生发课程,课程构成专业、学科乃至大学的实质和内涵,专业、学科乃至大学甚至可以看成是"结构化的课程或知识组合"。知识繁荣,课程则丰硕,学科、专业和大学健旺,大学教育根基扎实;反之则反。高深知识的专门化还会孕生或催生学科或学术组织,而"知识和组织的学科化结构能为个人提供坚实的基础教育训练,给予他们学科认同感和'能力凭证'"[①],反哺于专门化的高深知识的生长和发展。

(三)大学课程的生成过程是一个高深知识的逻辑化过程

大学课程是一个由具有内在逻辑关系的各个知识单元和理论模块组成的知识系统,是有结构和有秩序的高深知识的集合体。大学课程是高深知识,但绝非高深知识的一种简单拼凑和机械堆积,无规则和

---

① [英]迈克尔·吉本斯等:《知识生产的新模式——当代社会物资交流与研究的动力学》,北京大学出版社2011年版,第132页。

无结构的高深知识是无序的高深知识,这种高深知识不是大学课程的知识形态。每一张大学文凭的背后潜藏的是一个大学课程结构,不同大学或学科专业的文凭,代表的是不同的大学课程结构或高深知识的组合。这也暗合了不同大学或学科专业的文凭具有不同的价值和社会认可度。

大学课程的知识编排或知识组合,一方面要遵从高层次专门人才培养的知识结构、能力结构和素质结构的内在要求;另一方面也要遵从一定的学习规律和教学规律,即先学什么课程和后学什么课程,一门课程先学什么或先教什么、后学什么或后教什么,一般要遵循由浅入深、由易达难、由简到繁的逻辑顺序,绝对不是课程生成者或课程管理者随心所欲的产物。众所周知,大学课程尤其是理工科专业的大学课程,存在先学课程和后学课程之分,次序一旦颠倒,知识的费解、难懂、断路、短路等就在所难免,这种课程的学习结果是"循序而不渐进",甚至是"越循序越不渐进"。从这个意义上说,高深知识的逻辑化过程也是一个高深知识的结构化和序列化的过程,形成的是结构性和有序性的大学课程。

高深知识作为一种特殊的知识存在,处于相互关联的知识网络之中,构成大学课程各个单元的高深知识自然也不是孤立的和互不关联的。大学课程生成者或管理者,必须在整体性思维框架下按照一定的逻辑编排高深知识,因为这是有效教学的内在要求。或者说,"为了使教育经验产生积累效应,就必须将他们组织起来,使之互相强化……课程组织就是将学习经验组织成单元、学程和教学计划的过程"[①]。系统的结构影响甚或决定系统的功能,按照一定逻辑结构化了的高深知识,符合人的思维规律和学习规律,容易被接受和理解。令人遗憾的是,大学课程的无结构,或构成大学课程的高深知识的无规则,不仅司空见惯,而且还似乎成为一种风尚;教学自由经常被扭曲为课堂教学的随心所欲和信马由缰,甚或是"挂羊头卖狗肉"的现象也屡见不鲜。

---

① [美]泰勒:《课程与教学的基本原理》,中国轻工业出版社2008年版,第73页。

（四）大学课程的生成过程是高深知识的系统化过程

组成大学课程的高深知识是有序的，即大学课程是有结构和有规则的高深知识。对于具体学科或专业的人才培养方案，无论是其中的单门课程，还是当中的群体课程，组成它们的高深知识之间存在密切的关联性。可以说，课程的秘密在于知识的结构，大学课程必须是结构性的高深知识。从这个意义上说，大学课程的生成过程是一个高深知识的结构化过程，这个过程又包含在深层次的系统化过程之中。

大学课程以高深知识为要素，按照某种逻辑和比例关联成系统，不同的知识与知识之间、知识板块与知识板块之间存在各种"杠杆的细节"，绝非杂多的高深知识的简单叠加和大拼盘，绝非一麻袋彼此不相关联的知识土豆，只要解开袋口就散落满地。大学课程是一个相互关联、彼此衔接、结构优化、功能耦合的知识系统，不同的高深知识或课程模块"依据其内在逻辑关联和层次关系形成的链式结构的课程体系"[1]，高深知识的网络化关联是大学课程的鲜明特征。因此，按照高深知识的内在逻辑和比例关系生成大学课程，是大学课程管理必须坚守的法则，也是不同的高深知识实现整体功能涌现的基石。大学课程教学专题化是可取的，但专题与专题之间不是无结构的，不是主讲教师个性化的随意拼盘，也不是教师的个人研究成果，而是某类专门的高深知识的系统性综合。

高深知识的系统化是可能的，因为知识原本就是一个整体，混沌初开的知识并没有分门别类，早期的哲学几乎是包罗万象的，这也是亚里士多德等百科全书式人物得以诞生和存在的原因之一。科学研究发现，有序孕生于无序。知识的分门别类是知识被人为划分的产物，是知识不断裂变以及知识研究不断深入的人类选择，也是人类理性力量纵深拓展的表征。知识爆炸式或裂变式的迅猛发展，形成了无数的知识单元，这些知识单元分别进入不同的课程，这是一种必然，事实

---

[1] 有宝华：《课程连续统一体——一种新的学校课程系统》，《外国教育资料》2000年第1期，第21页。

也是如此。知识的先天统一或综合，一方面决定了高深知识系统化的可能；另一方面要求大学课程管理者按照一定的逻辑和比例，对高深知识进行序列化编排，以及统筹考虑如何实现各种内容、各种类型、各种形态之课程的整体优化，以求得课程或高深知识的最大组合效应，即产生"1＋1＞2"的整体功能。

（五）大学课程的生成过程是高深知识的立体化过程

大学课程不是封闭的、平面化的线性回路，而是一个开放的、立体化的非线性网络体系。那种教什么、背什么、学什么、考什么的操作性知识流程，不是大学课程的应有样态。大学课程尤其是人文社会科学类研究课程，其教学目标是多元的和立体的，除了教授特定的高深知识外，还必须发展学生的阅读能力、分析能力、概括能力、归纳能力、抽象能力、理论建构能力、沟通能力、观察能力和写作能力等多种能力。单靠学习单一的教材知识，是无法达成这种多元化的目标的，还必须多读书、多讨论、多交流、多记录、多调研，各种教与学立体推进，而这些仰仗活态的大学课程，仰仗教师和学生既走进教材又走出教材。再优秀的教材也只是一种高深知识的参考或基本框架，一部教材包罗不了某门课程的所有知识，也承载和完成不了某门课程发展学生的知识、能力和素质的使命，智慧的大学教师深知"教材之外还有教材"，擅长于将一门课程的教学与另一门或多门课程的教学关联起来，让学生的课程学习网络态立体推进，并在关联中掌握和运用知识，而不是孤立的逐个去掌握和运用不同的知识单元。

大学教育强调研究和生产，即大学自己研究和自己生产高深知识。大学教师不能一味地买教材教学，还及时地将自己的研究成果纳入教学内容。学生也不能仅仅通过教材而吸收高深知识，还将探究的触角伸向未知领域而自我生发高深知识。从这个意义上说，大学课程的教学不能只是教师唱独角戏，还必须开展一系列带有特定目的的结构性训练，让学生参与其中、自主学习和自主研发。譬如，对于那些核心课程的教学，可以引导学生围绕某个方向写一份索引，围绕某个主题写一份文献综述，围绕某部名著写一份书评，围绕某个问题写一份调查研究报告，围绕某个热点、焦点和前沿问题写一篇规范的学术论文。诚如此，大学课程便真正走向了立体，这种课程的学习便于学生实现网状的融通，诸如文理的融通、相关学科与专业的融通、经典与前沿的融通、理论与方法的融通，而不再是那种"教什么、背什么、学什么、考什么"的操作性知识流程。

当今时代，学科边界日益模糊，高深知识的分化、综合、交叉、渗透、融合、整合等相互交织或并存，平面化的课程设计模式已不合时宜，必须以一种全新的思维逻辑重构或建构立体化的大学课程，顺应全新的高深知识生产模式，即一种交叉学科、跨学科甚或超学科的知识生产模式。高深知识的立体化不是单纯的知识的静态架构或编码组合，不是某些理论的简单推导和逻辑演绎，而是包含了理论知识与实践知识的整体生成。大学课程或高深知识的立体化意味着，教师不是一个传教士，学生不是知识的被动接受者，教材不是唯一的学习内容，课堂不是唯一的学习场所，正确的答案需要在逆向思维中寻找。

六　高深知识与高等教育在系统中整生互塑

高等教育孕生于高深知识，根基于高深知识，依生于高深知识，同时又与高深知识在系统中共生和整生。高深知识与高等教育还犹如两座拥有相同底座的相向而立的高山，两者是对生的，即你长我也长，同时两者又是互损的，即一方的萎缩会羁绊或掣肘另一方的生长。

高深知识主要以学科为依托[①]，高等学校则以学科建制为基本特征，高等教育又以高等学校为场所或承载者。如此，高等知识、学科、高等学校和高等教育便构成了关联非常密切的"关系系统"。高等知识、学科、高等学校和高等教育的诞生有先有后，诞生后的它们却不会孤立存在，彼此在系统中存在，在系统中演化，还在系统中发

---

① 除了学科之外，高深知识还以专业、课程及各种科研院所、中心、基地、实验室等为载体或平台。——笔者注

展。尤其是高深知识与高等教育，它们在系统中共生、依生、竞生、对生、整生，呈现出一种相互依赖、互生互塑、兴衰与共的生态状貌，同时两者宛如 DNA 双螺旋分子那样在耦合和嵌套中互生共长、双向塑造、齐头并进。对此，我们可以从那些成熟学科的发展历史获得佐证。事实上，每一部学科史几乎都是某类高深知识的发展史。数学如此，物理学如此，化学如此，高等教育学亦是如此……一切现存的学科，无一不是如此。

高等教育尤其是大学教育，一开始就是按照高深知识的分门别类进行的，即高等教育诞生伊始便以专门教育的姿态呈现和存在。大学以学科建制为基本特征，学科具有"准大学性"。这是学科与大学关系最为真实的描绘和写照。可以说，以高深知识为内核的"学科性"，是高等教育和大学与生俱来的特征，也是高等教育和大学最为悠久、最为典型的特征，还是高等教育和大学永恒的特征。古希腊和古罗马的高等教育所依托的是"七艺"，中国古代高等教育所依托的是"四书五经"。中世纪欧洲大学设文学、医学、法学和神学四科，当今大学则是多个学科的"联合体"，而且每一个学科类似一个相对独立的子公司，各自分有、占据和控制着一定的教育资源，培养特定领域的人才，开展特定领域的研究，提供特定领域的服务。

高深知识诞生后不会立即成为学科，它要历经专门化、系统化、逻辑化和理论化才能逐步发展成学科。高深知识从诞生到学科需要一个过程，在这个过程未完成之前，这些高深知识往往会依附于某个学科，时机成熟后再独立出来成为一个专门的学科。可以说，"任何一门学科在其未成'学'（科）之前，总是支离破碎、不成系统的，总是感性认识或部分理性知识的杂合，一旦成'学'（科），它就是一个由不同的但却相互延伸并连接在一起的，具有内在逻辑关系的各个知识单元和理论模块组成的知识系统"[①]。

知识或高深知识最初是混沌未分的。从古希腊到 16 世纪近代科学产生以前，是西方世界的科学朦胧意识时期。这一时期，哲学包罗

---

① 杨天平：《学科概念的沿演与指谓》，《大学教育科学》2004 年第 1 期，第 15 页。

万象或无所不包，蕴含着最初的自然知识和社会知识的萌芽，人们将各种学科知识归属于哲学。从 16 世纪近代科学产生到 19 世纪初叶，是学科分化时期。这一时期，一系列自然科学知识从哲学中独立出来，首先是数学、力学和天文学，其次是化学和物理学，最后是生物学和地质学，等等。同时，人文主义大兴，人文科学崛起。随着实验科学和分析方法的问世，方法及方法论意识的强化，自然科学与哲学进行了划时代的分离，在哲学、社会、自然三足鼎立的总体格局中，自然科学、社会科学从"哲学母体"中分化出来，各自走上相对独立发展的轨道，形成了在学科层次上的哲学、自然科学、社会科学的新三角构架态势，许多学科形成了比较严密的理论体系。学科不断地分化，又不断地综合，不同学科相互关联、彼此哺育，孕生和形成了种类繁多的学科园林。

学科的诞生和存在，为高深知识的保存和发展规定了范围，厘定了边界，明确了方向和目标，同时也推动高等学校开启了以学科发展为龙头的转盘。高深知识的分化、综合、交叉、融合和渗透，为学科的多样化发展创造了条件，同时也是当今学科百花齐放、争奇斗艳的动力。眼下的高等学校几乎是不同学科林立和相互竞争的共同体，高等学校传播、保存、生产、应用和发展高深知识的使命为不同的学科所分担和承包。与此同时，高深知识也以学科为制度框架和支撑平台，引发高等学校发生各种组织变革。学科作为知识体系发展的同时，也作为一种学术组织随同高等学校一起发展演变，彰显出知识性和组织性双重属性。譬如，中世纪大学中设置的学部原指某一"知识形态"的学科或学科领域，至今已发展成为某一学科或某一学科领域的专家、大师、学子等聚集在一起实施教学、科研和社会服务的"组织形态"的机构。也就是说，当今大学的学科兼具知识性和组织性双重属性。

高深知识的高度分化、高度综合和交叉融合，知识生产从模式 I 到模式 II 乃至模式 III 的变换，催促高等学校的学科结构从树状走向网状。譬如，20 世纪中叶以来，现代科学比近代科学更精细、更深入，现代科学综合化、整体化趋势日益凸显：横断学科（如数学、系统论、控制论、信息论）从方法上把各门学科贯通和联系起来了；一批代表高技术的综合学科相继问世（如信息科学、环境科学、能源科学、航天科学），更明显地表现了科学整体化的特点；学科交叉呈现出更大跨度的趋势，科学与技术的相互作用，实现着科学和技术的综合化过程，科学、技术、文学、艺术之间也开始广泛交叉。现代科学的高度分化与高度综合，深刻地揭示了世界存在普遍联系，这种趋势不仅限于科学，还将普及整个文化领域。高等学校作为知识的发源地和文化的集散地，其学科结构由点到线、由线到面、由面到体的发展，大大增强了学科的繁衍能力，使科学走向整体，同时从整体上理解知识"再次"成为可能。人类社会将一如既往地往前发展，学科将一如既往地分化、综合和交叉融合，"知识将一如既往地保持它那四分五裂的不完美形态。正是在它的裂缝和缺陷当中，我们最能够发现高等教育系统诸多特色的根本原因"[①]。高深知识向纵深延展，从一个未知领域通向另一个未知领域，旧学科不断裂变，新学科不断孕生，推动高等教育分类和分层发展，高等教育在多样化与异质化过程中释放出健旺的生命力，同时也释放出新的高等教育属性和功能。

高深知识的分门别类，为高等教育的专业化和职业化准备了条件，也为专业的诞生、课程的开设提供了知识基础。有了分类的高深知识或学科为基础，一旦社会需要某类人才，相应的专业便在高等学校应运而生。从根本上看，作为高等学校人才培养的平台，学科或专业皆是以逻辑化、专门化、系统化和立体化的高深知识为根基的。可以说，学科或专业是一种以高深知识为组分的课程的"组合体"，即不同的课程组合构成不同内涵的学科或专业，不同的学科或专业之所以可以造就不同类型的人才，关键在于它们所开设的课程不同。毫不夸张地说，高等学校学科或专业建设的根本或关键，在于以高深知识为组分的课程建设。课程全方位地反映着学校的各种思想和理念，直接关系人才的培养或学生的发展。与学科或专业相比，课程才是真正

---

① ［美］伯顿·克拉克：《高等教育系统——学术组织的跨国研究》，王承绪等译，杭州大学出版社1994年版，第314页。

触及人生的,科学的课程设计为人才培养乃至学生的未来生活或人生提供蓝图。可以说,课程质量决定人才培养质量,大学文凭的意义和价值由学生研修的课程及其质量决定。学校主要为学生提供知识,或者直接地说是"课程",一所学校所能提供的课程数量越多、种类越多、质量越高,它就越能满足学生发展的需要,越能应对万千变化的各类社会需求,同时课程的数量、种类、质量的水平决定着一所学校开设新的学科或专业的能力。课程演变,延续着高等学校的演变;课程水平及其影响力提高,昭示着该学校的兴旺发达与蒸蒸日上;课程丰满,学校健康。反之则反。课程研究专家唐德海教授经常如是说:"课程不灭,大学不死。"对此,我赞同也坚信。

第十章 高等教育之道在关系中

世界上没有完全孤立的事物，一切事物在系统中诞生，在系统中存在，在系统中发展，展现出典型的"整体生发性"。作为一种特殊的事物，高等教育的孕生和演变很好地佐证和诠释了这一论断。高等教育是"整生物"而非"孤生物"，高等教育之道存在于系统中，存在于复杂的高等教育关系互动之中。网络态的高等教育系统存在不可穷尽的"关系单元"，存在千丝万缕的"相互关系"，每一种关系都可以看成是"关系集合的元素"。也就是说，高等教育是一个包含无穷关系单元的"无限集合"，我们无法穷尽所有的高等教育关系，只能选择性地探讨某些自认为较为重要的和颇为基本的若干关系。前面我们探究了高等教育与人的发展、高等教育与社会发展、高等教育与高深知识等颇为宏观的高等教育关系，本章着力探讨师与生、教与学、学与问等较为微观的高等教育关系，因为它们关涉为师之道、为教之道、为学之道、学问之道，是高等教育改革或高等学校人才培养创新绕不开和不应回避的高等教育关系。之所以如此刻意设计和安排，意在进一步诠释规律的关系性，即一切规律存在于关系中，一切规律皆在系统关联中，抑或说"规律就是关系……本质或本质之间的关系"。

一 为师之道在育人之道中

为师之道存在于师生关系之中，更存在于育人之道中。教师和学生代表教育者和受教育者，两者是构成教育过程的核心要素。没有教师或学生,就没有教育的主体,自然也就无以成教育。教师和学生又是一个"关系共同体",两者相互定义,没有学生就没有教师之说,没有教师同样也没有学生之说。师生关系是最基本的教育关系,是最重要的教育关系,也是其他一切教育关系构建的内在依据,是一切教育教学改革的关键和根本所在。

师生关系内含为师之道、为教之道、为学之道,它们都属于教育规律的范畴。古之学者"必有师",今之学者也"常有师",可谓"道之所存,师之所存也"。教师无处不在、无时不在,为师之道也无处不在、无时不在。那么,究竟什么是为师之道?学高为师是为师之道,身正为范是为师之道,忠教爱生是为师之道,无私奉献是为师之道,常学常新是为师之道,求真求实是为师之道,精益求精是为师之道,不耻下问是为师之道,平等对话是为师之道……这一切既隶属于育人之道,又潜藏着育人之道。

(一) 经师与人师

《资治通鉴》云:"经师易得,人师难求。"自此,教师便有了"经师"与"人师"的区分,也有了"经师"与"人师"对立的说法。一般认为,经师"教学问",人师"教行为"。长期以来,人们认可和赞赏"人师",而对"经师"颇有微词,甚或存有讥讽和批评,好像人师和经师是截然对立的,两者水火不容,彼此并存却相悖。其实,人师和经师是可以统一的,彼此之间不存在解不开的"死结",两者应该统一、也必须统一。著名教育家徐特立先生认为,我们的教学要采取人师和经师二者的合一,每一个教科学知识的人,既是一个模范人物,同时也是一个有学问的人。

《学记》云:"君子务本,本立而道生。"为人是务本和立本,为学是问道、悟道和生道,而问道、悟道和生道又是为了更好地务本和立本。也就是说,为人与为学不分彼此,两者密切关联、内在统一,同时互为基石和条件。纯粹的教书不够,离开了教书,育人则为无源之水。可以说,不教学问,难以教行为;不教书,无以育人。教师既要是优秀的经师,也要是可亲可敬的人师;不仅要尽力教书,而且要精心育人。教书不育人，或育人不教书，都不是真正的教师，也必然有辱教师的使命。为学是重要的，但它不是教育的全部；为人是重要的，但它也不是教育的全部。潘懋元先生认为，"专业的具体帮助不是最重要的，重要的是方法上的指引、方法上的点拨以及人格上的影响"①。千万要注意，"不是最重要的"不等于"不重要"，潘先生没有半点否定为学之重要性的意思。

经师和人师肩负的使命不同，因而有着不一样的内在要求和资质条件。作为经师，教师是学高为师，要力求学识广博，通晓古今，洞悉宇宙，上彻天文，下察地理。作为人师，教师是身正为范，要求忠教爱生，以身作则，率先垂范，公平公正，诚信为本。好教师是良知和良能的，是经师和人师的深度融合和高度统一。通俗地说，好老师懂得等待，深知一个良好品质的形成或一个不良品质的矫正，都不可能一蹴而就，每一个人都有一个从幼稚走向成熟的过程；好老师善于分享，乐于与学生双向沟通、彼此给予、共同拥有；好老师深知教育是展示和引领，不是灌输和强制，是平等的给予，不是居高临下的施舍；好老师允许一个世界有多种声音，既能发现学生的优点，也能宽容学生的不足；好老师善于选择教学的内容、教学的时机、教学的途径和教学的方法，帮助学生获得事半功倍的效果；好老师善于合作，懂得求大同、存小异；好老师喜欢创新，甚至创新已成为他的一种心态、一种作风乃至一种人格特征。

经师与人师看似指向教师的，好似对教师的一种规约，实则也是对学生发展的殷切期盼和内在要求，即要求学生为学和为人齐头并进、同步成长。为学很重要，但为人更为根本，因为"一个缺乏事业心的人，是难以担当科学事业的开拓重任的；一个责任感不强、敷衍草率的人，是难以树立带头人应有的威信的；一个科学态度不严肃、治学不严谨的人，是难以攀登科学高峰的"②。为学与为人不可偏废，两者理当耦合并进。为人与为学并重，已成为当今中国大学普遍秉持

---

① 潘懋元：《潘懋元高等教育文集》，新华出版社1991年版，第767页。
② 同上书，第765页。

的育人理念。这可从中国一些大学的校训窥见一斑。比如，西南政法大学的校训："博学笃行，厚德重法"；成都体育学院的校训："厚德博学，睿智健体"；上海师范大学的校训："厚德，博学，求是，笃行"；河南师范大学的校训："厚德博学，止于至善"等。这些校训几乎都强调厚德、博学并重，都强调二者辩证互动、互为基石。

大学是探究高深学问的地方，也是培养高级专门人才的地方，教师教给学生的不仅仅是知识，还应教会学生怎样做人，怎样做一个有责任感、有使命感和有道德的人。唯有如此，学生才能真正应用知识，服务于社会和人类，实现个人价值和社会价值的统一。优秀教师是品学兼修、内外兼修的，是"经师"与"人师"的合一。社会学家马克思·韦伯认为，决定一个人的地位有三大要素：权力、财富和声望。教师的地位主要源自他的声望，而声望主要根基于他的为学与为人，源于他的"学高"和"身正"，源自他培养出了品学兼优的学生。

（二）名师与严师

评选名师是当今中国社会的一股风潮，校有校级名师，省有省级名师，国有国家级名师。社会需要名师，学校需要名师，家长需要名师，学生更需要名师。之所以如此，其中潜存着一个假设，即"名师出高徒"。当然，确实存在"名师效应"，即名师座下弟子受名师熏陶，不教而能自学成才。名师不是评选出来的，评选出的名师当中也不乏真名师，但鱼目混珠之辈也不是没有，这些人或许确有出类拔萃的一面，然与名师似乎并不相称。古之名师，或以贤德播于四方，或以桃李布于天下，或以文思传于千古。立德、立功、立言占其一者，可以名师尊之。纵观古今，真名师者，德高望重，学识渊博，学术精湛，深谙育人之道，而且桃李天下。名师往往声名远播，人们对其寄予厚望，也给予高度的信任。自古以来，人们都希望自己在人生之中能际遇名师，并成为其麾下弟子。与此相反，伪名师，则名不副实，徒有其名，世人假意敬之，而且多半是逢场作戏罢了。然而，这些人凭借特殊的身份和地位，被捧为专家、名家甚或大师，在相关领域里享有至高无上的话语权甚至是话语霸权,"影响着"或"引领着"学术研究和学术发展的方向。

世人多半信奉"名师出高徒",这不仅是对名师的一种认同和肯定,也是对名师的一种期待和向往。与此相对,有人坚信"严师出高徒",崇尚以严治学,信奉"教鞭之下出孝子"和"儿童的耳朵长在背上"。从语境和立足点看,"名师出高徒"强调教师水平能力的关键性,突出教师的主体地位;"严师出高徒"强调教师严格要求学生的重要性,突出学生的主体地位。"名师"与"严师",究竟哪一种是理想的教师类型,恐怕难以一概而论。因为不同的学生有着不同的基础、禀赋和个性,他们对教师的期待是迥然不同的:有的偏爱名师,有的喜欢严师,有的期盼受教于二者统一的教师。当今中国之大学,有着庞大的教师队伍,他们成为教师之前或之后,虽受过专门的教育或培训,但良莠不齐的现象依然存在,要求每一位教师达到大师或大家的水准,恐怕不太现实,也一时难以实现。教师是教育者,同时也是受教育者,不断谋求自己的发展和进步,时刻关爱学生的成长,及时纠正学生的行为,是每一位教师的使命和责任。

"名师出高徒"或"严师出高徒",单从表述上看无疑都是比较武断的说法和判断。从逻辑上看,无论是"名师出高徒",还是"严师出高徒",都是一种全称判断,都是一种完全肯定的表达方式,给人的感觉是无可质疑的,也是无须质疑的。历史、经验、常识均告诉我们:名师未必出高徒,或所出的未必全是高徒;严师也未必出高徒,或所出的也未必全是高徒。孔子可谓一代名师,门下弟子三千,然而贤达者不过七十有二。名师或严师与高徒之间并不存在"铁定的必然",不存在严格的"一一对应关系"。事实上,高徒形成的影响因素是多元的,是多种力量叠加的结果,单纯的名师教诲或严师规范,恐怕都难以促成高徒的涌现。我们敬仰名师,尊敬严师,但不能顶礼膜拜,也不能一味地盲从。当然,如果名师是因为博学精深而出名,严师是严之有道、严之有法和严之有爱的,那么这样的名师和严师又应另当别论。不管怎么说,出类拔萃的学生很少是教会的,多半是自己学会的,学生的主观能动性是学生发展的内因,教师只是外因之一。

师从名师，也许会拥有更多的优质的教育资源和社会资本，若自身缺乏良好的天赋，缺乏坚持不懈的付出，也是成不了高徒的，甚至会徒然而无获。相反，师从严师，拥有的优质教育资源和社会资本也许非常有限，但学生自己自觉学习，并且永不满足地耕耘，也是可以成为高徒的。名师是优质资源，也是稀缺资源，学校和学生都想占有，因为名师对于学校具有品牌效应、示范效应和凝聚效应，对于学生具有潜在效应、校样效应、激励效应和马太效应。事实上，严师对于学校与学生，在某种程度上也能产生类似的效应。但不管怎么说，我们希望教师是名师与严师的"合体"。学生是成长中的个体，没有名师引导不行，没有严师管教也不行。不过，如果只有名师引导，学生自身不努力、不自觉，也成不了社会需要的栋梁。内因是事物变化发展的根据，外因是事物变化发展的条件，外因通过内因起作用，学生才是自己能否成为高徒的决定性因素。不管是师从名师，还是师从严师，如果学生不能严格要求自己，或是不能遵循学习规律，不掌握科学的学习方法，是无法成为名师或严师的"高徒"的。同时，我们还坚信：无论是名师还是严师，都应该因材施教，否则培养出来的高徒，也不是根基于学生个性和潜质的高徒。理想的教育，首先是发现学生的天赋，其次是尽最大可能地释放学生的天赋的教育。

人的差异性决定了教育的选择性，决定了教育必须因材施教，也决定了如何因材施教。四时有别，方知季节之美；曲折跌宕，才显江河之势；千姿百态，才彰生命之旺。教师必须懂得感悟这种美，包容这种美，欣赏这种美，乃至发展这种美。优秀教师必然不是为了培养千篇一律、千人一面的整齐划一，而是为了造就个性彰显、千人千面的五彩斑斓。尊重学生的差异性，欣赏学生的差异性，发展学生的差异性，是优秀教师当有之觉悟，当遵之原则，当履之行为。若然教师为了顾及个人的威严，抹煞个体的差异，棒打异己之见，那么翘盼培育出高徒则是妄想。诚如此，与其说"名师出高徒"或"严师出高徒"，不如说"善教者出高徒"或"因材施教者出高徒"。当然，善教者可以是或不是名师，也可以是或不是严师。但是，善教者，深知学生之个性，遵循学生的身心发展规律，因势利导、循循善诱。事实一再表明，名师不一定是好老师，也不一定是善教的老师。比如，有些名师姿态过高，不懂得欣赏自己的学生，一味地训斥学生，经常给学生以挫败感和畏难心理，最终导致其放弃学业。真正的名师，能慧眼识人，并能根据学生的性向引导学生和选择教育方式。真正的名师，能发现人的天赋，同时又能释放人的天赋。名师与严师不是绝对分裂的，名师中也不乏严师，严师以鞭策的姿态，鼓励学生驰骋在求学的路上，或快马加鞭，或策顽磨钝，让学生倍感鼓舞和自信。

严师之教并非一无是处，严之有道的教育是可取的。从一定意义上说，教师严而有威，学生不至于过度懈怠。严师之教是有条件的，它只有建立在德与才的基础上，才能孕育桃李，滋养花木，芬芳天下。严师无德，培养出来的学生纵然满腹经纶，也终属下品；严师无才，培养出来的学生纵然品德昭著，也难为上品。严师之教，不是一种单纯的苛刻要求，不是一种不顾伦理道德的魔鬼训练，不是一种有意的为难，更不是一种冷眼旁观和冷嘲热讽，而是一种融入了老师关爱的期许。严师要严而有法，严而有度，严而有爱，否则只能引起学生反感，难以得到学生的信任，所主导的教育也必然是没有长效的教育。受人尊重的严师，或严之有道的教师，自身是向往自由的和追求自由的，同时明白规范是通向自由的必由之路，却非通向自由的充分条件。严而有度和严而有法的严师，懂得尊重学生成长的曲线，懂得尊重学生的个性，懂得关爱学生，善于培养学生良好的习惯，精于塑造学生坚忍不拔的性格，长于警醒学生时刻不忘自己的追求和梦想。人们瞻仰名师，惧怕严师，但并不是每位名师都是我们想要成为的"那个自己"。严师可敬，甚或有时可畏，但学生的成长不可没有严之有道的严师。

世界上没有绝对的纯粹，从一个极端到另一个极端，依然还是一个极端。名师或严师是相对的，没有绝对的名师，也没有绝对的严师。同时，名师与严师并非相互对立，两者固然有差异，但也有相似甚至相通之处，两者之间不存在解不开的"死结"，也不是"非此即彼"的关系。浅层次看，名师似乎偏重立言，严师侧重立威，仅仅二者取其一，恐怕均非良师的选择。如果抛开"名师出高徒"和"严师出高徒"的人为对立，不难洞见两者存在内在的统一性。如若二者达成统一，那就具有良师的基本素养了。良师是善教者，注重教化以德，深谙威信之道，擅长因材施教。

（三）主角与配角

人在其现实性上是"一切社会关系的总和"，是一种关系的存在，也只有在关系中被认知。人是"类存在物"，是社会性的人，是关系中的人，犹如"没有你和他（她），又何来我"，好比"你站在桥上看风景，看风景的人在楼上看你"。

教师与学生是相互定义的一对范畴，教师因学生而诞生和存在，两者是一个"关系共同体"。没有学生就无所谓教师，没有教师也无所谓学生。教师与学生的关系，不是一种"人—物"的关系，而是一种特殊的"人—人"的关系。教师不是教育的主角，也不是教育的配角。学生不只是教育的剧中人，还是教育的剧作者。闻道在先的教师，与问道在后的学生，两者是平等的。教师过强的主角意识，居高临下的说教，强制性的灌输，缺乏民主与自由，不理解和尊重学生，压抑学生的个性，都是对师生关系的误解和异化。教育是教师和学生的顺畅沟通和平等对话，教师或学生不是单纯的主角或配角、剧作者或剧中人。

教师是孕育慧命，是许人未来。这两者却不是教师可以单独完成的，需要学生亲自参与其中，而且求学的路最终要靠学生自己去走完，教师不可代替也代替不了。从根本上看，学生是自我成长，是自我生产，是自己生产自己，教师只是引导，引导学生少走弯路，所有的路得由学生自己走。尽管如此，教师是不可或缺的，几乎每个人都希望在人的一生中能际遇最好的老师，在最好的老师的携伴和庇护下成长。电影《师魂》中有一首诗，名为《我不愿当老师》[1]，诠释了

---

[1] "我不愿，不愿当老师，这职业太清苦，可我却想当一辈子学生，在老师的携伴下，在知识的森林里漫步；我不愿，不愿当老师，这职业太劳累，可我愿当一辈子学生，在老师的庇护下，在智慧的宇宙间飞翔。我不愿，不愿当老师，这职业太费神，可我愿一辈子保留一个学生的纯真，却具有一个老师的灵魂。"——笔者注

教师的价值、无私和伟大。教师的职业是太阳底下最光辉的职业,我却"不愿当老师",这好似一种"悖论",同时也暗含着一种对教师的由衷赞美。

《师说》云:"古之学者必有师。师者,所以传道授业解惑也。"当然,教师受人尊敬,不只是因为教师传道、授业和解惑,还因为教师的无私奉献及其对学子的人生意义。肖川教授认为,"教师在一个人成长历程中的重要性几乎是不言而喻的。假如一个人在他的学生时代曾经遇到过一个好老师,那么,他即使坏,也一定有限;相反,假如一个人在他的学生时代不曾遇到过一个好老师,那他的存在对于社会就是一个巨大的危险"[1]。教师赋予教育以无穷的力量,但教师的作用再大,对学生的发展也不是决定性的,因为学生才是自身发展的决定性因素。事实也昭示,教育在根本上是一个学生主动的自我建构的过程,而非一个告知与被告知、控制与被控制的过程。教师虽然闻道在先,虽然是专业知识的先知者和传播者,但高深的学问和深奥的专业知识仅靠教师的传授是远远不够的。过去,教师绞尽脑汁和煞费苦心地向学生传授毕生所学,但最终发现学生还是学得不够多,学得不够深。尤其是当今社会正处在一个知识爆炸、知识共享、即时查询、即时通信的时代,一切领域都发生着空前的、全方位的、令人难以想象的巨大变革。在这样一个时代,知识衰减周期缩短、时效性递减,人的一生不再是一个一次性"充电"与"放电"的过程,而是一个不断"充电"与"放电"的过程,教师最重要的不是设法将自己掌握的有限知识全部传授给学生,而是着眼于教会学生如何在知识的海洋里自主攫取知识。学历文凭仅代表一个人的静态能力,而学习能力才是一个人的动态能力。从这个意义上说,教师要聚焦于学生知识库更新能力的培养,而不是一味地倾囊相授自己的知识和学问。

教是为了不教,让学生学会学习。教师的使命是启迪和感染学生,促成学生自我发展,让学生更好地塑造自己,而不是代替学生自我塑造。教师要设法让学生成为自己,让学生自己去塑造自己的学

---

[1] 肖川:《教师的"六个学会"》,《中小学教学研究》2002年第5期,第10页。

识，让学生自己去塑造自己的能力，让学生自己去塑造自己的智慧，让学生自己去塑造自己的灵魂，让学生自己去塑造自己的道德，让学生自己去塑造自己的生命。教师可以设计教学，但不能取代学生自己设计人生。教师可以为学生描绘一幅未来人生的蓝图，但学生未来人生的蓝图最终必须由学生自己绘制。教师可以点燃自己去照亮学生，但路还须由学生亲自去走。教师最大的本事和幸事在于，让学生充分发展自己的个性，让学生充分拓展自己的潜质，让学生充分发展自己的一切可发展性，让学生最大限度地释放自己的天赋。

教师不是雕刻家，也不是工匠，教育过程绝不是教师按照自己的构想对学生这一"原材料"进行加工的过程。教育过程是不断生成的，不应是一种僵化的事先预设。教师要做的和可以做的就是：尊重学生的个性，发掘学生的潜力，克服学生成长的种种干扰，清除阻碍学生自由发展的绊脚石，让学生"成为他自己"，而不是"成为教师自己"或"理想中的他人"。教师可以像辛勤的园丁那样耕耘、培育和呵护幼苗，但必须相信幼苗会自然完成后期的生长。教师不是教育过程的控制者，而是学生成长过程的帮助者，学生经由"自然生长"可以达到自身发展的顶点。教育的真谛和使命是为学生洞开一扇门或一扇窗，点燃学生的兴趣，拓宽学生的视野，挖掘学生的潜力，提升学生的能力，延展学生的发展空间，让学生"成为他自己"。教师不应扮演成教育的"控制者"，而应成为学生发展的"协助者""合作者"和"引路人"。

教师因学生而存在，因学生发展而获得意义。一切为了学生的发展，为了一切学生的发展，是教师行为的应有之义。教师要尊重学生的兴趣，善待学生的好奇和提出的每一个问题，呵护学生的异想天开。"求知是人类的本性"（亚里士多德），探究未知和创新是学生的本能，这种本能对学生发展具有"动力源"的意义。有研究表明，几乎每一个学生都渴望成为创造活动的主人，期盼创造出自己亲身体验之前还不存在的东西。学生试图让世界变得有序而连贯，并不是出于贪婪、占有或行使权利，而是出于原始的向世界展示自我的渴望。诚然，创造力或创造成就并非学生的终极追求，"创造经历"相对更有价值。这种经历可以帮助学生与外部世界建立一种有意义的关系。这种关系一旦建立，学生容易认识到世界是一个与自己同生共存的活生生的主体，而不是一个被人类改造的、控制的、操纵的客体。

教师好似导水管而非储水池，教师主要是将知识之水导向学生之田，而不是直接对学生之田进行灌溉。教师应着力于引导、疏导和开导，绝不能唐突地干预学生，否则教师的行为注定要失败。也就是说，倘若将知识硬性地强加给学生，教师是无法真正地完成教学的。围绕学生发展而构建的全部课程，不仅包括各种各样的课程知识，也包括与之相联系的、集中于教师身上的价值观和态度，以及蕴藏于教师身上的正直品行，以及具有整合顺从与反抗的各种力量。学生需要学习和了解的知识，不只是作为教学目标被提出来，还由教师或导师自身体现出来，因为真正的教师生活在教学世界里，教学与人生是浑然一体的、不分彼此的。学生走进教师的世界，不是依凭机械地学习预设的教学内容，而是经由学生自由地攫取知识和观察世界；不是依靠遵循学校的规则和惯例，而是通过师生持续的、平等的、互信的、自由的对话。

教师是身正的躬行者，也是对人类世界的信任者和捍卫者。作为传道授业解惑的教师，既要传递知识，也要以实际行动将相关的价值标准展现给学生，还要将人类社会的信任感、意义和爱心传达给学生。学校即社会，社会亦即学校。教师要引导学生走出"象牙塔"而进入五彩缤纷的现实世界，帮助学生去相信当今世界、树立生活的信心，坚信黑暗之中有光亮，恐惧之中会出现天使，冷酷无情的背后深藏着伟大的关爱。

教师是自我教育的倡导者和捍卫者。教师要坚信自我教育的伟大力量和无穷力量。当然，教师也要看到和充分认识到：自我教育并非无源之水，它不会只凭自我关注就会实现，必须通过学生与外部世界建立联系、与他人建立联系来实现和达成。学生的自我教育，不只是知识的掌握，不只是专业技能的发展，还包括通过与外部的联系和沟通深刻地理解世界和实现自我超越。

教师是"教育的一半"，学生是"教育的另一半"，"两半"平等相交，彼此才会共同发展、齐头并进。教师和学生之间理应建立一种平等的对话关系。通过平等对话，师生既可以增加自我认识，也可以明了"世界上存在一方作用于另一方"的客观现实，还可以避免彼此之间的漠不关心。平等的对话关系是一种促进教育之生命意义孕育和释放的"新型师生关系"。在新型的师生关系中，教师坚持"若能用表扬和肯定解决问题，那就绝不使用批评"。

教育的性质类似"农业"，不像"工业"。长期以来，人们普遍将教育视为一种以理性为基础和出发点的"类工业"过程，即教育目的事先被预设，教育过程中各种可能性被一种可严格预期的运作模式所替代，教育行为被严格控制，教育结果相应地成为教育计划的附属品，学生的选择权经常被扼杀。在这样的教育舞台上，学生不是"主角"，而是扮演时常不被关注甚或被忽视的"配角"。教师和学生都是教育的主体，教师可以也应该是教育舞台的主角，但学生更应该是教育舞台的主角，因为一切教育最终都是为了学生的发展，教师表演的目的是帮助学生更好地表演。可事实远非如此，在教育过程或课堂教学中，教师一个人"讲到底"或"唱独角戏"已成为一种习惯，一切都是在按计划好的方案进行，学生或受教育者"人在剧中，行在局外"。这样的教育教学，不利于发挥学生的主观能动性，也不利于激发和挖掘学生的兴趣和潜能，更不利于学生自主发展。

二 为教之道在教学相长中

教学是教师的教和学生的学的双边互动过程。这是对教学的一种经典阐释。当然，教学并不是这么一句话就可以"了结"的，因为它涉及什么是教与什么是学、为什么教与为什么学、谁来教与谁来学、教什么与学什么、怎么教与怎么学等一系列"对举性"问题。如果不明了这些问题，那么就不可能洞悉教学的内在奥妙，而这些问题又只能在"一对对关系的相互规定"中才能解答。

(一) 教与学不对称

教与学是一对"对举"的范畴,也是一对"非对称"的范畴,还是一对"内在统一"的范畴。一说到教,人们立刻会想到学,因为教与学似乎站在彼此的对面。这只是单纯从概念上而言的。作为一种社会实践活动,教与学相对依存,但并不相互对称:"教是为了不教,学是为了更好地学;教以学的需要为前提,学并不以教的需要为前提。教是要走向自我否定的,学却要走向自我肯定。教在自我否定中自我肯定,学在自我肯定中自我成长。"[①]

教是为了不教。这是一条教学定理。为什么教是为了不教?不教,是因为学会了学。什么是学会了学?这很难再定义。从经验来看,学会了对比、区分、选择、探究、发现、提问、延拓、提升、生成、解构、重组等,是学会了学。学会了认知、分析、综合、比较、借鉴、分类、分层、归纳、推演、论证、联想、迁移、想象、直觉、反思、质疑、批判、欣赏等,也是学会了学。而且这种学会了的学,是一种掌握了学习方法性质的学会了学,是一种掌握了"渔"的学。

不教之教是一种教的境界,是一种教学习方法的教。教方法是一种更有价值的教,是一种着眼于未来的教,是一种可达"不教之教"的教。掌握了学习方法,学生对具体知识的学习会更轻松、更有效,学生的学习会更主动、更自觉,由此而走出苦学、蛮学的困境。掌握了学习方法,学生学习主动了、自觉了和高效了,学生由"要我学"变成"我要学"了,教师也就不用教了、不用劝学了,"教是为了不教"的目的也就达到了,教师的教便走向了自我否定,学生的学则走向了自我肯定。

(二) 教与学互生共长

《学记》云:"学然后知不足,教然后知困。知不足然后能自反,知困然后能自强。"不教则不知何为"困",不学则不知何为"不

[①] 张楚廷:《教与学非对称性》,《大学教育科学》2012年第5期,第125页。

足"。教和学是相互促进的，此乃"教学相长"。教师因学生而诞生和存在，教因学而需要。因此，教必须根基于学，教法必须根基于学法，教学内容必须根基于学习内容，教学方式必须根基于学习方式。简言之，教以学为本，即学是教之本，教师的教以学生的学为本。

中国著名教育家陶行知认为，"接知如接枝"，即教师的教必须接在学生的学上。也就是说，我们要以自己的经验为根，以这些经验所发生的知识为枝，然后别人的知识方才可以接得上去，别人的知识才能成为我们知识的一个有机组成部分。杜威认为，"教育有两个基本的方面：心理学的和社会学的。任何一方都不从属于另一方，因为儿童的本能和力量是任何教育的素材和出发点，而且教育者有必要运用自己的社会知识来解释儿童的力量。如果教育者不能将自己转化到学生的相应状态，不能够融入学生的未来生活，预见教育行为的结果，那么，他们就不能够理解学生的本能和力量。"[1] 教师传授的知识或经验，要根基于学生的知识之树或经验之树，要在学生的知识或经验之树上添枝加叶，而不是一切从头来过，或重新塑造一棵知识或经验之树。

教学不是预设的机械运转过程，而是一个不断生成的有机过程，即教师要一边教一边学，要经常与学生沟通，教师的教和学生的学，要彼此联络、相互启发、耦合并进，不可一意孤行，不可我行我素，不可单独行动，不可自行其是。教师要激发学生的学习兴趣，帮助从苦学走向乐学，因为"知之者不如好之者，好之者不如乐之者"。教学的关键，不在于教学生以各种学问，而在于培养学生爱学问的兴趣，当这种兴趣充分增长后再教以研究学问的方法。爱学问，胜于一切学问。这无疑是一条健康的教学原则。

（三）教与学皆具探究性

教学不是知识的简单搬迁，不是将知识机械地灌进学生的大脑。

---

[1] ［美］Howard A. Ozmon，Samuel M. Craver：《教育的哲学基础》，石中英、邓敏娜等译，中国轻工业出版社2006年版，第141页。

▶ 高等教育关系论

教学是一种复杂的生产劳动，是一种研究性的创造劳动。教学属于一种探究，至少是根基于探究的。尤其是高校教师，研究要走在教学的前面，即研究在先，教学在后，因为高校教师加工的材料是"高深知识"。教师走上讲台之前，要先研究所教课程的类型，要熟悉教学内容，选择教学方法，反思教学对象。这就是常说的"备教材、备方法、备学生"。

或许有人会说：不就是上个课，哪有那么复杂，需要研究吗？当然需要研究。譬如说，为什么要研究课程的类型？因为不同类型的课程有着不同的地位和使命，有着不同的性质和特点，需要采取不同的教授方式，像奠基性的学科专业基础课，学生必须系统地掌握其经典知识，那么教师就必须将最有价值的经典知识系统地、透彻地传授给学生。至于教师为什么还要研究教学的内容、方法、对象，那是因为教师是传道授业解惑者，倘若道之未闻、业之未精、惑之不解，又如何传道授业解惑！从这个意义上说，教师必须是"知先行后"的，必须是研究走在教学前面的。

（四）善教源于善学

教，不是教师的专利。学，也不是学生的独有行为。教师的学必须走在教师的教的前面，即教师是先学后教，是学然后知教，是谙学然后善教。教师只有求学在前，参透了知识或技能，深知学习的重点和难点，熟知学习的方法，遵循学习的内在规律，才能艺术地教和智慧地教，才能教得有法和教得有效。有法且有效的教学，是教师学习的"再现"，即再现教师是如何有效地学习的。教师的教，不是展示"教的艺术"，而是展示"学的方法"，即通过"展示学"告诉学生"怎么学"；而不是通过"展示教"告诉学生"怎么学"，因为通过"展示教"告诉学生的主要是"怎么教"。学得好是教得好的评判依据。

教学是一门艺术，也是一种硬本事。俗话说：打铁还需自身硬，绣花要得手绵巧。善教必须善学，善教之人必须是善学之人，必须是对怎么学进行过专门研究的人，必须是深谙教学规律和学习规律的人，否则，教学就是一种充满风险和不确定性的"摸着石头过河"，就如同"买彩票"，成功的概率总是小于失败的概率。因此，为教之人最好是最优秀的人，最好曾经是最优秀的学生，最好是对学有着深刻的成功体验之人，因为这些人能把自己走向优秀的过程或体验延续或迁移到教学领域。令人遗憾的是，我们每一个人都希望在求学的道路上际遇好的老师，然学业优异者却常常不愿当老师。这很具讽刺意味。

（五）教与学永无止境

学无止境，教无止境。教到老，学到老；活到老，学到老。学到至善至美难，教到至善至美难，教和学永远在路上，教师和学生也永远在路上。

教师是学高为师，是身正为范。无论是学高，还是身正，都是一种高要求，都是一种高境界。无论是"为师"，还是"为范"，都是一种高标准，都是一种好榜样。因此，成为一名优秀的、人民满意的教师不易，因为她是忠教爱生的，是良知良能的，是善于学习的，是精于传道的。

学生是问道和悟道，求得真知并非易事，需要付出艰辛的劳动和汗水，正所谓"书山有路勤为径，学海无涯苦作舟""宝剑锋从磨砺出，梅花香自苦寒来"。

三 为学之道在相反相成中

为学是阶梯式循序渐进的，是一阶一阶地往上攀登。作为一个生成过程，为学通常要历经"若蚕，若蛹，若蛾"的三态变化（李宇明）。为学若蚕，摄取学术营养"贪得无厌"。但只若蚕，书虫也；需进而为蛹，裹丝静修，参道悟学。但只若蛹，书呆也；需再羽化为蛾，成"学"中之"我"，又独自"学长"。"为师"有为师之道，"为学"有为学之道。道有相辅相成，也有相反相成。为学之道，经常深藏在相反相成中。

(一) 独学与共学

"读万卷书,行万里路",是常闻常说的两句话,意思是人要取得"真经"和求得"真知",不仅要破书万卷,还要博闻多见。细细推敲,无论是读万卷书,还是行万里路,似乎都意在强调个体的独自投入,颇有"独学"之意味。对此,一些人认为只是"读万卷书,行万里路"还不够,还须"交万个人"。言下之意,多读书、多见闻固然重要,多交流切磋也不可或缺。事实也表明,学习或研究需要独自积累,也需要相互碰撞和切磋论难。

《学记》云:"独学而无友,则孤陋而寡闻;燕朋逆其师,燕辟废其学。"其意是:独自学习和单独一人苦思冥想,而不与同侪、师友等交流、切磋、论难,就会学识浅薄,见闻不广;与不正派的朋友来往,必然会违逆老师的教导,从事一些不正经的交谈,必然荒废正课学习。《学记》关于"独学"与"共学"的认识颇为深刻,论述也比较辩证。

共学与独学是两种不同的学习方式或学习状态,但它们不是对立的,无须也不应该从中作"非此即彼"的选择。相反,独学和共学是互补的、共生的、超循环运转的。独学是一种独立学习、自我学习和单边学习,但独学绝不意味着"不食人间烟火"或"纸上谈兵",也不等于"坐井观天"或"坐而论道",相反,蕴含着深刻的韬光养晦、独立思考、静心悟道之精神。共学是一种合作式学习、开放式学习和多边互动式学习,但它并非无源之水、无本之木,高品质的共学根基于高品位的独学,即那种缺乏个人知识和能力积累的共学,是很难产生思想的火花和灵感的,参与者的思维和境界也很难纵横拓展。独学是共学的基础,共学是独学的延续,从独学到共学再回到独学,是学习境界的不断跃迁,为学者在这种超循环运转中实现一次又一次的升华。

不积跬步,无以至千里;不积小流,无以成江海。为学者,"厚积"才能"薄发","由博"才能"返约"。与此同理,不经独学,无以共学;不经共学,独学难以为继。历史上伟大的思想家、理论家，所读之书纵然不能用汗牛充栋、学富五车来描述，也可以用读书万卷、积累深厚来形容。板凳坐不得十年冷，文章难免句句空。博览群书，海纳百川，非一朝一夕之功，而是长年累月之血汗浇灌而成。宁静才能致远，专注方能成学。面对纷繁复杂的个人欲望和物质诱惑，为学者能不易其志，静心治学，潜心钻研，不仅是一种精神，也是一种气质，更是一种人生态度。学者治学，好比战士攻坚，在高深莫测的知识堡垒面前，最需一种锲而不舍的顽强毅力和独闯虎穴的英勇胆识。有了这种毅力，可以自觉地摒除外界诱惑而战无不胜；有了这种胆识，可以自发地强化自我内心而攻无不克。

共学不是学习的唯一起点，更不是学习的终结，它根基于独学，但不能凌驾于独学之上，因为共学与独学是进学的两翼或双轮。为学者可以通过独学，也可以经由共学，积累知识、增长技能、提高素养。独学是不可或缺的，共学也是不可或缺的。一般而言，不同人的生活经验、认知方式以及思维习惯存在差异，对同一问题的认识往往见仁见智。如此，不同的个体在一起相互学习，会产生"一片云推动一片云""一棵树摇动一棵树"的效果。学习不只是一个汲取与深思的过程，还应是一个分享与碰撞的过程。叔本华曾说，"读书愈多，或整天沉浸读书的人，虽然可借以休养精神，但他的思维能力必将渐次丧失"。个人的视野毕竟是有限的，观其一面或窥其一隅是个人的常态，通过思想的碰撞、交流和分享，可以丰富人的思想，拓展人的视野，活化人的思维，升华人的境界。

共学与独学没有优劣或高下之分，没有绝对的主次或先后之别，但"有价值的共学"根基于"扎实的独学"。独学与共学要耦合并进、相得益彰，共学要在独学的基础上巩固知识和形成思想，独学要在共学的前提下延展知识和发展思想。共学中要有独学的精神，独学中要有共学的智慧。纯粹的共学既缺乏深厚的知识积累，又缺乏深刻的自我思辨，充其量只是在咀嚼别人的思想；纯粹的独学既难以有效地吸收他人的合理见解，又难以及时地发现自身的思维局限，容易陷入鄙陋与狭隘的深渊。

在独学与共学的反复交替中实现螺旋式发展，是为学者成长的内

▶ 高等教育关系论

在规律,也是为学者成长的基本逻辑。在茫茫学海中,独自泛舟容易让人感到孤寂和乏力,共学可以激起"众人奋进划桨开大船"的激情。独学的主体可以是为学个体,也可以是为学组织。同样,共学的主体可以由诸多的为学个体构成,也可以由诸多的为学组织构成。无论是个体还是组织,都应该积极追求根基于独学的共学以及经历共学洗礼后的独学,通过共学提升独学的品格,经由独学提升共学的价值,在独学和共学的反复交替中实现知识的量变、质变和序变。一言以蔽之,独学和共学"不可偏废",因为二者是进学的"一体两面"。

(二) 博学与专深

魏征说:"求木之长者,必固其根本;欲流之远者,必浚其泉源。"孟子说:"资之深,则取之左右逢其源。"广博的基础知识、深厚的专业知识,是见解深刻的基石,是思虑周密的源泉,是治学成功的关键。"读万卷书,行万里路,交万个人",是一种对学子的要求,它强调博闻多见和交流碰撞的基石意义。潘懋元先生培养学生,非常强调知识的广博性,认为"一个现代化专门人才"的合理的"知识结构",应该包括"比较宽厚的基础知识""一定深度的专门知识""一般的前沿知识""必要的横向学科知识和科学方法论知识"及"一般基本文化知识"[1]。马克思的女婿拉法格在其《回忆马克思》一书中曾这样写道:马克思的头脑是用多得令人难以相信的历史及自然科学的事实和哲学理论武装起来的,因而他的头脑就像在军港里升火待发的一艘军舰,准备一接到通知,就驶向任何思想的海洋。毫无疑问,正是由于马克思知识渊博、思维敏捷,才使他智慧如注、灵感迸发,得心应手地遨游在哲学、政治经济学和科学社会主义的学海之中。

为教或为学者,首先要拓宽自己的知识面,打好自己的知识底座,但仅仅如此还不够,还要进而以博求深,不能止于基础。治学要奠定基本理论知识的基础,要注意积累知识,尤其是多学科的知识和

---

[1] 潘懋元:《潘懋元高等教育文集》,新华出版社1991年版,第432页。

跨学科的知识。但是，不能"为宽而宽"，宽基础的目的不是为了自身，而是为了精深，为了更加专业或专门。同时，也只有宽了，才能走向专和深。即专和深不是知识沙漠上的大厦，它们是有根基的，是博学基础之上的专和深，是一种"由博返约"的专和深。

掌握系统的学科经典知识、经典理论和经典学说，是学术研究和攀登学术高峰的基石，因为无广博无以至精深。当然，仅仅有广博的基础知识还是不够的，还必须把握学科前沿的知识。前沿知识是学术精深的关键，是学术创造创新的必要条件。当前，教育领域存在两种比较极端的倾向或现象：一是某些教师非常重视经典知识的系统学习和掌握，却无法将学生带到学术的前沿；二是某些教师一味地强调研究的热点、焦点和前沿问题，忽视经典知识的系统传授和研习。事实上，经典和前沿都是学生不可忽视的学习内容。学生要研读经典，了解自己所在的学科自形成以来历史上出现的名师、大师、名著、学说……学生要按照学科发展的进路和线索，熟读学科的经典，对从古到今的一些代表性论著或学说，要有一个系统的把握。对研究生而言，只有经典性的学养好，所做的学问才符合主流，才可能推进学术沿着正确的路线发展，否则学生的研究很容易走上小道，甚至误入"旁门左道"。我们要高度重视主流学问的研究，只有把握经典，在经典的发展史上使自身的研究延续下去、拓展开来，才能顺应文明发展和学术发展的主潮。当然，拾遗补阙的非主流研究也是需要的。

站在巨人的肩膀上，才能比巨人看得更远。研读经典是站在巨人的肩膀上向前看，研读经典文献也是站在巨人的肩膀上向前看。然而，当下的学术研究有一种倾向，即不能潜心于经典名著的研读，懒散于前人学术成果的系统研究。文献研究是对前人学术成果的系统研究，是学术创新的基石。真正的文献研究是批判性的，它不应是对以往研究成果及其内容的简单罗列和机械堆积，而应为读者或研究者本身提供一个相关研究的总体状貌，即揭示研究文献的生发过程，展现不同层次、不同类型和不同阶段之研究文献的逻辑历史生态。了解经典，把握前沿，述往事，思来者，以史为鉴，探幽穷赜，是文献研究的要旨。

▶ 高等教育关系论

研读和传承经典不是故步自封,探究和追求前沿不是追赶时髦。无论是深度研习学科的经典知识,还是深度挖掘学科的热点和焦点,都是为了弘扬、传承、发展和创新知识。研究文献意在强调对理论和前沿的把握,是为学者或研究者不可缺少的素养和能力。加强经典学习,注重追踪前沿,是提升学术创造创新能力的两翼。如果为学者只是偏爱其一,或将缺乏稳固的知识基础,或将只是"形而上学",或将"只见树木,不见森林",最终迷失在求学的路上,更难在学术上有所建树。

(三)学"鱼"与习"渔"

"鱼"特指知识;"渔"特指方法或方法论。对于求学者而言,掌握知识很重要,掌握方法更重要,因为后者的影响更为牢固、更为深远。老子如是说:"授人以鱼,不如授之以渔,授人以鱼只救一时之急,授人以渔则可解一生之需。"教师要传授学生以学习方法,教会学生学会学习,即好的教学不在于告诉学生以真理,而在于教学生如何去发现真理;不在于提供现成的答案,而在于引导学生发现问题并自己找到答案。可以说,一个好的老师能够告诉学生问题的答案,更好的老师自己不说话,能让学生以自己的方式去找到答案。

教学有法,却无定法。教如此,学亦如此。学习方法因人而异,因学科而异,因专业而异,因课程而异,具有特殊性和个别性,不存在绝对的"放之四海而皆准"的学习法,也不存在适合一切人的学习法。但是,某些学习原则与认知图式,根基于学习规律和认知心理,遵循了认知原理,具有一般性、共通性和根基性意义。古之名师授徒皆重学法,像孔子说的"学思结合";韩愈力举的"钩玄提要";像苏轼提倡的"一意求之";朱熹强调的"熟读精思"……诸如此类的学法,具有一定的普适性价值,现在和将来依然管用,永远具有相当的时代性意义。求学在先和闻道在先的教师,就是要千方百计教会学生这些具有一般性、普适性、共通性和根基性的学习方法。

学习方法的选择正确与否,直接关系到学习的效果。大凡读书之人，或多或少都有过如此的经历和体会：阅读一部名著或经典著作，总想背记一些精彩章句，或一些思想深邃的观点，或某些有启迪的段落，但不久又将这些还给了作者，抑或是所剩无几。究其原因，关键在于未对所读之书进行重新建构，或在读书时失缺反思、质疑和批判，或只是一味地在欣赏。爱因斯坦如是说："知识，只有当它靠积极的思维得来，而不是凭记忆得来的时候，才是真正的知识。"建构性、批判性和探究性地学习一本书，会帮助读者在脑海里形成一本与原书"同又不同"的书，即一本有新的发现的书，一部有新的补充的书，一部有新的修正的书，一部有新的完善的书，一部有新的升华的书。

学习是循序渐进的，学习方法的掌握也是递进式的，一般先是吸纳性学习，再是批判性学习，然后是创造性学习，经验丰富的教师懂得如何去教会学生三种学习耦合并进：或以吸纳性学习为主耦合批判性学习和创造性学习；或以批判性学习为主耦合吸纳性学习和创造性学习；或以创造性学习耦合吸纳性学习和批判性学习。一般来说，博士生撰写学位论文的过程主要是一个以创造性学习耦合吸纳性学习和批判性学习的过程，而本科生主要是以吸纳性学习为主耦合批判性学习和创造性学习。

（四）理论与实际

理论与实际相互联系，是马克思主义一条最基本的原则，也是一条重要的教学原则。马克思说："光是思想力求成为现实是不够的，现实本身应当力求趋向思想。"[①] 这就是说，不仅是理论要联系实际，实际也要联系理论，理论与实际要相互联系。

理论联系实际是一种辩证的认识论和方法论，具有普适性的意义，适用于教和学。雅斯贝尔斯认为，"人们如果光谈大原则，就会变成空谈；如果将目光仅仅投注在实际事务上，就会迷失方向，哪怕是最微小的行动也应和终极目标联系起来。只有不让遥远的地平线从

---

① 《马克思恩格斯选集》（第1卷），人民出版社1995年版，第11页。

▶ 高等教育关系论

视界中消失,我们的脚步才能迈出最有意义的一步。"[1]

任何一种理论只有回到其诞生的现实之中才能被正确地理解,理论研究要结合和立足于当前的现实需要,因为理论不管主观上展现了怎样"遗世独立"的气概,但它终是客观环境或现实社会要求的产物。理论与实践是内在统一的,即理论来源于实践,又指导实践;实践既丰富理论,又刺激理论向新的方向发展。没有理论指导的实践,就犹如航船行驶没有舵和指南针一样。理论的任务不仅在于解释世界,更重要的在于改造世界。理论如果不能走到实践中去,理论的意义和价值就无法释放和体现。同样,实践如果没有理论指导,只能"摸着石头过河",甚至会迷失方向。没有实践的理论和没有理论的实践,都是有风险或不值得信赖的理论与实践。理论与实践是互为基础和相互建构的,理论指导实践,实践则提升理论的品格。

理论到实践不是直达的,一般要经过一些中介环节,即再好的理论也不能直接应用到实践,或产生立竿见影的效果。譬如,教育理念若没有制度和政策的支撑,就很难对教育发生作用。高等教育规律不转化为高等教育原则乃至高等教育制度和政策,就触及不到高等教育实践。理论与实践通过某种方式或中介,可以相互连接、相互生成和相互拓展,但这种连接、生成和拓展不是线性的和一一对应的。

理论是开放的、可丰富的和可延拓的,它欢迎论争、辩驳和批评,否则它就不再是理论的,而蜕变为一种教条或公认的事实。不能"理论"或"论理"的理论,自然不是理论。科学的理论能够为人提供一种更加综合、更加总体、更加宏大的视野,为实践提供基本原理。反过来,实践也为理论提供第一手的材料,提供检验理论的依据。理论要关照实践,而理论的价值就在于它引发了实践领域建设性的变化。因此,根据理论的果实或成果,可以认识理论和判定理论的价值,即理论果实或成果的性质,是判定任何理论有效性的依据。如果一种理论已经失去了与实践的联系,或与实践之间已经不存在富有

---

[1] [德]雅斯贝尔斯:《什么是教育》,邹进译,生活·读书·新知三联书店1991年版,第177页。

成效的相互促进关系，那么人们最好抛弃或修正这种理论。

理论要联系实际，实际也要联系理论，偏于其一都不是辩证法。求学既要"读万卷书"，也要"行万里路"，即"读书"与"行路"都不可或缺，两者须齐头并进、耦合而行。尤其是在行路过程中，要时时不忘思考书本、论证书本和检验书本。一项研究如果仅仅建立在客观实践或观察的基础上，抑或停留于纯粹的事实或材料，难以获得高水平、高品位的研究成果。学生既要学习丰富的理论知识，包括本学科的理论基础知识、经典前沿知识以及跨学科综合性知识等，又要参与社会实践，包括参与横向课题研究，参与社会实践调查、田野调查等，推动产学研一体化，增强社会实践能力。通过参与不同的实践，优化自身的知识结构、能力结构和素质结构。教师要通过"理论—实践—理论"的超循环运转，引导和帮助学生形成理论与实践相结合的认知图式。

知行合一是理论联系实际的表征和诉求。无思想的行动是盲目的，而无行动的思想是站不住脚的，必须将思想与行动、理论与实践、思维与行为结合起来。知和行不可偏废，"知之而不行，虽敦必困"。知行合一是重要的学习策略，单纯的知识学习是不够的，还须到行动中检验知识的真伪，在行动中生成新的知识。我们不能将知识与行动分开，一方面将知识用于行动；另一方面又在行动中澄清、修正并扩充知识。著名的教育家陶行知先生非常强调"教学做合一"，认为"行动生困惑，困惑生疑问，疑问生假设，假设生试验，试验生断语，断语又生行动"。

为师者和为学者，不能做"知识上的巨人，行动上的矮子"。无论是学习还是研究，不能躲在"象牙塔"里而不进入外面的世界，不可闭门造车。学习不能只是躲在"象牙塔"里苦思冥想，每个人都应该以某种形式参与到社会行动当中。为学者要积极融入社会，要参与社会和政治事务，"不能两耳不闻窗外事，一心只读圣贤书"。学校也许可以保持价值中立，可以潜心和致力于纯粹的人才培养和科学研究，但绝对中立的职业是不存在的，"地狱里最炽热的地方是留给那些在出现重大道德危机时仍要保持中立的人的"。（但丁）

四 学问之道在系统关联中

学问本身是一门学问,即学问之中有学问,而且藏着大学问,潜着学问之道。学问不只是单纯的"有知识",学问之中有"学"也有"问",因而学问总是与学、与问关联的,学问之道存在于学与问的系统关联中,而学问在学与问的系统互动中长进和提升。

与学问关联的问题是多元的,而且是系列性的,最直接的问题有:什么是学,什么是问,怎么学,怎么问,学与问有何关联,什么是学问,什么是小学问或大学问,什么是假学问或真学问,真学问与做真人有何关联,学与教、学与思、学与行、问与答、问与思等又是如何联系和发生作用的……这些既是问题,同时本身也是学问,当中还潜存着深刻的学问之道。世人对学问貌似"熟知",实乃未必"真知",若从"熟知"走向了"真知",可谓达到"知其然,知所以然"。

学问是多义的,可以指一种知识或系统知识,也可以指一种发展水平,还可以指一种学习和询问方式。在不同的语境下,人们可以根据需要或情景取义,这也昭明"学问之中确实有学问"。学问是真实的和可感的,是神圣的和想象的,是艺术的和印象的,容不得半点虚假和伪装。学问以其玄妙和博大精深,让人毕生为之奋斗而不弃,让学问自身魅力无穷,而"有学问"也成为一个深受人喜爱的绝佳的"赞美词"。

(一)学问是后天的事实

学问是后天的存在,是后天的事实,是人类社会积淀的产物,是大浪淘沙的文明结晶。刚出生的人只是一个自然实体,与一般动物并无二致。人非"生而知之",而是"学而知之"。《学记》云:"虽有佳肴,弗食不知其旨也;虽有至道,弗学不知其善也。"任何人都是从无知走向有知的,从知之不多走向知之较多的。人类学问的增长方式是多元的和因人而异的,可以是涓涓细流式的,也可以是平台飞跃式的，还可以是原子裂变式的。个体学问的增长是渐进的，是寸积铢累的，是日进一寸的，鲜见一蹴而就或一日千里。

学问不是无源之水和无本之木，它根基于知识，是一种聚集、凝练和升华了的知识，是系统化了的知识。作为一种发展水平或知识状态，学问是人迈向智慧的阶梯和基石。学问与智慧既内在关联，又彼此相互区别：智慧是活化了的学问，是升华了的学问；学问不等于智慧，有学问未必有智慧，有智慧也未必一定有广博的学问；智慧最好以学问为根基和养分，最好是生长于学问丰富的土壤，最好是在学问的"八卦炉"中炼制过，否则它就不可靠，它就没有底气，它就经不起时间的冲刷。智慧是教育的目的，是知识和学问的目的，尽管知识和学问不能直接通达智慧。一言以蔽之，教育包括从知识或学问到智慧的转化或过渡，尤其是获得那种创造的智慧。

（二）学问是关联性学问

学问关联着学、问、思、辩、行，彼此共同构成进学之道，即"博学之，审问之，慎思之，明辨之，笃行之"。（《礼记·中庸》）学而不思则罔，思而不学则殆。思与问是源流关系，即思源于问，而善思源于勤思，勤思成于勤问。问是一种基本思维方式。问谁？问一切可问之人和事，即可以问自己，可以问教师，可以问他人，可以问书本……问自己是基础，求学问要勤于自问、自思、自答。学与辩，形影相随，血肉不分。学依凭于辩，辩根基于学。学越辩越明，不辩则鱼龙混杂，真伪良莠难分。学越辩越博，不辩则无友，无友则孤陋寡闻，见识短浅。"独学而无友，则孤陋而寡闻"，阐发的就是这个意思。

学与问密不可分、不可偏废，两者良性互动、耦合并进，方可求得"真学问"和"大学问"。在学中问，在问中学，在乐学中好问，在好问中乐学，才能从未知走向熟知，从熟知走向真知，从真知走向必然，从必然走向自由。学与问伴生前行，"教会学"和"教会问"都是教学的使命，教师除了教知识、教学问和教技能，还得教学生询问、设问、疑问、反问、质问的技巧，还得引导学生愿问、敢问、善问、爱问、好问和乐问。提出问题是学问的起点,分析问题和解决问题是学问的过程,孕育新问题是学问的结果。张楚廷先生在多种场合强调,"教学"在根本上是"教问";学问是一个不断"学着问"的过程,也是一种"学会问"的果实;"学着问"和"学会问"不仅是一个获取学问的过程,也是一种获得学问的结果。

问与答也是"进学之道",各自有着自身的内在规律和运行逻辑。《学记》云:"善问者如攻坚木,先其易者,后其节目,及其久也,相说以解。"而"善待问者如撞钟,叩之以小者则小鸣,叩之以大者则大鸣,待其从容,然后尽其声。不善答问者反此"。其意思是:会提问的人,像木工砍木头,先从容易的地方着手,再砍坚硬的节疤一样,如此这般,问题就会容易解决;不会提问题的人却与此相反。善于对待提问的人,会让别人把问题说完再慢慢回答,好比撞钟一样,用力小钟声则小,用力大钟声则大,而且从容地响。不会回答问题的,恰巧与此相反。《学记》揭示的这番道理是极其深刻的,在今天乃至将来都不过时。

(三) 学问存在品位和境界的高低

学问是有品位高低之分,有小学问和大学问之别,有真学问与假学问之异,而求得大学问和真学问是为学的目标。欲求大学问,探得真学问,须做真人。"言假言,事假事,文假文",是求不得大学问和真学问的。求真知,以做真人为根底。做真人,就是为人要"内方外也方",而非"内方外圆";做真人,就是要做"恒温动物",而非"变色龙";做真人,就是要做"富贵不能淫,贫贱不能移,威武不能屈"的大丈夫,而非风吹两边倒的"墙头草"和随波逐流的"浮萍"。真学问,根基于广博的知识,无"学养"便无"学问"。真学者,绝非知识的"营养不良者",也绝非知识的"消化不良者"。海纳百川,有容乃大。面对不同领域的经典知识,大学者或真学者永远是来者不拒。对于书本知识,对于中外名人和古今圣人的言说,对于权威的理论或学说,大学者或真学者总是保持咀嚼、深究、批判和反思,而绝不囫囵吞枣、浅尝辄止、人云亦云和随波逐流。经过时间老人严格筛选的学术名著凝聚着千百年来人类思想的精华,是取之不尽用之不竭的知识宝库。我们必须借鉴和吸收人类文明的一切优秀成果,然后才能进行创新。人类的学问和智慧并不是从天上掉下来的,也不是什么人凭空杜撰出来的,而应当是人类创造的全部知识发展的必然结果。

学问不仅是有品位的,还是有境界的。不断从较低层次的境界迈向高层次的境界,是求学者或为学者的毕生夙愿。清人王国维先生集前人之词句,道明学问的三重境界:"昨夜西风凋碧树。独上高楼,望尽天涯路。"此为第一重境界;"衣带渐宽终不悔,为伊消得人憔悴。"此为第二境重界;"众里寻她千百度,蓦然回首,那人却在,灯火阑珊处"。此为第三重境界。求学者对学问可以有惆怅迷惘的经历,但这不能是求学者的终态,为学者还须继续前行,"登泰山而小天下",揭前人未揭之奥秘,辟前人未辟之领域,达前人未达之境界。

学问是人类的财富,是世界的财富。学问本身没有功利,但我们也不能否定学问的实用价值。与此同时,我们也要捍卫学问的纯真性、纯正性、纯雅性和超越性。学问当以诚求真,知之为知之,不知为不知。求学者理当做诚实的困惑者和勇敢的寻找者,也当以诚求真、求实、求善和求美。学问是圣洁的和高贵的,为学问而学问,为研究而研究,也是一种难能可贵的气度和境界。求学问,不全是为未来的"生活"做准备,它本身是"人生"的过程和目的。一个人求得了学问,通常也会获得新生,同时还实现了某种程度的解放和自由,即逐步从必然王国迈向自由王国。

第十一章 高等教育强国生发的关系审视

高等教育是一个国家强盛不衰的中流砥柱，建设高等教育强国是富国强民的战略选择。这是世界高等教育发展史给出的宝贵经验和经典论断。究竟什么样的国家才能称之为高等教育强国？学界从一个国家高等教育的总体规模、普及程度、整体质量、开放程度、体制和制度、办学思想和观念，高等教育的数量、质量、结构、效益的协调性，以及高等教育对经济社会发展的贡献程度等维度对高等教育强国进行了阐释和解剖，提出了多种个性化的高等教育强国判定依据。本章拟从结构（或内部关系）和功能（外部关系）两个最基本维度透视高等教育强国，剖析高等教育强国的评判依据，同时，从高等教育的内外部关系去考察高等教育强国的系统孕生、统合发展和超循环生发机制。

一 高等教育强国的内外部关系特性

作为一个相对独立的高等教育系统，高等教育强国不仅蕴含着深刻的数量关系和质量内涵，而且渗透着结构优化和功能耦合的内外部规定性。具体而言，一个国家之所以可以称得上高等教育强国，关键在于它建有若干所世界一流的大学或一批世界一流的学科；在于它拥有较大的高等教育规模和较高的高等教育普及率；在于它的高等教育整体质量处于世界领先地位；在于它已经形成多样化、多层次、多类型、布局结构合理、开放的高等教育体系；在于它的高等教育系统已与本国的社会各子系统形成功能耦合关系；在于它能够全面适应经济社会发展的需要；在于它是世界知识创新、科技创新和高等教育创新的"集散地"。当然，这是一种关于高等教育强国的"时代性"解释，它是以现代世界高等教育强国为考察对象而抽象和提炼出来的基本特征。事实上，当我们回到历史的长河中去考察世界高等教育中心或高等教育强国时，看到的可能是另外一种景象，得出的也可能是另外一种结论和判断。众所周知，历史上的意大利、英国、法国、德国等，都曾经是世界的高等教育中心或高等教育强国，但如果用今天的标准去衡量它们，我们会发现它们似乎谁也算不上真正的高等教育中心或高等教育强国。从这个意义上说，高等教育强国是一个历史的比较性概念，在不同的时空背景下有着不同的内涵与外延，我们讨论的主要是当今时代的高等教育强国。

（一）结构优化：高等教育强国的内部关系特性

结构是一个系统的构成元素及其各元素比例和连接方式。结构是维持系统稳定性的变量和物质性基础，一个系统的稳定性主要来自其结构及其稳定性。对于物质而言，结构的改变意味着物质本质的改变，即"此物质"已变成"他物质"了。英国学者艾什比认为，"只规定一架机器应由其确定性质的部件来构成，这还不足以确定整个机器的性质；只有再加上耦合的细节，整个机器才变得确定。"[①] "耦合的细节" 就是 "部件的连接"，而机器则是结构性的部件组合。没有结构的部件，那不是机器，只是一堆杂乱无章的零件，一堆不具有机器整体功能的零件，犹如没有关联的一袋子土豆。

结构赋予系统以整体性与稳定性，因而"认识一个系统单靠因素分析是不够的，还必须进行结构分析。改变一个系统，单靠元素更替也是不充分的，还必须进行结构的调整与改革。"[②] 可以说，系统的秘密不在于其单个的元素或要素，而在于其元素、要素之间的相互作

[①] ［英］W.R. 艾什比：《控制论导论》，科学出版社1965年版，第53页。
[②] 申仲英：《系统中的结构与功能》，《哲学研究》1983年第8期，第45页。

用和作用方式，即系统的结构。只有在多种多样的相互作用和相互联系中，系统才能形成"种种杠杆"或"耦合的细节"，各种元素或要素才能成为一个密切联系的整体，具有单个元素或要素不具备的整体性功能，具备"耦合细节"的零部件才能产生零部件功能的整体涌现，即一台机器的功能。

高等教育系统是一个宏微渗透、纵横交错、动静结合的立体网状结构体，因而其秘密不在于单个的高等教育元素或要素，而在于不同高等教育元素或要素之间的结构关系。因此，我们完全有理由从高等教育元素的构成、元素的数量与质量以及元素之间的联系方式切入，考察一个国家的高等教育是否具有"高等教育强国的特质"。一般而言，考察系统的每一个构成"元素"并无必要，考察它的构成"要素"即可。从结构的视角考察一个国家的高等教育，既要关注高等教育组成要素的数量、质量和序量，也要从整体与部分的辩证关系出发审视高等教育系统，判断它与高等教育强国的契合程度和匹配程度。通过历史考察、经验总结和理性推理发现，高等教育强国表征为一个结构相对优化的高等教育系统，即结构优化可谓是高等教育强国的内部规定性，或者说高等教育强国具有结构优化的内部关系特性。对此，我们可以从以下几个方面来理解：

第一，高等教育强国拥有量丰质优的高等教育"质元"，特别是拥有若干甚或一批世界一流大学。这是作为一个高等教育强国的"高度"，是高等教育强国的"质元"。要素是系统的质元，系统要素的变化不仅可以引起系统各组成要素"相互关系的性质"发生某种变化，而且也可以引起系统的"整体性质"发生某种变化。高等教育系统的组成要素是多元而复杂的，既包括以高等教育主体为中心的教育行政管理者、举办者、办学者、教师和学生等，也包括以高等教育客体为中心的学科、专业和课程等。这些要素通常以大学或各种高等教育机构为平台或载体，彼此相互联系在一起，作为一个有机的整体而存在。因此，大学通常被看成是一个国家高等教育系统的根本性"质元"，而各大学的办学水平则被视为影响一个国家高等教育的社会声誉和国际地位的关键因素。因此，高等教育强国必须拥有若干甚或一批世界一流大学,否则就称不上名副其实的高等教育强国。目前,中国还没有一所真正意义上的世界一流大学,这是一种"高度"的差距,抹平这种差距,实现从高等教育大国到高等教育强国的转变,还需要一段时日,也还有相当长的一段路要走。目前,我国政府高度重视世界一流大学和一流学科建设,2015 年国务院印发了《统筹推进世界一流大学和一流学科建设总体方案》。该总体方案明确指出:"建设世界一流大学和一流学科,是党中央、国务院作出的重大战略决策,对于提升我国教育发展水平、增强国家核心竞争力、奠定长远发展基础,具有十分重要的意义。多年来,通过实施'211 工程''985 工程'以及'优势学科创新平台'和'特色重点学科项目'等重点建设,一批重点高校和重点学科建设取得重大进展,带动了我国高等教育整体水平的提升,为经济社会持续健康发展作出了重要贡献。同时,重点建设也存在身份固化、竞争缺失、重复交叉等问题,迫切需要加强资源整合,创新实施方式。认真总结经验,加强系统谋划,加大改革力度,完善推进机制,坚持久久为功,统筹推进世界一流大学和一流学科建设,实现我国从高等教育大国到高等教育强国的历史性跨越"。当然,世界一流大学与高等教育强国并非同等概念,前者只是后者的"质元"而非"全部",即世界一流大学只是高等教育的必要条件,而非充分条件。

第二,高等教育强国拥有相对较大的高等教育规模和较高的高等教育普及率。高等教育强国要有一定的"高度",还要有一定的"宽度"。只有宽度而没有高度就不能占领制高点;只有高度而没有宽度则缺乏夯实的根基。一个国家拥有一两所世界一流大学或少数几个世界一流学科,虽说可以占领世界高等教育的制高点,但若没有较大的高等教育规模,也难以称得上真正的高等教育强国,因为这样的高等教育缺乏宽厚的平台和底座。诚然,较大的高等教育规模是相对而言的,我们不能把绝对规模的巨大当成高等教育强国的必要条件,否则那些人口数量不多的国家恐怕永远不能成为高等教育强国。衡量一个国家是否为高等教育强国,还必须考察其高等教育的相对规模,对照高等教育的普及率。据统计,2014 年我国高等

▶ 高等教育关系论

教育在校生规模达到3559万人，居世界第一；高校数量为2824所，居世界第二，超过了俄罗斯、印度和美国；绝对规模居于世界第一位，高等教育毛入学率达到37.5%。2016年4月7日教育部发布的首份《中国高等教育质量报告》指出，2015年在校生规模达3700万人，位居世界第一；各类高校2852所，位居世界第二；毛入学率40%，高于全球平均水平。尽管如此，与许多发达国家的高等教育毛入学率相比，我国还有一定的差距。从这个意义上说，实现让绝大多数适龄青年接受优质高等教育或"学有所教"的目标，还有一段路要走，可谓任重道远。当然，这并不等于说一个国家的高等教育规模越大越好，我们必须根据本国的经济、政治、文化和社会的发展需要，推进高等教育适度发展或可持续发展，而不是脱离社会实际需要而求超速发展。长期以来，不少人误以为适度发展意味着一定要控制规模和速度。当然，真相并非如此。从逻辑上看，适度发展虽然与发展速度、发展规模有关，但它不等于一定与加快发展和大规模发展相矛盾。那种符合高等教育规律和目的、适应人的发展和社会发展需要的加快发展和大规模发展，属于适度发展的范畴。相反，那些不快不慢的发展看起来似乎是适度的，实际上却不符合高等教育的规律和目的或不适应人的发展和社会发展需要的，自然不属于真正的适度发展范畴。除了规模和速度适度外，高等教育的适度发展，还包括高等教育各部分的适度发展和高等教育整体的协调发展。高等教育各部分的适度发展，立足于各部分自身发展、其他局部发展和系统发展需要的最佳匹配，是一种综合的权衡和整体的协调，包含了中和的意旨。高等教育整体的协调发展，是凭借相互关联、相互照应、相互促进和相互制约所达到的高等教育的局部与局部、局部与系统、系统与环境都很耦合的发展，是一种合乎高等教育发展规律和目的的发展，显示了中和的结果。一言以蔽之，高等教育的适度发展是一种恰到好处、过犹不及的发展，是一种暗合了高等教育生态规律的发展，彰显了高等教育协调发展的生态景观。

第三，高等教育强国的人才培养质量在整体上处于世界领先地位。发展高等教育，质量是关键。没有数量，就没有质量；没有质量，再多的数量也没有用。这是数量与质量的辩证关系。一个国家如果仅仅拥有较大的高等教育规模和较高的高等教育普及率，但却没有高水平的高等教育质量或处于世界领先地位的高等教育整体质量，那么也不能称之为高等教育强国。因此，要建设人力资源强国，就必须以提高质量为核心，加快我国从高等教育大国向高等教育强国迈进的步伐。可以说，质量是高等教育的生命线，质量是高等教育强国的核心和灵魂。单就绝对数量而言，我国已成为世界高等教育第一大国，但我们还须在质量上下功夫、在"强"字上做文章，着眼于提高人力培养的质量和整体素质。从这个意义上说，无论什么类型和层次的高校都有必要把"教学"置于学校工作的中心位置，加大教学投入，强化教学管理，改革人才培养模式、教育教学方法和考试评价制度，更新教学内容，着力培养学生的创新精神、实践能力和创业能力。当前，国内许多高校没有处理好教学与科研、软件建设与硬件建设等之间关系，重科研轻教学、重硬件轻软件建设的现象普遍存在。一些高校盲目地增设新专业、扩大学校规模以及钟情于形象工程建设等，而对教育教学改革投入不足，以至于人才培养质量不尽人意，尤其是高层次拔尖创新人才的培养还亟待加强。从根本上看，这无疑业已成为我们建设高等教育强国的一大"瓶颈"和必须加以克服的难题。

  第四，高等教育强国建有适应性强的高等教育系统。高等教育与社会发展相互适应，是发展高等教育必须遵循的基本规律之一。众所周知，结构与功能是密切关联的，即结构决定功能，功能影响结构。一个国家如果不能建立起"适应性强"或"序变能力强"的高等教育系统，就难以使高等教育的功能获得充分的释放和发挥，而这样的国家自然也就称不上高等教育强国。作为复杂系统，高等教育的适应性或"序变能力"究竟源自何处？客观地说，这是一个难以用一言两语说得清楚的问题，但我们可以确信：没有多样化就难以有真正的适应性，结构同质、办学趋同的高等教育系统难以产生新质，也无法形成新的组合功能。因为"差异减少，组分趋同，系统与环境趋同，没有任何矛盾，系统将失去活力，也不是健康的有序。唯有不同而和谐者方为富有生命力的系统"①。照此而论,一个国家若想成为真正的高等教育强国,就必须形成类型和层次多样、特色和优势互补的高等教育系统。具体言之,整个高等教育的层次结构、科类结构、形式结构要合理,布局结构要恰切——不同的区域高等教育之间有合理的分工与合作,而不是各行其是、追求各自的独立性和有序性。目前,人们比较关注高等教育的层次结构、科类结构、形式结构问题,而对高等教育的布局结构问题相对忽视。事实上,建设高等教育强国绝不能忽视布局结构问题,不能忽视不同区域高等教育之间的分工与合作、竞争与协同,因为"当系统内各个子系统独立运动占主导地位时,系统呈现为无规则的无序运动;当各子系统相互协调,相互影响,整体运动占主导地位时,系统呈现为有规律的有序运动状态"②。从整体上看,我国的高等教育无论是层次结构、科类结构、形式结构,还是布局结构,均存在这样或那样的问题,因此必须调整和优化高等教育结构,形成适应性强的高等教育系统。这样的高等教育系统由不同类型、特色和优势互补的高等教育子系统构成,各高等教育子系统既相互竞争又协同合作,整个系统能有效地适应不同社会的发展需要,能够为一个国家从高等教育大国迈向高等教育强国奠定良好的结构性基础。

质言之,结构优化是高等教育强国的内部关系特性或内在规定性,即真正的高等教育强国必须建有适应性强的高等教育系统。具体而言,无论是高等教育组成要素或高等教育的数量与质量,还是高等教育的布局结构、形式结构、层次结构和科类结构,抑或是作为"质元"而存在的大学,都能与高等教育强国形成相应的匹配关系。

(二) 功能耦合:高等教育强国的外部关系特性

功能是系统的通有属性,大凡系统都具有一定的功能,而功能的强弱通常被视为系统优劣的直接判据。作为系统的外部规定性,系统的功能体现或存在于它与外部其他系统的相互作用之中,即系统的功

---

① 苗东升:《系统科学大学讲稿》,中国人民大学出版社2007年版,第81页。
② 桂慕文:《人类社会协同论:对生态、经济、社会三个系统若干问题的研究》,江西人民出版社2001年版,第5—6页。

第十一章　高等教育强国生发的关系审视

能在相互作用和关系互动中获得释放和体现。由此可见，高等教育功能的释放与发挥，除了与高等教育自身的结构有关外，还有赖于与之相互作用的对象和外部环境。换言之，高等教育嵌套在复杂的外部社会环境之中，它既要从外界社会环境汲取自己所需的物质、能量和信息，同时也要为外界社会环境提供知识与智力支撑，就这样在彼此互动中释放和彰显自身的功能。历史与现实几乎一致地显示，作为世界高等教育中心或高等教育强国，它除了拥有结构优化的高等教育系统外，其高等教育系统往往还能与政治、经济、文化等社会各子系统形成良好的功能耦合关系，能够适应复杂而多变的社会需要。功能耦合是不同系统之间的功能互补、功能互助和功能协同的状态。与此对照，不少国家的高等教育常常作为相对孤立的、封闭的系统而存在，集中表现为与社会发展需要相脱节，与政治、经济、文化等社会子系统之间的关系相当松散，彼此各行其是、独立运作。毋庸讳言，这不仅违背了高等教育发展的内在逻辑，也违背了高等教育发展的外在逻辑。

社会需要的是高等教育功能形成和释放的外部动力，是高等教育发展的不竭源泉。大学乃至整个高等教育之所以会产生并能存续到今天，根本原因在于它满足了社会发展的需要。史学家们认为，中世纪大学产生的原因很多，但真正的原因在于大学回应了当时社会的发展需要。另外，大学存续的时间之所以能够超过任何形式的政府，任何传统、法律的变革和科学思想，也是因为"它们满足了人们的永恒需要"[1]。当然，大学是以满足它们所属的那个历史时期的社会需要而获得合法地位的，"中世纪的大学把它们的合法地位建立在满足当时社会的专业期望上。接着，文艺复兴后的大学又把其合法性建立在人文主义的抱负之上，这种人文主义抱负的发展以自由教育观念为顶点，自由教育观念使得红衣主教纽曼时代的英国式学院合法化。与英式学院暂时并进的是德国大学，它们是启蒙运动的产物，它们注重在科学研究中获得其合法地位。最后还出现了'赠地'大学，这些大学的合法地位依赖于它们把人力

---

[1] ［美］约翰·S. 布鲁贝克：《高等教育哲学》，王承绪等译，浙江教育出版社2002年版，第30页。

► 高等教育关系论

物力用于为社会和国家的发展服务"①。不同时期、不同国家的不同大学,获得其合法地位的途径不尽相同,而满足社会需要是大学获得合法地位以及实现功能拓展的根本。这是不争的事实。可以说,没有社会需要的刺激和引领,高等教育的功能就无法得到释放和拓展,多功能的高等教育体系也不会形成。也正是从这个意义上可以说,高等教育功能的演化过程是社会需要刺激下的功能选择过程。诚然,社会发展同样也离不开高等教育的支持,"以知识为基础的社会既依赖于知识的不断进步,也依赖于知识分子的再生产,正如工业社会依赖于资本的不断投资和有技术的管理人员、工人的再生产"②。

时至今日,我们完全有理由相信:作为社会系统的子系统,高等教育的发展离不开国家和社会载体,必须主动满足或适应国家和社会发展需要,为国家和社会提供必要的人才动力和智力支持,设法与政治、经济、文化、科技等社会子系统形成功能耦合关系,否则就难以获得可持续发展,也就更不用说建设高等教育强国了。事实上,社会各子系统的改革与发展莫不如此,即某社会子系统若不能与其他社会子系统形成功能耦合关系,就难以获得充分的发展,也难以取得完整而彻底的成功。反观中国近代史,鸦片战争惨败之后,中国封建社会上层阶级的自我中心主义世界观开始动摇,洋务派为了"师夷之长技以制夷",开始办工业和学堂,但洋务运动却由于缺少相应的政治制度、文化制度、教育制度等的支持而最终失败。人们自此开始认识到,西方国家的强大不仅在于技术,还在于先进的政治制度和文化制度,从而要求冲破传统文化的封闭状态,学习西方先进的政治制度和科学文化知识。戊戌变法注意到了政治制度的改革,却由于找不到强大的政治、经济和文化的支持也悲壮地失败了。孙中山领导的辛亥革命推翻了在中国绵延了两千多年的封建帝制,但新政权终因缺少强大的军事、文化和经济支持等而迅速变异和退化。如此种种,无一不在

---

① [美]约翰·S. 布鲁贝克:《高等教育哲学》,王承绪等译,浙江教育出版社2002年版,第3—4页。
② [美]伯顿·克拉克:《高等教育新论:多学科的研究》,王承绪译,浙江教育出版社2001年版,第46页。

启示和告诫我们：与社会各子系统一样，高等教育唯有获得社会各系统的全面支持，并与社会各系统的发展建立起双向互动和适应的机制，才能逐渐释放出强大的能量。高等教育与社会是双向互动和双向服务，这是两者之间的应然状态。从这个意义上说，大学或高等教育绝不能躲在"象牙塔"内搞单一的纯学理研究，而应该加强与现代文明社会之间的对话和互动，把学术研究与人类社会的全面发展密切联系起来，主动回应时代变迁和时代进步的挑战和需要。当然，作为现代社会的"轴心机构"或"动力站"，作为一个国家高等教育的主要承担者，大学也绝不可一味单纯地或毫无理性地迎合社会的发展需要，尤其是在高等教育经济属性日益彰显的时代，大学绝不能牺牲自身的内在逻辑而成为某些经济组织的附庸和奴婢；相反，应起到引领社会改革和进步的作用，因为大学不仅有维护和弘扬优良传统的责任，更有改造现状和创造未来的使命。

不管怎么说，高等教育系统不是鲁滨孙漂流到"孤岛"，它与社会各子系统密切地联系在一起。古诗云："问渠那得清如许，为有源头活水来。"诚如此理，任何国家的高等教育系统唯有开放自己，设法使自己与本国的政治、经济、文化等社会子系统形成功能耦合关系，才能获得"活水源头"和健康发展，为创建高等教育强国获取最为广泛的社会支持。反观我国高等教育领域的种种改革，有不少可谓轰轰烈烈，但却收效甚微。根源何在？通常人们要么把原因完全归结为缺乏社会支持，要么完全归结为高等教育自身的原因，鲜见有人从高等教育系统与社会各子系统没有形成功能耦合关系的视角去分析其原因。高等教育的改革与发展是一项复杂的系统工程，撇开社会发展需要是难以甚或是无法获得成功的。另外，我们还可以从高等教育系统内部不同子系统之间的关系去理解功能耦合，即不同类型和不同层次的高等教育子系统之间的功能是互补的、协调的，它以高等教育系统的结构优化为基础。我们经常讨论的布局结构、形式结构、科类结构、层次结构等之所以要求达到优化状态，根源在于不同的高等教育子系统之间唯有处于结构优化状态，它们之间的功能才能达到耦合或互补的佳境，整个高等教育系统的功能才能获得最充分的发挥。简言之,高等教育结构的优化为其功能的耦合提供可能,即高等教育系统的内部规定性是其外部规定性的结构性基础,而实现高等教育系统的功能耦合是优化高等教育系统结构的目的所在。

二 高等教育强国的系统孕生和统合发展

(一) 高等教育强国起源于西方而非西方专有的文化产物

作为是一种人为的产物与存在,现代大学或现代高等教育诞生于西方社会,高等教育强国也诞生于西方社会,古今的世界一流大学也主要落户在西方国家。因此,每当人们追问高等教育强国的基本特征、探索高等教育强国的形成规律、寻找高等教育强国的建设路径时,总是习惯于聚焦西方国家,希冀从中找到高等教育强国的参照基准和模仿对象。事实也表明,非西方后进国家的高等教育改革与发展,在很多方面受到了西方发达国家的影响,而中国大学可以说是西方的舶来品。

高等教育强国起源于西方社会,但它并非西方社会专有的文化产物,非西方社会随着现代化的发展也会诞生高等教育强国,诸如亚洲的日本。从历史事实来看,高等教育后进国家,或高等教育后发外生型国家,在迈向高等教育强国的进程中,或多或少地存在一个西方化的过程,但这一过程不是简单的移植和模仿过程,当中存在也必然存在一个本土化的过程。为什么说必然存在一个本土化的过程?非西方国家并非处于高等教育的真空状态,也并非一片文化或高等教育沙漠,在接受西方的高等教育理念或实践经验时,存在这样或那样的矛盾和冲突是难免的,因而必须有一个本土化的改造和处理过程。如果忽视了这一点,高等教育强国建设可能"会产生亦步亦趋的移植性格"[1],那又何来高等教育强国之说!中国是一个历史悠久的文明古国,孕生于中国千年文化传统的高等教育具有典型的"中国特征",这种"文化传统对高等教育的影响甚至超过人们的理性认识"[2]。因

---

[1] 叶启政:《社会理论的本土化建构》,北京大学出版社2006年版,第16页。
[2] 邬大光:《高等教育理论创新与本土化》,《中国高等教育》2006年第9期,第11页。

此，我国高等教育强国的理论研究与实践探索，不可忽视"从中国传统文化的渊源中寻找我国教育成长的轨迹，寻找现实教育问题的文化因素"①。从本质上看，本土化的过程是一个西方与非西方高等教育比较的过程，是一个借鉴西方高等教育经验改造本国高等教育的过程，是一个化解矛盾与冲突、继承与创新高等教育的过程。

中国属于非西方国家，鸦片战争以前，中国政治、经济、社会文化等领域的发展，几乎都独立于西方，同时也不同于西方。从当前的格局看，我们与西方高等教育发达国家还存在压倒性的和系统性的差距，对此绝对不可视而不见。要想快捷地缩小与先进国家之间的差距，尽早实现建设高等教育强国的宏伟目标，必须积极吸纳异质的、先进的外国高等教育经验，创新本国的高等教育发展模式。当然，作为高等教育后进国家，我们也许可以完全依靠自身的内在成熟度和不舍努力，实现从高等教育大国到高等教育强国的历史性跨越，但无疑需要付出更多的代价、耗费更长的时间。事实上，我们无须这样做，可以选择变道超车或弯道超车。

（二）高等教育大国与高等教育强国之间不存在不可逾越的鸿沟

高等教育大国与高等教育强国，是两个既关系密切又相互区别的概念，仅仅明了这两者之间的内在联系，而不懂得这两者之间的本质区别，就不足以识读高等教育强国，就不能看到从高等教育大国走向高等教育强国的可能性，就难以找到建设高等教育强国的根本之道。

高等教育大国与高等教育强国并非两个性质完全不同的"范畴"，彼此之间不存在不可逾越的鸿沟，二者在适当的条件下是可以转化的。但必须注意，高等教育大国并非高等教育强国生发的必然阶段，"绝对数量巨大"也并非高等教育强国的判定标准，否则就难以理解或解释为什么会存在"绝对数量较小"的高等教育强国，就会从根本上否定人口小国成为高等教育强国的可能性。当然，这也不符合历史事实，也

---

① 杨进：《基于本土的教育理论原创研究》，《东北师范大学学报》（哲学社会科学版）2004年第5期，第32页。

非唯物主体选择论的主张。另外,高等教育大国与高等教育强国可以同时发生,拓宽高等教育的底盘和抢占高等教育的制高点可以齐头并进,因为数量与质量在根本上并不矛盾,彼此没有绝对的先后发展顺序。实现从高等教育大国到高等教育强国的转变,完全是一种具有"中国特征"的提法,缘于高等教育后进国家赶超高等教育先进国家的紧迫感,本身并不意味着高等教育大国是高等教育强国生发的必经阶段。

高等教育强国表征了一个国家高等教育发展的系统水平,显示了世界各国发展高等教育的整体趋向和理性诉求。每一个国家都应该从本国的高等教育实际出发,立足于高等教育强国的基本特征,遵循高等教育强国的形成规律,探索高等教育强国的建设路径与发展机制,积极推进高等教育发展,为本国乃至全世界的经济、政治、文化、科技等打造起点更高、空间更广的发展平台。

(三) 高等教育强国是一个多向量的综合性概念

美国高等教育的历史事实直观地昭示:当代世界的高等教育强国往往拥有较大的高等教育规模和较高的高等教育普及率;拥有处于世界领先地位的高等教育整体质量,拥有一批具有世界一流的高水平的大学,拥有一批具有国际影响的学科、专业,产生一批具有国际先进水平的学术研究成果和技术发明成果,拥有一批具有国际影响的教师,培养出一大批具有国际影响的高水平人才;已形成多样化、多层次、多类型、布局结构合理、开放的高等教育体系,高等教育能够全面适应经济社会发展的需要;具有在国际上公认的原创性教育理念、先进的管理理念,拥有一批具有国际影响的大学校长和教育家。一言以蔽之,高等教育强国是世界知识创新、科技创新和高等教育创新的"集散地",它不仅蕴含着深刻的数量关系和质量内涵,而且渗透着结构优化和功能耦合的内外部规定性。

从世界范围看,除了美国高等教育历史事实所揭示的之外,高等教育强国理论上还应该具有以下基本特征:(1)高等教育强国是开放的,各种关系不是被封闭于教育系统内部,高等教育系统与本国的政治、经济、文化、科技等社会各子系统已形成功能耦合关系;(2)高等教育强国是各区域高等教育彼此和谐互补、区域高等教育与国家高等教育互生共长的系统；（3）高等教育强国建立有良好的大学、政府、市场生态关系，政府严格控制大学或高等教育完全交给市场的体制已经解体；（4）高等教育强国是一个自律发展的有机体，高等教育各子系统或大学能够自主地、健康地运行和发展，对经济、政治、文化、科技等的发展具有很高的贡献率；（5）高等教育强国的高等教育系统是高度分化的，各高等教育子系统彼此相互竞争又协同发展；（6）高等教育强国应该实现了高等教育公平，实现了高等教育机会均等，所有的高等教育利益相关者都享有充分的高等教育选择权，即高等教育选择权不为少数人所掌握，而由拥有平等权利的全体国民共同分享。单从这个意义上说，高等教育大国向高等教育强国迈进的过程，可视为一个高等教育选择权从属于少数人所有的状态向属于全体国民的状态过渡的过程，是一个实现高等教育机会均等的过程。

综上所述，高等教育强国是一个多向量的综合性概念，规模、质量、结构、功能、效益等共同构成其有机体系，从高等教育大国到高等教育强国的跨越表征为一种以质量为核心的系统性跨越。目前，我国还处在高等教育"前强国"阶段，如果剥去"绝对数量"或"绝对规模"的外衣，我们恐怕还处在"前大国"阶段，很多做法还没有走出精英教育的思维框架，一些领域如大学生就业、职业教育等过多地保留着精英教育的"元素"或"色彩"。因此，常人视野中的高等教育大国未必是真正的高等教育大国，而高等教育强国的"流行"也并不意味着高等教育大国的"终结"，高等教育"前大国"依然是一个值得我们品味的概念。诚然，高等教育强国是一个历史性的相对概念，一个国家是否已经成为高等教育强国永远是一个"程度"问题，也许我们更应该把高等教育强国看成是一个"过程"，而不是一种"结果"，因为高等教育强国是不断进化发展着的系统，只是"它进化出了它自己那个社会组织层次特有的功能，并获得了它自己那个社会组织层次特有的属性"[①] 而已。

[①] ［美］E. 拉兹洛：《进化——广义综合理论》，闵家胤译，社会科学文献出版社1988年版，第91页。

(四) 不同的高等教育强国有不同的生发路径

从世界范围看,不同的高等教育强国整体上有着不同的生发路径:先发内生型国家如美国、德国等,主要走的是自下而上的发展路径;后发外生型国家如日本等,主要走的是自上而下的发展路径。从结果来看,无论是先发内生型的高等教育强国,还是后发外生型的高等教育强国,彼此之间具有较强的同质性或共性特征,即建立起了结构相对优化与功能彼此耦合的高等教育体系;整个国家基本实现了经济、政治、社会文化等的现代化,尤其是制度作为社会文化的子系统,它的现代化规范和支撑着高等教育的发展。

从这个意义上说,作为后发外生型国家,中国建设高等教育强国,除了要着力加强高等教育自身建设外,还必须大力加强经济、政治、社会文化等的建设,尤其要加强高等教育制度建设,建立和健全各种有利于不同类型和不同层次高等教育发展的制度体系,因为高等教育制度化是高等教育大国走向高等教育强国不可逾越的一道坎。当然,除此之外,我们还必须赋予每个人以建设高等教育强国的强烈动机,让他们热心地致力于高等教育强国建设,因为建设高等教育强国是每一个人的事情,仅靠国家和政府行为,单靠法规导向和制度规范,是难以达成目的的。

与当代世界的高等教育强国相比,中国建设高等教育强国具有典型的"中国特征"。因此,我们必须明了自己的特殊性所在,看到自己的优势或强势,体察自身的弱势或扭曲之处。基于中国各区域高等教育发展不平衡的国情,单纯采取"自下而上"或"自上而下"的发展方略,似乎均非明智之举,恰切的选择是将二者结合起来,让"自下而上"与"自上而下","自生秩序"与"社会干预"发挥最佳的"组合效应"。

(五) 高等教育强国的孕生离不开社会整体现代化的支撑

高等教育嵌套在复杂的外部社会环境之中,它既要从外界社会环境汲取自己所需的物质、能量和信息,同时也要为外界社会环境提供知识与智力支撑，就这样在彼此互动中形成、释放、彰显自身的功能。"教育要受社会的经济、政治、文化等所制约，并对社会的经济、政治、文化等的发展起作用。"① 人类社会发展进程中的世界高等教育中心或高等教育强国，其高等教育系统往往能与政治、经济、文化等社会各子系统形成良好的功能耦合关系，能够适应和满足复杂而多变的社会需要。

高等教育的兴盛与国家的兴衰经常交织在一起，高等教育强国与强国社会（即实现了政治现代化、经济现代化和社会文化现代化的国家）互生共长，彼此之间存在牢固的嵌套关系，二者作为"关系共同体""利益共同体""命运共同体"和"责任共同体"而存在。高等教育强国与强国社会的诞生，不存在绝对的时序问题，不存在必然先有谁后有谁的问题。社会各子系统的现代化也是如此，没有严格的、必然的时序。从历史事实看，"西方的现代化始于社会的现代化（氏族的消灭以及自治城市的兴起）和文化的现代化（文艺复兴与宗教改革），政治现代化（市民革命）的发生晚于前者，经济现代化（产业革命）的发生最晚"。② 与此相反，非西方后起社会的现代化则集中表现为：经济现代化最早，政治现代化较晚，社会文化现代化最晚。

作为"关系共同体""利益共同体""命运共同体"和"责任共同体"而共存的不同事物，彼此之间存在一种"共生"关系，这在任何情况下都是无法否认的。高等教育强国与强国社会之间存在依存与共生关系，而且这种"双强互动"已普遍为人们所接受。作为发展中国家，中国属于后起的非西方社会，当下的高等教育还缺乏社会整体现代化的支撑，尤其缺乏经济现代化和社会文化现代化的强有力支撑，因此必须大力加快社会现代化的进程，避免因社会现代化的滞后所导致的功能障碍而影响高等教育强国的建设。因为高等教育系统并非单子式的孤岛，没有经济现代化、政治现代化和社会文化现代化的支撑，任何高等教育强国也无异于建在沙滩上的大厦，缺乏牢固的

---

① 潘懋元：《新编高等教育学》，北京师范大学出版社1994年版，第13页。
② ［日］富永健一：《日本的现代化与社会变迁》，李国庆、刘畅译，商务印书馆2004年版，第50页。

根基。有鉴于此，无论考察还是建设高等教育强国，我们都必须将其置于政治强国、经济强国和社会文化强国的大背景之中，否则就难以抓住高等教育强国的基本特征和生发机制，找出高等教育强国的建设路径。比如说，如果一个国家没有实现政治现代化，那么不管该国的高等教育如何发达，即使人人都可以上大学，高等教育机会均等也只是表层的，高等教育的工具性地位永远难以改变。

三　高等教育强国生发的超循环运转

宇宙世界是整体生发的，老子认为是"道生一，一生二，二生三，三生万物"（《道德经》第四十二章），生态美学家袁鼎生教授认为是"以一生万，以万生一，万万一生，万万生一，一一旋生"。这种"整体生发机制"也是一种"超循环生发机制"。作为一种整体生发机制，超循环也是一种生态基本规律，无论在自然界还是在社会领域，皆有着普遍的适应性。恩格斯说："整个自然界被证明是在永恒的流动和循环中运动着。"[1] 心理学家皮亚杰坦言：马克思主义关于事物螺旋发展的辩证论述，启迪了他对完整结构的搭建。[2] 那么，究竟什么是超循环？德国著名的物理化学家艾根说："一个催化的超循环，是一个其中的自催化或自复制单元通过循环联结而联系起来的系统。"[3] 他认为，自复制循环之间的耦合必定形成一种重叠的循环，"于是只有整个系统才像一个超循环"[4]。科学研究显示，无论何时只要自然界条件允许，超循环的出现是不可避免的，"生命远不是在自然秩序之外，而是所发生的自组织过程的最高表现"[5]。高等教育领域存在典型的超循环生发现象，比如知识、能力和素质的生发——知

---

[1] 《马克思恩格斯选集》（第4卷），人民出版社1995年版，第270页。
[2] 吴元梁：《科学方法论基础》，中国社会科学出版社1984年版，第137页。
[3] ［德］M. 艾根、P. 舒斯特尔：《超循环论》，曾国屏等译，上海译文出版社1990年版，第16页。
[4] 同上。
[5] ［比利时］普里戈金：《从混沌到有序》，曾庆宏、沈小峰译，上海译文出版社1987年版，第222页。

识的掌握推动能力的提高，能力的提升推动素质的养成，良好的素质又依次促进知识的掌握和能力的提高，三者在超循环互动中获得生生不息的发展。

高等教育强国有自己内在的生发规律与运行逻辑，它要通过超循环运转来实现。也就是说，高等教育强国的生发，既需要高等教育各子系统（包括各区域高等教育系统，不同类型和不同层次的高等教育系统，德、智、体、美、劳等高等教育子系统，知识、能力和素质，等等）形成互生共长的"内循环结构"，也需要高等教育系统与社会各子系统（如经济系统、政治系统、文化系统、科技系统等）形成功能耦合的"外循环结构"，最终由内外循环关联成超循环，进而实现教育系统整体的发展与提升（如图）。

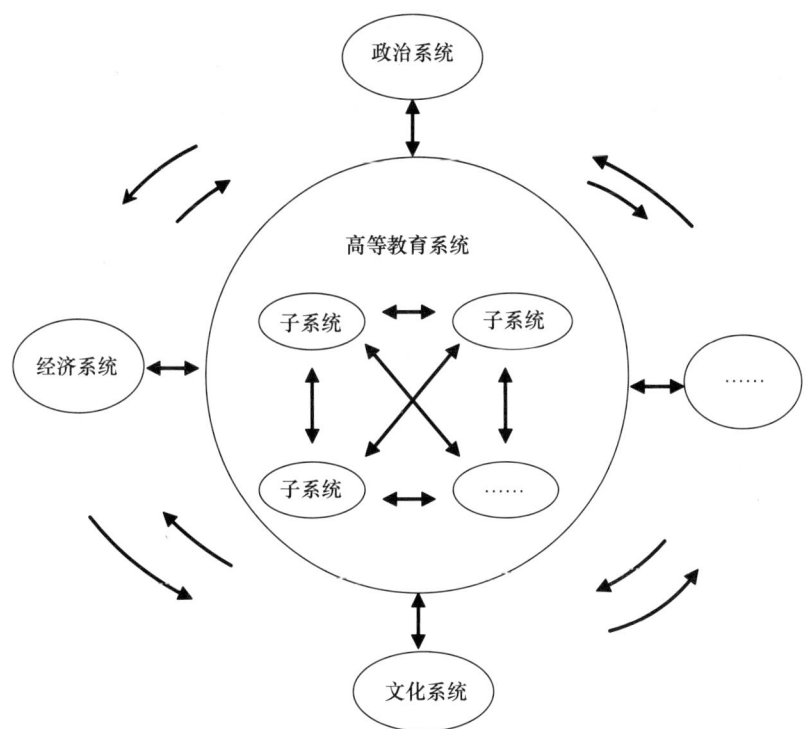

高等教育强国的超循环生发机制

由内外循环双向良性互动关联而成的超循环,揭示了高等教育各子系统以及高等教育系统与社会各子系统相互依存、共生互长的发展机制。这对于探索高等教育强国的生发机制,对于找寻高等教育强国的建设路径,具有特殊的方法论意义。超循环系统中的不同部分之间是密切关联的,即每部分都是通过整体而生成和发展的,同时本身又都是生成和发展整体的,整个系统具有"以万生一"和"以一生万"的特质与品性。譬如,大学的特色学科或优势学科或品牌学科,往往是由大学的学科整体系统生发的,而不是由某一学科生发的;大学的特色学科或优势学科或品牌学科,往往又能生发新的大学学科,提升大学学科系统新的整体功能。

高等教育系统的局部超循环结构,类似于双向的 DNA 螺旋结构,彰显了高等教育各子系统以及高等教育系统与外部环境系统之间的互动特征。高等教育系统的整体超循环结构与局部超循环结构、内循环结构与外循环结构的互动,显示了高等教育系统整体生发的机理和图式,揭示了建设高等教育强国必须遵循的生态基本规律,揭秘了高等教育强国具有结构优化与功能耦合的内外部关系规定性。

第十二章　高等教育治理的关系逻辑

大学治理是高等教育治理的核心和焦点。推进国家治理体系和治理能力现代化是当今中国建设和发展的主旋律，大学治理也因此而成为中国高等教育研究领域的热点和焦点。从根本上看，作为大学治理的核心和关键，完善现代大学治理结构或建设现代大学制度，无一不是为了建立一种恰切的大学秩序，进而确保大学顺畅而高效地运转，求得最大的资源效益和时间效能。那么，大学究竟应该或需要建立什么样态的秩序：是整体无序与局部无序，还是整体有序与局部有序，抑或是整体有序而局部无序？这是大学治理乃至高等教育治理现代化必须解答的一个根本性问题，因为它关系到大学治理的战略定位，关系到大学治理结构优化和现代大学制度建设的目标指向，关系到世界一流大学和高等教育强国的统筹建设。

一　整体有序而局部无序的生态系统

宇宙以及宇宙间的一切皆是生成的，其中有生于无，有序生于无序，新的有序孕生新的无序，新的无序又孕生新的有序，如此周行不殆，构成宇宙世界不断演化的基本图式和整体景观。

有序与无序是两个对举或对位使用的范畴。《辞海》认为："有序指物质系统的结构和运动状态的确定和有规则；无序指物质系统的结构和运动状态的不确定和无规则。"[①] 有序与无序普遍"存在"于

[①] 《辞海》，上海辞书出版社2000年版，第4807页。

自然和社会系统，同时以特有的矛盾运动"作用"于自然和社会系统。系统的有序或无序具有阶段性特征，即系统在不同的时空条件下具有相异的有序或无序状态。有序与无序也是两个相互刻画、相互描绘、相互诠释和相互定义的范畴，即有序或无序的"每一方只有在它与另一方的联系中才能获得它自己的本质规定，此一方只有反映另一方，才能反映自己。另一方也是如此；所以，每一方都是它自己的对方的对方"①。

有序与无序是系统演化中两种共存的状态，是系统存在、运动、变化的两种对立统一的表现形式。系统的有序与无序相互孕生，即有序孕生于无序，而无序又重生于有序；有序与无序在系统中整生，同时又在系统中反复走向对方；局部无序或微观无序孕生整体有序或宏观有序，局部有序则引发或滋长整体无序。动态平衡的生态系统，既可以从无序自发生成各种时空有序结构，也可以从有序走向混沌，还可以从高序走向低序，最终何去何从则取决于系统正负反馈机制的倾向性。动态平衡的生态系统总是在生成着、运动着和发展着，总是处在有序与无序的相互转变中，不断从一种多样性的统一过渡到另一种多样性的统一、从一种生命状态跃迁到另一种生命状态、从一个生命周期跨越到另一个生命周期，但系统总能保持相对的稳定性，不会无止境地增长或衰退。

动态平衡的生态系统是有序与无序不断转化的系统，是和而不同、求同存异的系统，是整体有序而局部无序的系统，是整体有序与局部无序耦合的系统。这类似于"看万山红遍，层林尽染，漫江碧透，百舸争流，鹰击长空，鱼翔浅底，万类霜天竞自由"所展现的生态景观，即"万物并育而不相害"，"各美其美，美美与共"。动态平衡的生态系统的结构与运动状态，在整体上是确定的、有规则的且具有宏观的可预测性和可控制性，在局部上则是不确定的、无规则的且各种新生事物的涌现难以预测和控制；局部无序服从整体有序，整体有序统摄局部无序。生态系统的整体与局部是相对的，即整体之中有

---

① [德] 黑格尔：《小逻辑》，贺麟译，商务印书馆2009年版，第225页。

"整体",局部之中有"局部";整体作为"局部"而存在,局部也作为"整体"而存在。因此,整体有序而局部无序也是相对的,即较小系统的整体有序是较大系统的局部无序,较大系统的局部无序则是较小系统的整体有序。生态系统的"不同层次"或"不同生态圈",皆存在一个整体有序而局部无序的问题,即同一生态系统圈套着不同层次或范围的"整体有序而局部无序",或层次由高到低的"整体有序而局部无序",或范围由大到小的"整体有序而局部无序"。

生态系统的整体有序与局部无序是对立统一的:没有局部无序,整体有序是无根的和僵化的;没有整体有序,局部无序是弥散的和盲目的,甚或是混乱不堪的;"整体的结构维持整体的聚合力,局部的杂乱无序导致创新和活力"①。动态平衡的生态系统存在一种正负反馈的调节机制,适时地将局部无序控制在一定的范围内,及时地将局部无序转化为整体有序,防止系统无止境地增长或衰退,保持系统的持续、稳定和健康发展。当然,生态系统的自我调节能力并非铁板一块而不可改变,这种能力也会因为某些特殊的原因而受损乃至失去,生态系统会由此而走向僵化或解体,生态环境的破坏已给了我们足够的教训和警示。生态系统之有序与无序的对立统一规律,是一种普适性的生态规律,适用于解释社会系统的运行与发展。

追求整体有序或规避整体无序是人类的倾向,也是人类谋求一劳永逸的天性。寻求和探索确定或有规则,是人类进入文明社会以来的不懈追求,因为这可以帮助我们走出"盲目行事"或"脚踩西瓜皮"的困境,可以帮助我们"以最经济的方式处理许多不同的问题"②。长期以来,"科学家一直在致力于发现宇宙的秩序和组织,这也就是同主要敌人——无组织——进行博弈。"③ 一切社会机构皆因人的需要而创建,谋求社会机构的有序发展是人类的诉求,也是人类对社会机构加以治理的旨归。

---

① [美]埃德加·E. 彼得斯:《复杂性、风险与金融市场》,宋学锋译,中国人民大学出版社2004年,第7页。
② [西德] H. 哈肯:《协同学讲座》,陕西科学技术出版社1987年版,第1页。
③ [美]维纳(N. Wiener):《维纳著作选》,上海译文出版社1978年版,第20页。

二 大学局部无序的自生自发性

大学是后天的事物，是后生的系统，是人类的伟大创造，是人类文明发展一定阶段的杰作。大学的孕育、诞生和发展，存在一个从无结构到有结构、从无规则到有规则、从不确定到确定、从无序到有序的过程。犹如宇宙世界的孕生，大学在未成形之前也没有结构和秩序，后来的一切皆是逐步生成的产物。大学从无到有，历经了一个没有成长记录的漫长过程，可见的耸立于世的大学是结构化、规则化和有序化了的大学。大学的这种结构化、规则化和有序化，是自生秩序与社会干预双重力量叠加的结果，不同于自然生态系统的自生自发秩序。大学孕生之后，有序为其稳定和存续提供了基础，无序则为其变化和发展提供了可能，而有序与无序的矛盾运动构成了大学演化发展的原因和动力。大学的孕育和生成存在一个从无序到有序的过程，而有序或无序本身也存在一个孕育和蓄势的过程，大学中没有一蹴而就的有序或无序。一所大学之有序或无序的孕生，与这所大学的历史、基础、传统、特色、优势等密切相关：历史越悠久的大学，基础越夯实的大学，传统越稳固的大学，特色越鲜明的大学，优势越突出的大学，越是整体有序而局部无序，因而越善于进化，越长于应对变化。

从学理上看，大学的确需要局部无序。首先，大学是一种松散的组织，各院系或系科之间存在一定的依赖关系，但这种依赖只是一种有限的相互依赖，而且越是庞大和复杂的大学，各院系或系科之间的相互依赖性越小，以致一个学科、专业以及院系的建立与发展，甚至不能引起另一些学科、专业和院系的关注。每一个院系或系科，如同一个相对独立的王国，各自倾向于按照自己偏爱的方式行动，同时也不太理会甚至毫不关心其他院系或系科采取什么样的行动方式。大学的重心在种类繁多的院系或系科，需要崇尚多元化的行动模式；需要维持不同院系或系科的相对独立性；需要尊重不同院系或系科的个性化治理；需要宽容甚或推崇一定程度的"不一致"。那种全校上下的整齐划一看似有序，实乃一种毫无生机的僵死的有序，是一种扼杀生命力的有序，与大学自由探索高深学问的内在逻辑和各系科之间有限相互依赖的客观现实相悖。大学是多层次的系统，不同层次需要不同程度的有序或一致性，上层组织需要相对较高的有序性或一致性，下层组织则与此相反。当今之大学，不再是"一个居住僧侣的村庄"，也不再是"一座由知识分子垄断的工业城镇"，而是"一座充满无穷变化的城市"①，不能一切大小事务皆听从于学校的指令；不能像传统的火车那样，只靠火车头去带动整辆火车，而应像高铁或动车那样，每一节车厢自己驱动自己，同时又能在车头的引擎下，不失方向和目标地快速前行。

其次，大学的院系或系科需要一种自由的行动模式。围绕学科或高深知识而组成的群体，需要尽可能大的"我行我素"。譬如，大学教师喜欢按照自己的生物钟行动，喜欢按照自己的方式探究未知领域，形成对世界的新解释或新知识，然后尽量将这种新知识逻辑化、专门化、系统化、立体化、模块化和结构化。新知识的诞生及其逻辑化、专门化、系统化、立体化、模块化和结构化，意味着新课程生成和开设的可能。作为一种局部无序，作为一种非预期的新生事物，新课程或许会给人一种不成熟感、不完整感和不科学感，但谁也不能否认它们是大学极其珍贵的新生事物，因为大学的生命源于课程的生命。新课程的不断诞生和组合，意味着新学科或新专业孕生的可能，意味着大学系科结构的变革。历史昭示，多样化的新生事物的涌现，不仅彰显了大学健旺的生命力，同时也为大学形成新的有序结构创造了条件和可能。大学是探究高深知识的场所，"知识前沿的特点与其说是为人们提供终极真理，不如说是亦真亦幻。知识将一如既往地保持它那四分五裂的不完美形态。正是在它的裂缝和缺陷当中，我们最能够发现高等教育系统诸多特色的根本原因。"②"亦真亦幻""四分五裂""裂缝"和"缺陷"可谓是高深知识的魅力和特征所在，也是

---

① ［美］克拉克·克尔：《大学的功用》，陈学飞译，江西教育出版社1993年版，第26页。

② ［美］伯顿·克拉克：《高等教育系统——学术组织的跨国研究》，王承绪等译，杭州大学出版社1994年版，第314页。

▶ 高等教育关系论

一切高深知识成为制度性学科或课程必然经历的"磨难"。这一过程正是高深知识从无序走向有序的过程，也是大学或高等教育诸多特色生成的过程。经验昭示，大学不宜用统一的标准、规则、秩序等去规范所有系科或院系的行动，将权力下放给各系科或院系，让它们自主选择行动模式、自生自发各具特色的秩序，是大学治理的一条"健康法则"。

再次，自由孕生多元，多元孕育竞争，竞争催生新事物和新秩序。系统科学认为，"差异减少，组分趋同，系统与环境趋同，没有任何矛盾，系统将失去活力，也不是健康的有序。唯有不同而和谐者方为富有生命力的系统。"① 大学需要差异、多元、竞争、矛盾、无序和新事物，因而特别需要自由，需要分享权力。没有了这些，大学就没有活力，大学的整体有序就是一种不健康的有序。我们经常发现，某些大学的院系或系科看似"混乱不堪"，整所大学却运行有序且充满活力。从这个意义上说，我们要学会"为模棱两可喝彩，为杂乱无章叫好"②，因为这是为"大学按自身的内在逻辑运行"而喝彩和叫好。如果说"创作发明是天经地义的，而差异和多元则是这种创造发明的要旨"③，那么分化、分权和自主行动就是创作、发明、差异和多元的"培养基"。大学需要某些"自上而下"的行动，更需要"自下而上"的行动。大学呼吁办学自主，难道不能理解院系或系科等基层组织对自主行动的诉求！大学可以管好自己，大学的院系或系科等基层组织也可以管好自己，可以自主计划、组织、控制和协调自身的行动，大学的责任和使命是提供条件和平台，是掌握大方向而不让基层组织的行动抛锚。面对复杂的外部环境，大学要善于以不变应万变，系科或院系则需要随机应变或以变应变，而这一切源自学校的信任与分权，根基于学校为基层组织搭建的平台和创造的条件。当今中国大学的治理过于行政化，人权、事权、物权、财权集中于学校高

---

① 苗东升：《系统科学大学讲稿》，中国人民大学出版社2007年版，第81页。
② [美]伯顿·克拉克：《高等教育系统——学术组织的跨国研究》，王承绪等译，杭州大学出版社1994年版，第310页。
③ 同上书，第314页。

层或职能部门，院系或系科等基层组织缺乏办学自主权，导致办学个性和办学特色不突出，人才培养和科研创新能力匮乏，因而降低管理重心、将权力下放到基层组织已刻不容缓。

最后，内在关联的分权、异质的多元化和合理的局部无序，是大学的应然状态和逻辑诉求。权力的分散意味着支持多元化，意味着每一种价值观念可以在大学的某个部分得到体现。权力的垄断意味着大学被少数人控制，意味着大学陷入按照少数人的意志而运行的僵局。公共管理的理性主义者认为，"最佳的组织意味着它的所有组成部分之间的关系十分融洽，彼此间的关系十分确定，既无缺少的部分，又无多余之处，因而它是完全可靠的。代表这种梦想的模式是一种线性组织，其中的一切都安排得井井有条。这就好像整座房子的电路都采用串联结构似的……这类组织系统是一种边缘政策的管理形式，是一种赌注很大的赌博。只要一只灯泡炸了，整条线路就全部遭殃。串联结构虽然秩序井然，但是其中的每个部分都相互依赖。一旦某个部分出现故障，整个系统就会陷入瘫痪。这种情况就像一个古老的故事中所说的那样：'仅仅因为少了一枚钉子，……整个战役就失败了。'"[①]大学的各部门隶属于大学，彼此之间存在联系却又相互独立，各自按照自己的模式行动，这种关系好比一座大厦的"并联电路"。

当今世界各国大学日趋巨型化，每一所大学犹如一个复杂的小社会，组成大学的各职能部门、院系、学科、专业等纵横交错，共存于立体的网络之中，各种业务和工作犬牙交错，各自倾向于选择不同的治理模式，自上而下的统一指令只能扼杀和压抑个性，迫使基层组织"千人一面"。大学需要办出个性和办出特色，而这一切根基于院系和系科等基层组织的个性和特色，因而大学有理由、有必要以一种"有组织的无政府主义"的理论为指导，鼓励"个人和团体都各显神通，彼此间的矛盾都通过非正式或半正式的渠道来协商解决"[②]，鼓励各基层组织不失正确方向的大胆创新。对于大学的多样性和异质

[①] [美]伯顿·克拉克：《高等教育系统——学术组织的跨国研究》，王承绪等译，杭州大学出版社1994年版，第307—308页。

[②] 同上书，第311页。

性，以及大学的矛盾和竞争，我们必须坚持对话体原则，即"在一个个体之内，有两种或更多的不同逻辑以多重的方式（互补的方式，竞争和对抗的方式）联系在一起，而不同逻辑的对抗性并不消失于整体性里"①。

三　大学整体有序的人为建构性

有序是系统之结构与运动的确定和有规则状态，有序化是一个克服不确定、无规则的过程，是一个抑制差异、多元和自由的过程。动态平衡的生态系统存在两种对抗的力量，一方面趋向多样化和异质化；另一方面又存在一种约束差异、多元或消除变化的力量，以及一种从无序到有序、从局部无序到整体有序的内在驱动力。这是生态系统的一种正负反馈调节机制。

系统科学认为，"任何复杂系统既有独立的运动，又有相互影响的整体的运动。当系统内各个子系统独立运动占主导地位时，系统呈现为无规则的无序运动；当各子系统相互协调，相互影响，整体运动占主导地位时，系统呈现为有规律的有序运动状态。"②作为一种复杂的社会系统，大学是典型的整体运动与独立运动并存的集合体，是局部无序与整体有序相互较量的矛盾体。大学的健康发展需要整体有序掌舵下的局部无序，需要不偏离或脱离大学发展总目标和总方向引领的局部无序。大学治理要遵循复杂系统运行发展的基本规律，坚持用大学的整体运动主导各院系或系科等基层组织的独立运动，即一方面要讲究不同院系、系科等之间的"分工与竞争"；另一方面也要重视不同院系、系科等之间的"合作与协同"。

大学的整体运动主导独立运动的过程，根本上是一个大学按照某种办学定位建构整体有序的过程。大学整体有序的建立，根基于多种

---

① ［法］埃德加·莫兰：《反思欧洲》，陈一壮译，生活·读书·新知三联书店2005年版，第16页。
② 桂慕文：《人类社会协同论：对生态、经济、社会三个系统若干问题的研究》，江西人民出版社2001年版，第5—6页。

对抗力量的平衡和协调，诸如新老体制的博弈、整体有序与局部无序的较量、有序与无序的对立等，每种力量的对抗犹如一对矛盾运动，处理不当会相悖而行或相互抵制，产生难以掌控的不利局面。譬如，大学的新体制是一种新秩序，老体制是一种旧秩序，破旧立新意味着从一种有序过渡到另一种有序，抑或说从一种旧序跃迁到一种新序，这当中牵涉很多的利益相关者，他们对体制变革往往持有不同的态度，这正如鲁迅先生所言的"曾经阔气的要复古，正在阔气的要维持现状，未曾阔气的要革新"。不同大学建立新秩序的难度各异，越是古老或成熟的大学，旧秩序的惯性、传统的力量、保守的势力越大，抵制新生事物涌现的力道越强。

旧秩序抵制新秩序是一种颇为普遍的大学现象。譬如，鲜见有大学扼制新知识的诞生，但未必会轻易允许新知识制度性地进入课程，更不会轻易地将某门新课程纳入人才培养方案或教学计划。经验告诉我们，大学每每修订人才培养方案或教学计划，最难调整的就是课程设置或课程结构，因为旧课程的削减、新课程的增加、课时数的压缩或增加等，都会遭到某些利益相关者的抵制。为了不引发新的矛盾、生出新的困难，课程管理者宁愿牺牲革新的好处而选择维持原状，如此，那些能够反映学术前沿的新课程，则因旧秩序的抵制而被拒挡在人才培养方案或教学计划的大门之外。从更广的范围看，一所大学新生事物的孕生，或多或少与这所大学的现行秩序存在某种关联，而这种现有秩序的传统基础、文化根基和反应机制，几乎决定着大学未来的革新方式和变化路径。历史与现实昭示，一所大学积淀的传统、基础和文化，总是以某种独有的方式规约大学变革的态势，影响这所大学个性化、特色化和多元化办学的可能性和发展空间。

大学的整体有序是局部有序的整体涌现，是局部无序通过非线性相互作用而孕育的"整生物"，而非一种毫无根源的"孤生物"。大学的整体有序源于局部无序，却绝非局部有序的简单相加，局部有序的相加或许会得到某种整体有序，但这种有序一定是乌托邦式的整体有序，或是僵化呆板的整体有序，甚或是昙花一现的整体有序。对于一所大学而言，没有多样而异质的局部无序，就不会有真正意义上的整体有序，更不会有改变大学办学格局的整体序变。大学是扁平的、松散的、底部沉重的组织，基层组织具有"分化和分生"局部无序的倾向，这种自生自发的局部无序，为大学整体有序的"整合和整生"提供了基础和可能。分化是一种从一元到多元的裂变式生长，是一切生命体繁衍或从简单到复杂的基本范式；分化意味着新的不稳定和无规则的出现，意味着新事物的不断孕生。从某种意义上说，大学的发展过程是一个学科、专业、课程以及相关组织机构等不断分化的过程，是分化生发了大学的多样性和异质性，是分化孕育了大学结构和运动状态的不确定和无规则。当然，交叉、融合、渗透、综合等也是新事物孕生的力量或方式。

自然界、人类社会和人类思维等领域的任何事物都包含着内在的矛盾性。既然存在"分化分生"，就必然有"整合整生"，否则无序就没有了尽头、归宿和可奔的前程。整合是大学生发整体有序的基本路径，也是大学基于分化的一种反应机制。分化生发出专门化的多元，诸如多元化的知识、学科、专业、课程等，同时引发隔行如隔山或各行其是的无序，即一个领域的专家或学者对另一个领域知之甚少，甚至是一无所知；每一个领域的专家或学者按照自己的意愿选择行动模式，这种不受控制的自由行动定然影响或干预他人的自由行动而引发对抗。也就是说，分化达到某种限度，整合会应然而生，抑制分化的恣意蔓延。分化与整合对生且对抗、依赖又制约：越是分化，越要整合；没有分化的前行，整合则成无源之水；没有整合的跟进，分化就漫无边际。大学整体有序与局部无序、分化分生与整合整生的矛盾运动，构成了大学生生不息的动因。

四　大学整体有序与局部无序的耦合

当今之大学可谓是"最整体有序"的社会机构，同时也是"最局部无序"的社会机构。法国社会学家涂尔干如是说："很少能找到一种机构，既是那么统一，又是那么多样；无论它用什么伪装都可以认出；但是，没有一个地方，它和其他任何机构完全相同。这种统一性和多样性构成大学是中世纪生活的自发产物的程度的最后证明;因为只有活的东西才能这样尽管充分保持它们的个性,同时使它们自己服从和适应形势和环境的全部变化。"[1] 这是大学的魅力之处,也是大学的神奇之处。

大学是有序与无序的综合体,有序与无序在大学系统中诞生、存在和发展,即无序中存在有序,有序中也存在无序,有序与无序在相互关联中"相反相成"。大学的有序与无序是共生的、依生的、竞生的、对生的和整生的,两者交织在一起,"你中有我、我中有你"。大学中没有纯粹或孤立的有序,也没有纯粹或孤立的无序,有序与无序在对抗中相互转化,共成大学演化发展的整体图景。这是大学系统的本真面目,不为尧存、不为舜亡,不以人的意志为转移。大学既存在促进稳定或有序的力量,也存在促进变革或无序的力量,两股力量在较量中此消彼长。可以说,大学的任何一项工作或活动,几乎都要受到对抗性力量的推动与牵制,这种推动与牵制或源于新老体制的博弈,或源于传统与现代的较量,或源于促进稳定与促进变革两股力量的比拼,但在根本上是源于有序与无序的矛盾。

大学整体有序的人为建构,需要纲领性的战略目标和办学定位来统领;需要完整的组织架构和职责分工来保驾;需要以大学章程为核心的体系性制度安排来护航。大学是一种存在于制度之中的特殊学校,制度作为一种有序或秩序,是大学持续稳定健康发展的砥柱和磐石。教育学家夸美纽斯认为,哪里制度稳定,哪里便一切稳定;哪里制度动摇,哪里便一切动摇;哪里制度松垮,哪里便一切松垮和混乱。哲学家雅斯贝斯认为,大学只能作为一个制度化的实体才能存在,大学的科学研究、教学、学术训练、沟通唯有在制度框架之内才能完成。可以说,没有以大学章程为核心而建立的一整套规章制度,大学尤其是巨型大学的一切行动,就会没有章法,甚或是混乱不堪。但是,大学的制度化追求,不能以牺牲或扼杀无序为代价,因为没有

---

[1] [法]埃米尔·涂尔干:《教育思想发展史》,转引自伯顿·克拉克《高等教育系统——学术组织的跨国研究》,王承绪译,杭州大学出版社1994年版。

无序的存在，大学就无异于"一塘死水"，再有价值的"天光云影"也就无法在其中"徘徊"，自然也不会有什么激情的徜徉、灵感的激荡和思想的翱翔，以及新学科、新专业、新课程等新事物的诞生。刚性或铁板一块的制度是一种僵化的有序，只会扼杀新生事物，大学需要弹性的制度和策略性的制度，而不是那种没有任何回旋余地和不折不扣的程序性或操作性制度。

有序与无序对大学的发展皆不可或缺，尤其是无序的存在为大学的可发展提供了可能。大学的整体有序与局部无序不可偏废，任何一方的缺失对大学皆是一种潜在的危险。这一如伯顿·克拉克教授所言："不是因为权力过度分散和宏观失控而使整个系统陷入四分五裂的境地，就是因为过分强调秩序和组织的统一而导致权力的垄断，两者必居其一。不过，如果能够选择的话，前者的危害比较小，后者的危害则要大得多。"[①] 权力过度分散和权力垄断都是一种极端，产生的无疑皆是过犹不及的后果。适度控制是大学顺畅而有序发展的必要条件，否则，无序会泛滥成灾，新学科、新专业、新课程等随心所欲地增设，会造成大学的教或学无所适从、教学或科研难以驾驭。但是，控制要有弹性、要掌握分寸，事无巨细的严格控制只会导致僵化或死气沉沉的办学。

大学需要整体有序，也需要局部无序，更需要整体有序与局部无序的耦合。大学的整体有序要主导大学的局部无序，同时要为局部无序的生发创造条件，即大学要为基层组织的"无计划的变化"创造"有计划的条件"，这也是为大学的多元化创造条件，而多元化是学校办出个性和特色的基石，因为学校的基层组织没有特色和个性，那么奢求学校的个性和特色是极其荒谬的。从这个意义上说，大学要学会像对待幼苗一样呵护多元和自由，同时要像根除杂草一样绞杀单一和专制。总之，大学是一个复杂的生态系统，大学治理必须遵循整体有序而局部无序的生态规律，确保大学的整体有序与局部无序"耦合

---

① ［美］伯顿·克拉克：《高等教育系统——学术组织的跨国研究》，王承绪等译，杭州大学出版社1994年版，第306页。

共生",整体运动与独立运动"相向而行",统一行动与自主行动"相反相成"。这一切没有固定的一劳永逸的模式,也不存在一个放之四海而皆准的"黄金分割点",不同的学校需要立足于自身的主要矛盾或问题、根据各自的组织结构因时因地制宜地做出选择。

五 作为高等教育治理法则的整体有序而局部无序

整体有序而局部无序,既是大学治理的健康法则和内在逻辑,也是一个国家高等教育治理现代化的战略诉求,还是高等教育强国的重要标志。高等教育是分类、分层的,而且是类中有层、层中有类。每一类或每一层的高等教育,皆可以看成一个生态系统,因而皆存在一个整体有序而局部无序的问题。整体有序而局部无序是相对的,一个省或区域高等教育的有序相对于一个国家的高等教育是一种局部无序;一所大学的有序相对于整个国家的大学系统是一种局部无序;一个院系的有序相对于整所大学是一种局部无序;一个学科专业的有序相对于所属的院系是一种局部无序;一个教师的有序相对于某个学科专业是一种局部无序。目前,我国正在加紧建设高等教育强国,统筹推进世界一流大学和一流学科建设,如果高等教育强国代表一种"整体有序",那么千姿百态的"世界一流大学或一流学科"可谓是一种"局部无序",这正是本文倡导的高等教育格局。确切地说,高等教育强国是一个由类型多样、层次多元、个性突出、特色鲜明、优势彰显的大学体系为支柱而构建的生态系统,同质化或整齐划一的大学体系不足以孕生高等教育强国。

第十三章 关系思维与文献研究

学术研究与研究学术是对生性的,两者相互促进、相互补充、耦合并进。深谙学术的道与器,在这两个方面形成高原乃至高峰,是学者的境界和追求。作为一名学者,不但要学术做得深,同时还深谙学术的内在规律,那将有益于学者从必然王国走向自由王国,从学术自主走向学术自觉。学术研究与研究学术犹如河流之两岸,两者的不对称或高低不一,会影响学术之河的整体流量和通航能力,还会影响学者的育人效果。许多学术大师不善于培养弟子,恐怕与不研究学术之道或没有将学术之道教与弟子有莫大关系。

学术的每一个领域都存在自身的道与器,这里仅以"元研究性质的文献研究"论之。元研究是一种"再研究",这种研究的对象是以往的学术成果,属于"研究之研究"。文献是以往的学术成果的存在形态,文献研究是对以往文献的再研究。文献研究属于元研究的范畴。文献研究的学术意义是昭然的,早已为研究者所共知和共识。不过,并非每个人都深谙文献研究之道,形式主义的文献研究或伪文献研究仍然普遍存在,集中表征为文献的简单罗列或记流水账,有意或无意地忽视了文献之间的内在关系,尤其是没有呈现文献的生发逻辑和历史生态。这是一种缺乏关系思维的文献研究,是一种缺乏关联论证的文献研究,自然也不是好的文献研究。

一 文献研究的意义与价值

作为一种具体而特殊的元研究,文献研究是学术研究挺进和跃迁的基础，是学术创新和创造的基石。文献研究的意义和价值暗合"站在巨人的肩膀上才能比巨人看得更远"。当然，要比巨人看得远是有条件的，首先须消化、吸收巨人的成果，还须有超越巨人的学术勇气、学术视野、学术高度和学术智慧。如若不然，即使站在巨人的肩膀上，也未必比巨人看得更远，甚至还爬不上巨人的肩膀。与巨人对话，了解巨人的思想和观点固然是必要的，但把握巨人的思想过程或思维方式更为重要，师其意胜过师其词。阅读或研究文献，核心不在摘录章句，而在与作者进行真正的对话，考察作者是如何思考、架构、推理、论证、判断的，是如何按照某些特定的逻辑繁衍学术的。这是一个最值得学习的方法论问题。

学术首先要学会"述"，即要在自己关心的问题或对象上，把握前人已经积累的知识，叙述别人已经取得的成果，同时取其精华、去其糟粕，然后思索未来学术的进路和空间。任何学问或学术研究，皆有其内在规律和生发逻辑，通常是先"照着说"，然后再"接着说"。"照着说"是继承，"接着说"是发展，"接着说"根基于"照着说"。"照着说"与"接着说"类似于"六经注我"与"我注六经"，即"我注六经"总体上根基于"六经注我"。学术研究具有开拓性，同时又具有历史继承性，整体上是螺旋式向前推进的，是后浪推前浪或前浪带后浪式的，若能踏着前人的足迹向前挺进，或踩着巨人的臂膀向上攀登，不仅可以让我们少走弯路，而且可以帮助我们攀得更高、看得更远。与此相反，如果无视或忽视前人的研究成果，那么原地踏步或绕圈子势所难免，甚或重复前人的研究，把前人早已取得的成果当作自己的发现和创新。

文献研究是学术研究精进的必由之路，经典而重要的文献就像是路标，它可以告诉读者研究的起源与进程，告诉读者研究的阶段性特征，告诉读者哪些研究之路走不通，告诉读者哪些作品是未来研究最重要的根源。重温前人所做的研究，可以使研究者清楚地知道哪些值得研究、需要研究什么、可以研究什么、为什么要研究和怎么研究。通过文献研究，我们可以把握研究对象的学术生态，进而选择和定位自己的学术领域、研究对象和研究方法。

文献研究存在描述性文献研究、解释性文献研究、批判性文献研究等，其中批判性文献研究根基于描述性文献研究和解释性文献研究，没有后者也就无所谓前者。批判性文献研究犹如清晰地研究地图，它帮助研究者总结以前的研究信息，指导研究者以后的研究路线，推动研究或知识向更深层次发展。批判性文献研究的存在和呈现具有特殊的意义和价值，研究者不必自称专家或著名学者，也会被读者认为了解所研究领域的主要观点和争论、相关学科领域的主要理论及其应用以及本课题研究的进展状貌，还可以证明自己的课题研究是必要的、理性的和有根基的。从世界范围看，大凡成功的学者都非常重视和精于文献研究，尤其是批判性文献研究。为了今天的研究，也为了未来的研究，对过去所作的研究再作一些研究，是必要的，也是不可或缺的。我们不能不读前辈的研究成果，不能不吸纳巨人的气息，不能不汲取先贤的思想精髓。如果对某领域以往的遗产一无所知或知之甚少，我们的视野广度和思想深度必然受到限制，会犯本可以避免的低级错误，会忽视那些最有意义、最吸引读者注意的问题，会遗漏掉一些宝贵的学术信息。没有文献研究的研究，或者说没有元研究的研究，是不真诚的研究，也是难以得到信赖的研究，因为读者不知道哪些研究是研究者自己的研究，哪些研究是他人的研究。

任何事情皆有两面性，文献研究对研究者释放的也并非总是正能量。正如一个偶次函数有正负根一样，文献研究具有正负双面效应。一方面，它为后人的研究提供学术养分和学术同侪的共鸣；另一方面，它也可能框定甚至窄化或限制后人尤其是那些墨守成规者的视野和思想。尤其是那些学术成果丰硕的领域，后继者容易对以往的研究产生过度依赖，难以走出以往研究的思维框架，受制于以往的研究范式。诚如此，"站在巨人的肩膀上也未必比巨人看得更远"。这对那些学术胆识和学术智慧缺乏者是如此，对那些学术近视者更是如此。尽管如此，谁也无法也不能否认文献研究的正面或积极效应。同时，需要警醒的是，我们不能只看到文献研究的"工具意义"，更不能将文献研究仅仅视为"学术规范"的一种标志，毫不理会前人研究成果本身的"宝藏价值"。毋庸讳言，不少硕士或博士学位论文的文献研究，带有鲜明的"学术八股"的味道，读来死板和僵化，看不出它与所写论文之间的内在关联，所释放的信号是"学位论文规定要有文献研究或国内外研究现状，我只是按要求写了这一部分"。

二 文献研究的目标与使命

存在的就是合理的。文献研究的诞生和存在，不仅有其合理性，而且还有其特殊的使命。文献研究究竟要解决哪些关键问题，真正的文献研究应达到何种样态，这些关涉文献研究的目标和使命。放眼当今学界，"真文献研究"委实很多，"伪文献研究"也并不鲜见。那些伪文献研究集中表征为：一是简单而不完整，仅用自己查阅到的局部研究代替整体研究，用某个历史片段的研究代替整个历史全景的研究；二是齐全而烦琐，集中表现为大量的相关研究文献及其观点的简单罗列，缺乏分析、判断、甄别和选择；三是没有展现研究成果演进的历史生态，不同类型、层次的研究成果以及不同阶段的研究成果是孤立的和断裂的，缺乏关联论证和比较分析。

文献研究是一幅文献或以往研究的"全景图"，不应只是对以往研究成果及其内容的简单罗列和机械堆积，而应为读者或研究者本身提供一个相关研究的总体状貌或"研究地图"。对某一研究对象或研究领域而言，文献研究起码要解决以下基本问题：一是告诉读者哪些人做了微观研究，哪些人做了中观研究，哪些人又做了宏观研究；哪些人做了应用性研究，哪些人做了历史性研究，哪些人做了比较性研究，哪些人做了逻辑或理论研究，哪些人做了元研究。这些不同层次的研究是齐头并进还是分阶段依次递进的，是相互孤立还是耦合关联的。二是告诉读者哪些人做了原理性研究，哪些人做了原则性研究，哪些人做了制度性和政策性研究，哪些人做了技能性与技巧性研究。如果说，以往的研究只是聚焦或局限在某类研究或某些研究上，没有完成从原理到技巧的系统性探索，那么还有哪些区域或生态位的研究是缺位的，这些区域是否亟待研究或值得研究。三是告诉读者以往的研究整体上可以划分为哪几个阶段，不同阶段之研究各自具有哪些特点，彼此之间存在怎样的关联性；后期研究是如何继承、突破和超越前期研究的；继续研究的起点或制高点在哪里，未来的研究空间如何拓展。四是告诉读者以往的研究，有哪些优点，取得了哪些可资借鉴的成果，整体上还存在哪些不足，我们如何弥补这些不足。

真正的文献研究是批判性的，其中不乏解释、评价和预测。"真文献研究"会揭示研究文献的生发过程，展现不同层次、不同类型和不同阶段之研究文献的逻辑历史生态。这种文献研究读者只要一看，"就清楚它的起点性研究的状貌，生长性研究的状貌，发展性研究的状貌，突破性研究的状貌，总结性研究的状貌，并知道从哪里拓展新的研究境界，形成持续创新创造的成果"①。文献研究不是仅仅去证明文献跟自己的研究课题有关，不能停留于简单的、线性的平铺直叙的描述，要着力于学术创新，即分析前人所取得的研究成果的状貌，剖析其优点及其逐渐显露出的不足与局限，觅出实现突破和超越的路径，找出当下研究的制高点和生长点，指出未来研究潜存的可能空间。令人遗憾的是，当下的不少文献研究，仅仅是按著作或论文、内容或国别、中文或外文分类，以它们出版和发表的时间为序，叙述或描述甚或是简单罗列其主要内容，半点也看不出研究文献的动态演化轨迹、发展历程和生发逻辑。好的文献研究是系统性的，完整的文献研究，除了阐明"what""when"和"where"，还会阐明"how"和"why"。纯粹的简单描述无助于知识的精进和知识的增值，批判性的诠释才有益于知识的创新和知识的生产。文献研究展现的不只是研究者读了多少文献，也不只是告诉读者别人做了哪些研究，还要告诉读者你对以往的文献或研究做了哪些研究和思考。事实经常与此大为不同，我们常见此类的文献研究，即界定某一概念时，按时序列举了以往的几乎所有的"定义"，最后却没有对这些"定义"进行任何评述，更没有表明自己的观点，或阐述自己的"定义"。

文献研究有一定的方法，但并没有统一的方法，多数学者按"收

---

① 袁鼎生：《超循环生态方法论》，科学出版社2010年版，第500页。

集文献、评价文献和总结文献"[①] 的步骤进行：（1）确定与研究主题相关的关键词；（2）根据这些关键词到图书馆搜寻馆藏期刊和书籍等的目录；（3）先在期刊和书籍中找到大约 50 篇与自己的研究主题相关的文章或研究报告；（4）研读最初获得的这组文章，并把与自己研究主题紧密相关的那些文章或研究报告影印下来，找出对自己研究有帮助的文献；（5）一旦确定了有用的文献，就可以开始设计文献图，即一幅关于自己研究主题的文献研究视图；（6）草拟与自己的研究最相关的文献的概要；（7）概述文献之后，然后集中形成文献研究，并根据文献主题结构或按研究中罗列的重要概念进行归类，并加以深入研究。

三 文献研究的误区与抉择

文献研究不是一种刻意的学术规范，也不是一种学术八股，更不是为了研究而研究。文献研究因需要而诞生和存在，它服务于研究的目的、任务和使命。每一项文献研究的特殊性，由这项文献研究所服务的研究对象的特殊性决定的，游离于研究对象之外的文献研究是不着边际的研究，也是没有目标和针对性的研究。文献研究看似简单，不少研究者却经常深陷某些误区，产出不少对研究并无多大裨益的"伪文献研究"。这类研究没有功劳，也没有苦劳。

（一）文献研究要尽可能占有不同类型的文献资料，以免挂一漏万或过滤掉最重要的研究信息

文献资料是多类型的，既有与研究密切关联的直接性文献，也有对研究有启发价值的比较性文献，还有对研究有指导意义的理论性文献，后两者属于间接性文献。这些文献可以是学术著作、期刊论文、硕博论文、研究报告、研讨会论文、政府部门的资料与数据汇编、国

[①] [美]约翰·W. 克雷斯威尔：《研究设计与写作指导：定性、定量与混合研究的路径》，崔延强译，重庆大学出版社 2007 年版，第 26—27 页。

家政策文件等，研究者要尽可能地收集和占有文献资料，并将它们当成一个有机的整体来处理。真正的文献研究要对相关的"文本"或"类文本"进行"系统而全面"的分析和研究，借鉴、继承和扬弃前人的研究成果，在批判和反省中提升自己研究成果的水平、品位和档次。现在较为常见的问题是：许多人尤其是研究生做毕业论文，查阅的文献主要集中在期刊论文、学术著作和硕博论文，而对研究报告、研讨会论文、政府部门的资料与数据汇编、国家政策文件等关注不够。就学术研究而言，后者也是非常重要的，甚至与前者同等重要，对于某些特殊的专题研究，后者可能更有价值。比如说，对于教育研究文言，国家出台的教育政策、教育发展规划等，不仅包含着过去相关的教育研究成果，而且也蕴含着各种教育研究的热点、焦点、前沿问题，是各种教育研究不可忽视的文献。

（二）文献研究是为了找到研究的新起点和生长点，要力避过度依赖别人的研究成果

学术研究不是一切从头来过，它是一种创造性的继承与发展，一项新的研究总是根基于以往的研究的，但它又是相对独立于以往的研究的。"根基"不等于"依赖"，我们绝对不能过度地依赖前人的观点或以往的文献。历史告诉我们，没有哪一个观点能一统天下，也没有哪一种研究成果能逃遁或躲过批判、质疑甚或反对。如果今大的研究过分地依赖或受制于以往的研究，哪怕只是某种理论或某些观点，最终也将难以实现真正的突破和超越，取得更大的创新性成果。然而，不少研究者尤其是那些不成熟的研究者，撰写文献研究之后，容易受到同类研究的干扰，甚至难以走出别人的思维框架，总是不自觉地重复别人已做过的研究，复述已有的学术观点或思想。不少人尤其是硕士研究生，喜欢或习惯于在别人做过大量研究的领域选择学位论文主题，以为在已有相当研究基础的研究领域选题，可借鉴的研究成果多，研究起来相对比较容易。这无疑是对以往之研究过度依赖的表现，不利于学术创新和研究领域的拓展。殊不知，如果某一领域已经取得相当丰硕的研究成果，那么要想往前哪怕再走一步都是不易的，更遑论取得重大突破了。不重复别人的研究，实乃文献研究的要旨之一，但若对别人的研究过度依赖，难免陷入重复研究的泥潭。低水平的重复研究和出版，鲜见有学术增值，也几乎没有学术贡献，倒是在增加地球的负担，在根本上是在浪费资源，相关的成果"出版即死"也在意料之中。

（三）文献研究要客观评价已有的研究成果，力避对以往研究的局限性毫无理性地大肆批评

虽说"一个伟大的真理需要被批判，而不是膜拜"（尼采），但要知道"学术的每一次批判都将为自己的研究筑起一道难以逾越的门槛"。自己做不到，又怎能要求别人做到！经验告诉我们：过度地热衷或迷恋于批判他人，或过分地夸大自己研究的原创性或填补空白性，最终将会让自己的研究举步维艰，甚至无路可走。如果研究者在陈述自己观点的同时，毫无理性地否定以往研究成果的价值或影响，声称当今占主流的某些思想或前沿性的研究是由自己创造或再创造的，必然会引起同行们乃至广大读者的不悦甚或反感。标榜自己的研究是一种填补空白或前无古人的研究，是极不明智的，也是有巨大风险的。说"有"容易，说"无"难。任何个人的视野都是有限的，我们不知道的东西太多，不能因为自己不知道或未见的东西，就说它没有或不存在。从研究方法论上说，依凭自己的所见所闻来判断事物的有或无，是一种归纳论证，其结论是不周延的，也是概率论的。令人疑惑不解的是，多如繁星的硕士或博士学位论文，似乎总是习惯性地标榜自己的研究是前沿的、填补空白的和原创的，对别人的研究不能给予客观的评价。从逻辑推理上讲，声称某项研究是填补空白的，往往不外乎以下两种情况：一是该研究意义重大但实在太难，谁也"不敢"去研究它，所以是一片空白；二是该研究没有任何价值或意义不大，谁也"不愿"去研究它，所以也是一片空白。无论是哪一种情况，从事这样的研究都是有风险的。更何况，强调你的研究是填补空白的，并不意味着你的研究是高深的和有价值的；反之亦反。概言之，文献研究要坚持批判与欣赏同行，纯粹的批判或欣赏都是非理性的。

(四) 文献研究要着力于学术增值，力避"记流水账"或"简单罗列"

没有学术增值的研究，是没有学术贡献的，甚至是有害的，因为低水平的重复研究及其出版，起码增加了地球的负担，消耗了地球上的有限资源。实现学术增值的方式和途径是多元的，最为核心的是找出各种研究文献之间的内在关联。鉴于此，文献研究要时刻注意对原始材料进行解构、重组、补充、区分和梳理，进行强有力的关联论证，即找出不同阶段关于某个问题的各种研究之间的内在关系，并在其中客观而适当地承认自己对现有文献的借鉴，但这种借鉴不是简单地依赖过去的研究，而是站在过去的研究之上，是对以往研究的一种继承与超越。原始材料常常是零星的、散乱的、无序的和无关联的，甚至还存在这样或那样的错漏，不同层次、类型和阶段的研究错乱地交织在一起，表面上往往不易看出它们的关联性，也难以感知其中的"奥妙"。因此，文献研究首先要对原始材料进行整理，即订正那些错误的材料，补充那些缺漏的材料，区分哪些材料是有用的、哪些是没用的、哪些是过时的，选出那些对研究有用的经典文献。其次，要对原始材料进行强有力的关联论证，即找出这些原始材料之间的内在关联，诸如今天的研究跟过去的研究有什么关联，未来的研究同今天的研究有什么关联。譬如，对于"20世纪80年代以来中国教育规律研究的历史生态"这一课题，我们不仅要揭示20世纪80年代、90年代和21世纪初三个不同阶段之研究的基本特点，同时也揭示了三个不同阶段之研究的传承关系，即90年代的研究对80年代的研究是如何继承与超越的，21世纪初的研究对90年代的研究又是怎么继承与超越的。假如我们只是将20世纪80年代以来的相关研究，按时间顺序简单罗列出来，不加任何的分类、分层和关联论证，这样的"文献研究"是没有多大意义和价值的，因为它没有任何"学术增值"，没有实质性的"研究之研究"。我们坚信：那种简单的、齐全而烦琐的、缺乏关联论证的、没有比较分析的文献罗列，只是一种低层次的描述性文献研究，绝非有学术增值的批判性、解释性、评价性、预测性的文献研究。毋庸讳言，有不少文献研究没有走出这种误区，常见的林林总总的"学说评介"不乏此类研究，即这类评介只是进行拉网式或毫无遗漏的理论罗列，最后没有综合各种观点并给出自己的判断。

总之，文献研究是为了明了过去研究的状貌，把握或占领当下研究的制高点，找到当下研究的生长点，觅出未来研究的可能空间，最终形成创造创新的研究成果，实现学术的增值。文献研究尽量完整，但这不等于将所有的研究一网打尽，相似的或重复性研究，选出一些代表性文献即可。出于对完整文献的追求，研究者有时容易陷入毫无遗漏的文献研究的困境，甚至希冀通过拉网式的文献研究以调和各种相左或彼此矛盾的理论立场。这其实是不可取的，因为学界呈现的各种理论或观点都有自己的内核，试图将多种个性化的理论或观点牵强附会地糅合到一起以获得集大成之理论是不太现实的，它会让我们陷入学术思想与逻辑混乱的窘境。在文献研究中，面对各种不同的理论或观点，我们要坚持欣赏与批判同行，走出被动的、妥协性的、调和理论立场的困境，千万不可将所有看似"有道理"的学术观点，不加分析和甄别地拼凑到一块，当成一种"综合性"的创新性研究成果。成功的文献研究是批判性的，这种批判是有前提的，它根基于理性的认识和选择。文献研究不仅要有"述性"，更要有"综性"，即力求做到描述与解释、评价与预测、欣赏与批判、继承与发展的有机统一，绝不能只是简单的罗列和堆积。这是文献研究必须恪守的"健康法则"，也是获得"真文献研究"的方法论。一言以蔽之，文献研究既要"走进文本"，更要"走出文本"。遗憾的是，不少的文献研究没有"走进文本"，更遑论"走出文本"了。

后记　《高等教育关系论》的孕生

寻求统一规律或整体规律，探索普适性的基本规律，找寻特殊领域的具体规律，是人类进入文明社会以来的永恒追求，也是人类求知天性和本质力量的一种释放和证明。遵循规律且按规律行事，可以取得事半功倍的效果，至少可以少走弯路，或避免"脚踩西瓜皮"的尴尬，这是人类寻求或探索规律的内在动力。万事万物各有其道，不同的领域存在不同的规律，不同学科就是为了揭示不同领域的规律而诞生、存在和发展的，同时也因为揭示了相应领域的各种规律而获得合法存在的理由和资本。大致地说，探究社会规律孕生了社会科学，探究人文规律孕生了人文科学，探究自然规律孕生了自然科学。这些学科不断分化而育出了无数的分支学科，不同的分支学科经由交叉、综合、渗透、融合等又生出了大量的横断学科、交叉学科和边缘学科。这意味并昭示着：规律是一条没有尽头的路，规律的探索与发现没有终点，任何学科对规律的探索永远在路上，每一个规律求索者也都在路上。这是规律的博大之处，也是规律的神秘之处，还是规律的魅力之处。

高等教育学是一门关于高等教育的学问，是一门研究高等教育问题或现象的学问，是一门探究高等教育关系之奥秘的学问，是一门揭示高等教育规律的学问。简言之，发现高等教育现象世界背后的本质世界，揭开高等教育的神秘面纱，是高等教育学的神圣使命。作为一个最基本的高等教育理论问题，作为一个高等教育理论研究中最核心的认识论问题，高等教育规律在高等教育学理论体系中占据着不言而喻的尊贵地位，可谓是高等教育学或高等教育理论体系建构的"阿基

后记 《高等教育关系论》的孕生

米德支点"。正是因为如此,高等教育规律向来是高等教育学者关注的焦点,尽管对其进行研究令人"望而却步",抑或是让人觉得"高不可攀"。这种"望而却步"或"高不可攀",或许不是因为高等教育规律"高高在上";相反,恰恰是因为它"身在低处",即高等教育规律本身是作为一个最为基本和最为基础的问题而存在的。经验告诉我们,越是基本的问题,似乎越是难以解密,而这类问题又往往至关重要,具有奠基性和根本性的意义。

探索规律是每一个学科的使命和夙愿。20 世纪 80 年代初,作为中国高等教育学的奠基者,潘懋元先生创造性地归纳和总结出了影响深远的"教育内外部关系规律"。近 30 多年来,这两条规律发挥了极其重要的高等教育实践作用,释放出了不可估量的高等教育理论价值,为中国高等教育学的生发扎下了牢固的根基。即便如此,潘懋元先生依然觉得有必要继续对高等教育规律进行专门的系统性研究。据我所知,潘先生给每届博士生讲授《高等教育学理论专题》课程时,总要详细而透彻地讲解教育内外部关系规律及其应用,总要提倡和鼓励有志趣者继续探究"高等教育规律及其体系"。我是厦门大学高等教育学专业 2005 级的博士生,修完《高等教育学理论专题》这门课后,一直怀有探索高等教育规律的"情结",2007 年与唐德海教授合力撰写发表过《论教育规律与似规律现象》(发表于《华东师范大学学报》(教育科学版)2007 年第 2 期;人大复印资料《教育学》2007 年第 9 期全文转载;《新华文摘》2007 年第 19 期摘录)。2008 年博士毕业后,我受命主持广西民族大学教育科学学院的行政工作,开始深陷烦琐的"行政沼泽地",学术研究因此而变得支离破碎,只能随机性地抽空对高等教育规律做一些力所能及的研究,零散地写一些有关高等教育规律的所思、所想、所感和所悟。譬如,借助广西民族大学引进人才科研启动项目"潘懋元高等教育思想研究"的结题为契机,以复杂性思维为研究方法论,以教育内外部关系规律为研究对象,撰写过《走出教育规律的认识困境——兼论潘懋元先生提出的教育内外部关系规律》(发表于《中国高教研究》2009 年第 3 期)、《高等教育内外部关系规律的元研究》(发表于《中国高教研究》2016 年第 11

▶ 高等教育关系论

期）之类的论文。

  高等教育规律研究者不乏其人，不同的人以不同的理论和方法论为指导探究高等教育规律，认同和秉持不同的高等教育规律观乃至教育规律观。譬如，黄济先生认为教育规律应分为普遍规律与特殊规律；孙喜亭教授认为教育规律应分为一般规律与特殊规律；青年学者程少堂则认为教育内外部关系规律的划分是科学的……这些属于20世纪八九十年代的教育规律论说。进入21世纪，教育规律的"论难式讨论"寂静了好一阵子。2013年，展立新博士和陈学飞教授联名在《北京大学教育评论》发文《理性的视角：走出高等教育"适应论"的历史误区》，对教育内外部关系规律的科学性提出了新的反思、质疑和批判，引发了国内一场"教育内外部关系规律科学与否"的再一次讨论，产生了一批论辩性的论文，激荡起了教育规律这一方塘的一片涟漪。当时，我勉力而为写了一篇题为《论高等教育的关系属性》的论文（刊发在《教育研究》2014年第9期），试图对教育内外部关系规律的科学性以及高等教育规律的关系本质作出一种根性解读，但由于篇幅和水平所限，不少论点没有彻底说清楚，甚或是"浅尝辄止"。为了求得一分真知，"知其然且知其所以然"，我经常求教和问道于生态美学家袁鼎生教授，经他多次点拨和精心教诲，我开始以"关系"为元范畴，对高等教育规律进行"再研究"或"元研究"。历经一段时间的琢磨和探索，我感悟到写一部《高等教育关系论》较之《高等教育规律论》更具根本性、普适性和解释力的认识论意义[①]。同时，《高等教育关系论》又可以与本人先前撰写出版的

[①] 文学家周国平先生曾说："我将永远困惑，也将永远寻找。困惑是我的诚实，寻找是我的勇敢。"作为一名蹒跚在高等教育学研究道路上的"困惑者"，我一心想效法高等教育学界那些勇毅而智慧的"寻找者"，尝试去窥探和揭示高等教育规律这类身处低位却异常重要的"形而上问题"。"明知山有虎，偏向虎山行"，是不智的"自残行为"。我深知自己慧根不足，难以洞见高等教育现象世界背后的那个高等教育规律世界，却依然固执地"冒天下之大不韪"，妄图去撰写一部个性化的《高等教育规律论》，终究是因为火候不够、修炼不到家，反复盘算的《高等教育规律论》最终未能"孕成"，成为一个虚构的"学术乌托邦"。——笔者注

后记 《高等教育关系论》的孕生

《高等教育选择论》① 形成某种功能上的耦合。这些因素叠加在一起催促我做出了撰写《高等教育关系论》的抉择。时至今日，我已将关系视为一个"元范畴"，对之可谓是"情有独钟"，而"关系思维"早已植入我的骨髓。或许是因为如此，我经常武断或独断地认为：一部"高等教育规律论"就是一部"高等教育关系论"，而一门"高等教育规律学"就是一门"高等教育关系学"。

我是一个鲁钝者，却是一个幸运者。生命中拥有无私的家人，求学中际遇了最好的老师，工作中碰到了宽仁的领导，生活中拥有一批义薄云天的朋友，而且每逢困难总有贵人相助。2015 年 7 月，承蒙张德祥教授厚爱，我有幸来到大连理工大学高等教育研究院工作，踏上了学术之旅的又一站。张德祥教授是潘懋元先生的爱徒，是中国高等教育界很有境界的一位领导和学者，对中国高等教育的改革与发展做出过突出贡献，对高等教育研究相当执着，培养了一批有见地和造诣的高等教育研究者，深谙育人之道和学术之道，2013 年 6 月获中国高等教育学会评为"从事高教工作逾 30 年高教研究有重要贡献学者"。作为一名优秀教师和著名学者，张德祥教授认为理论和方法论是进学和陶铸学术个性的两翼，坚信"关系思维具有特殊的高等教育研究方法论意义"，建议我以"关系思维"为核心和灵魂为教育管理专业的博士生开设课程《复杂性思维与高等教育研究》，鼓励和鞭策我抓紧时间完成《高等教育关系论》的撰写，并千方百计为我免去后顾之忧，让我潜心于这项工作，还以不同的方式拓宽我的学术视野、改善我的学术思维、丰实我的学术素养、催化我的学术热情、提升我的学术境界。基于以往的零散积淀和博士生课程教学的精心准备，经过近两年的添枝加叶和锱铢积累，算是勉强"写完了"这部

---

① 《高等教育选择论》以系统科学和辩证唯物主义为指导，以复杂性思维（包括关系思维、非线性思维、整体思维、过程思维、超循环思维等基本思维，其中关系思维是复杂性思维的精髓和灵魂）、多学科研究和历史比较法为方法论基础，运用选择学和高等教育学的理论与方法对高等教育选择研究的理论支点、高等教育演化的选择性、高等教育选择的规律性、高等教育选择的本质与特征、高等教育选择主体的构成及其关系、高等教育选择的复杂性思维等命题进行了探究，初步地构建了一个高等教育选择研究的分析框架。——笔者注

并不成熟的拙著。人生有涯而学术无涯，高等教育关系研究永远在路上，我对高等教育关系的研究不会停驻，就算是"以有涯随无涯"吧！"路漫漫其修远兮，吾将上下而求索"。

完稿和付梓出版之际，我由衷地希望这部拙著是一份可以向尊敬的潘懋元先生和张德祥教授提交的"答卷"，同时也希望她能对为我的人生费尽心血的恩师邬大光教授以及一直作为我的"金拐杖"的厦门大学陈武元教授有一个说得过去的"交代"。当然，"答卷"或"交代"也是一种期待，期待自己能够下一次取得更好的成绩，期待自己能够开启新的征程。过去的一切，皆预示着"一现即逝"的可能，抑或只是为下一次的"昙花再现"做准备，我们又何必沉迷或纠缠于过去的成功或挫败！"人生到处知何似，应似飞鸿踏雪泥。泥上偶然留指爪，鸿飞那复计东西。"这或许是学人当有的心态与境界。

李枭鹰
2017 年 4 月 10 日